JN141513

Encountering China
Michael Sandel
and Chinese Philosophy
Edited by Michael J. Sandel
& Paul J. D'Ambrosio

サンデル教授、中国哲学に出会う

マイケル・サンデル
&ポール・ダンブロージョ＝編著
鬼澤 忍＝訳

早川書房

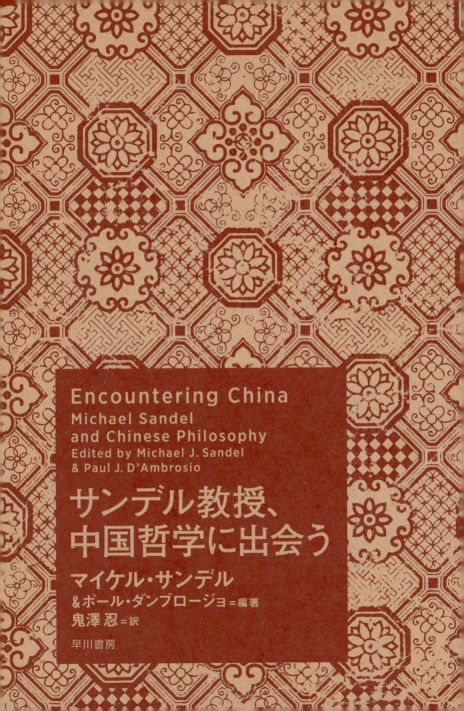

サンデル教授、中国哲学に出会う

日本語版翻訳権独占
早　川　書　房

©2019 Hayakawa Publishing, Inc.

ENCOUNTERING CHINA

Michael Sandel and Chinese Philosophy

by

Michael J. Sandel and Paul J. D'Ambrosio

Copyright © 2018 by
Michael J. Sandel and Paul J. D'Ambrosio
Foreword © 2014, 2018 by Evan Osnos.
Portions of this essay were first published in
Age of Ambition: Chasing Fortune, Truth, and Faith in the New China
(New York: Farrar, Straus and Giroux/ London: The Bodley Head, 2014),
© Evan Osnos 2014. Reproduced by arrangement with
Farrar, Straus and Giroux, New York,
and by permission of The Random House Group Ltd, United Kingdom.
Essays 1-6 and 8-9 © 2018 by their respective authors

Translated by
Shinobu Onizawa
First published 2019 in Japan by
Hayakawa Publishing, Inc.
This book is published in Japan by
arrangement with
ICM Partners
acting in association with
Curtis Brown Group Limited
through The English Agency (Japan) Ltd.

装幀／水戸部 功

目　次

訳注は小さめの〔 〕で示した。

はしがき　中国、マイケル・サンデルと出会う

エヴァン・オスノス

二〇一二年一〇月のある晩、私は中国の南東岸に位置する厦門《アモイ》大学のキャンパスにいた。講堂の外には学生が集まっていた――建物に入れる人数をはるかに超える学生が。私はドアの内側に立ち、紅潮した若々しい顔がますます増えていく様子をガラス越しに眺めていた。警備員が群衆に向かって落ち着くよう呼びかけている。学長はその晩のイベントの主催者に前もって電話し、混乱を来《きた》すことのないようにと釘を刺していた。

これほど熱烈な期待の向かう先――『チャイナ・デイリー』の言葉を借りれば、中国では「ハリウッドの映画スターやNBAのバスケットボール選手並みの」人気を博していた人物――は、物腰の柔らかいミネソタ州出身者で、名前をマイケル・J・サンデルといった。サンデルは自身が政治哲学の教授を務めるハーバード大学で、アリストテレス、カント、ロールズといった西洋思想の中心人物を紹介する「正義」という人気講座を担当していた。現実の世界で起こるジレンマを利用して、道徳的な意思決定をめぐる思想家の理論に具体的な形を与えるのが彼のやり方だった。拷問は正当化されるだろうか？　わが子の命を救うのに必要なら薬を盗むだろうか？　この講義の様子はアメリカ公共テレビの連続番組向けに撮影され、インターネ

ットで放送された。それが中国で広く視聴されるようになると、中国人の有志が字幕を付け、サンデルは二年足らずのうちに驚くべき名声を獲得した。中国版『ニューズウィーク』は、二〇一〇年の「最も影響力のある外国人」にサンデルを選んだ。

清華大学経済管理学院の学院長を務める銭穎一は「道徳的問題に対するサンデルのアプローチは、中国の読者にとって革新的であるばかりでなく、いくつかの社会問題をめぐる日々の議論にふさわしいものです」と語る。サンデルと中国との出会いを当事者がどう感じたかを知ろうと、私がそのキャンパスを訪れるまでに、西洋の政治哲学を扱った彼の字幕付き講義は、少なくとも二〇〇〇万回以上視聴されていた。中国版『エスクワイア』は彼を表紙に起用し、その下に「現代の師」という見出しを付けた。

二〇〇五年から二〇一三年にかけての私のように、二一世紀初頭の数年間を中国で暮らせば、一九世紀にアメリカで起こった「大覚醒〔新教徒の信仰復活運動〕」に比肩しうる哲学的・精神的復興を目撃することになったはずだ。一九六〇年代から一九七〇年代にかけて毛沢東主席が推進した文化大革命によって、中国の伝統的な信念体系の大半が解体されてしまった。一九八〇年代から一九九〇年代にかけて鄧小平が主導した経済改革をもってしても、その再建はかなわなかった。繁栄の追求は中国の過去の喪失を慰めはしたものの、国家や個人の究極の目標を定義することはできなかった。中国の市民はよくこんな感慨を吐露したものだ。われわれは全速力で走りながら、堕落や道徳軽視の力をかつて抑え込んでいたあらゆる障壁を飛び越えてしまったのだと。中国の生活には「精神空虚」と呼ばれる裂け目が存在し、何かがそれを塞《ふさ》いでくれるはずだった。

基本的ニーズが満たされれば満たされるほど、人びとはますます古い秩序に挑戦するようになった。意味の新たな源泉を求め、宗教のみならず、哲学、心理学、文学に目を向けた。一貫した思想がなく、絶えず変化する世界で自分の位置を確認するための新たな方法を探してのことだ。きわめて競争の激しい市場主導型社会で、個人はどんな義務を負っていたのか？　真実を語るのが危険なときに、市民が真実を語る責任はどのくらいあったのか？　社会は公正や機会をどう定義するだろうか？　答えを探求することで、人びとはかつて繁栄を追い求めた際と同じように覚醒し、活気づいた。

普段はマサチューセッツ州ブルックラインで妻と二人の息子とともに比較的静かに暮らすサンデルは、海外、特に東アジアでは並々ならぬ反応があることを予期できるようになっていた。ソウルでは、野外競技場で一万四〇〇〇人の聴衆を前に講義した。東京では、ダフ屋が彼の講演のチケットに五〇〇ドルの値を付けた。だが中国では、彼はほとんど信仰心に近い感情を呼び起こしており、訪中によってその名声は新たな次元へと突入した。かつて上海の空港でパスポート審査官に引き留められ、彼のファンであることを滔々《とうとう》とまくしたてられたこともあった。

厦門大学の講堂の外には、人びとが押し寄せつづけていた。主催者側はとうとう、ドアを開けたほうが平穏を保てる可能性が高いと判断し、消防規則を無視して聴衆を通路に入れた。やがて、講堂は若い男女で立錐の余地なく埋まった。

サンデルが演壇に上がった。背後に掲げられたビニール製の巨大な横断幕には、彼の最新作である『それをお金で買いますか』の中国語タイトルが書かれている。この本でサンデルは、現代生活の特徴のなかには、彼の言う「利益を得る道具」になりつつあるものがあまりにも多いのではないかと問うていた。中国では、社会主義の全盛期からあっというまにはるか彼方《かなた》に振り子が振れてしまい、いまや社会のあらゆるものに値札が付いているように思えた。たとえば、将校任命辞令、幼稚園への入園資格、裁判官の意見などだ。サンデルのメッセージはまさに今日的な意味を帯びており、聴衆は心を奪われていた。「私は市場そのものに反対しているわけではありません」。彼は人びとに向けて語った。「われわれはこの数十年で、知らず知らずのうちに、市場経済を保有することから市場社会になることへとさまよい進んできたのではないか。そう言いたいのです」

サンデルはニュースの主な項目から、ある物語を取り上げた。ワン・シャンクンは安徽《アンホイ》省の貧しい地区に住む一七歳の高校生で、インターネット上のチャットルームで腎臓を三五〇〇ドルで売ってくれないかと違法な勧誘を受けた。母親がこの取引を知ったのは、彼がｉＰａｄとｉＰｈｏｎｅを手に帰宅し、その後腎不全に陥ったときのことだった。執刀した外科医をはじめとする八人は支払った金額の一〇倍で腎臓を転売しており、のちに逮捕された。「中国には、臓器移植を必要とする人が一五〇万人いる。ところが、利用できる臓器は年間で一万個しかない」。さて、腎臓の合法な自由市場を支持する人はここにどれくらいいるだろうか、と彼は問いかけた。

白いトレーナーを着て分厚いメガネをかけたピーターという中国人の若者が手を挙げ、腎臓取引を合法化すれば闇市場を締め出せるというリバタリアン的な意見を述べた。ほかの人たちが反対すると、サンデルはハードルを上げた。たとえば、ある中国人の父親が腎臓を売ったとする。「数年後、二人目の子を学校に通わせることが必要になった」。するとある人物がやってきて、命を捨てる覚悟があるなら残った腎臓を——あるいは心臓を——売るかとたずねた。「それがこれはどこか間違っているだろうか？」。ピーターはしばらく考えてからこう言った。「それが自由で、透明で、オープンな取引であるかぎり、裕福な人たちは命を買えます。不道徳なことではありません」。聴衆のあいだに不安がさざ波のように広がった。私のうしろにいた中年男性は「そんな馬鹿な！」と叫んだ。

サンデルは会場を落ち着かせた。「市場の問題は、実はわれわれが他者とともにどう生きたいかという問題だ。われわれはあらゆるものが売りに出される社会を望んでいるのだろうか？」


翌日、サンデルは私にこう語った。「私が訪れたさまざまな国のなかで、中国は自由市場を当然視する姿勢と道徳的直観が最も根強い場所です。もっとも、アメリカを除けばの話かもしれませんが」。だが、彼が何より興味を抱いたのは対抗する力だった──二つ目の腎臓を売るという考え方に対して、聴衆のあいだに広がったあのさざ波である。「しかし、議論を通じてそれらの直観を探り、吟味すれば、あらゆるものに市場の論理を拡張することへの道徳的ためらいを垣間見ることができます」と彼は言った。「たとえば、中国の聴衆はダフ屋行為を認めるのが普通です。コンサートのチケットや、あるいは公立病院での医師の予約さえ、高値で転売してかまわないと言うのです。ところが、あらゆる人が家族と過ごすために帰省する旧正月に列車の切符を転売することについてたずねると、ほとんどの人が反対します」

中国では、外来思想が世間の注目を集め、学術的議論を呼び起こし、人びとを繰り返し鼓舞してきたという歴史がある。第一次世界大戦後、中国は多くの点で閉ざされたままだったが、何人かの影響力ある来訪者を呼び寄せた。清華大学で文学・歴史学の教授を務める汪暉はこう語る。「一九二〇年代、中国を訪れた西洋の著名な哲学者はほとんどいませんでしたが、ジョン・デューイとバートランド・ラッセルは例外です──インドの詩人、ラビンドラナート・タゴールもそうです。彼らは梁啓超や胡適といった中国の著名知識人によって紹介されました。胡適はデューイの教え子でした」。これらのきわめて優れた紹介のおかげで、デューイをはじめとする思想家は多くの信奉者を得た。のちに、フロイトやハーバーマスが同じ道を歩むことになる。

二〇〇七年にサンデルがはじめて中国を訪れた頃には、聴衆はやってくる西洋の学者の物珍しさにはもはや魅了されなかった。好奇心よりも、かかわりを深める必要のほうが大きかったのだろう。汪暉は言う。「マイケルが中国にやってきたときには、すでに多くの西洋の学者が中国を訪れており、ジョン・ロールズ(および彼の正義論)やフリードリヒ・ハイエク(および彼の『自生的秩序』の理論)のように、中国の知識人のあいだで大きな影響力を持つ哲学者もいました。そのため、知識人がマイケルの業績を受容する過程は議論と対話のプロセスだったのであり、私の見るところ、それは非常に前向きなものなのです」。一連の徹底的な問答をするための機は熟していた。北京の清華大学でサンデルが紹介されたとき、萬俊人教授によれば、中国は「心の叫び」を発していたのだという。

サンデルはキャリアの多くを費やし、彼の言う「われわれが同胞としてたがいに持つ道徳的責任」について考えてきた。ミネアポリス郊外のミネソタ州ホプキンスで一三歳まで暮らしたあと、サンデルは家族とともにロサンジェルスに移った。そこでは、クラスメイトが授業をサボってサーフィンに出かけていた。彼の中西部特有の自制的精神を逆なでする出来事だった。「南カリフォルニアでは、負荷なき自我を実際に目の当たりにすることで人格形成上の影響を受けました」。サンデルは早い段階でリベラルな政治に興味を抱いてブランダイス大学に進み、その後ローズ奨学金を得てオックスフォード大学へ留学した。ある冬休み、彼はクラスメイトと経済学の論文に共同で取り組む計画を立てた。「友人はとても変わった睡眠習慣を持っていました」。サンデルは語る。「私は真夜中近くにベッドに入ったものでしたが、彼はずっと起きていました。おかげで、午前中に哲学書を読むことができたのです」。大学が再開するまでに、カント、ロールズ、ロバート・ノージック、ハンナ・アーレントなどを読みあさると、サンデルは結局、経済学を捨てて哲学を学ぶことにした。

それから数年のうちに、サンデルは一般の生活のなかで道徳についてもっと直接に語り合うべきだと主張するようになった。「マーティン・ルーサー・キングが、精神的・宗教的源泉を利用していたのは明らかです。一九六八年にロバート・ケネディが大統領選挙に立候補したとき、彼もまた道徳的・精神的な共感を呼び起こすことによって、リベラリズムを明確に表現しました」。ところが、一九八〇年代に入ると、アメリカのリベラル派は道徳や美徳の言葉を忘れてしまった。それは「宗教右派がやること」と見なされるようになったからだ。「私はこの手の価値中立的な政治には何かが足りないと感じはじめていました。主流派の公的言説が道徳的な内容を持たないせいで真空状態が生じ、宗教的原理主義がそれを埋めてしまうことが心配でした。アメリカのリベラリズムはますます技術官僚《テクノクラート》化し、人びとを鼓舞する力を失っていたのです」

二〇一〇年、中国では「みんなのテレビ」と称するボランティア・グループが協力して外国の番組に字幕を付けていた。ホームコメディや刑事ものを訳しつくすと、彼らはインターネットで視聴できるようになりつつあったアメリカの大学の講座に手を伸ばした。サンデルは以前に一度、中国を訪れて哲学科の学生の小さなグループに向けて話をしたことがあった。だが、彼の講座がインターネットで放映されたあとで中国を再訪すると、何かが起こっていることに気づいた。「午後七時からの講義に出るため、午後一時半には若者たちが席を取りはじめているというのです。彼らは部屋に入りきれませんでした。私はこのごった返す人ごみをかきわけて進んでいったのです」。サンデルはほかの国々で自分の仕事が一気に注目を集めるのを目にしてきたが、中国ほど突然だったことは一度もなかった。彼と二人で話したとき、私たちはこの現象を解明しようとした。ハーバードのブランドが問題になることはなかったし、公共テレビが番組を製作したためプロの手による磨きがかかり、ほかの講義よりも楽しく見られるようにもなった。だが、中国の学生にとって、サンデルの授業スタイルもまた思いがけないものだった。彼は学生にこう求めた。自分自身の道徳的議論をするように、唯一の正答がない活気ある討論に加わるように、複雑で結論の出ない問題について自分の頭で創造的に考えるように、と。中国の教室ではほとんど前代未聞のやり方だ。銭穎一は、学生がサンデルの著書『これからの「正義」の話をしよう』の中国語版をむさぼり読んでいるのを目にしていた。「その理由の一端は、中国では西洋哲学がほとんど教えられていないという事実にあります。加えて、さまざまな学派を説明するために興味深い事例が挙げられているため、『これからの「正義」の話をしよう』は中国の大学生にとって非常に近づきやすいのです」

　授業スタイルのみならず、中国人が道徳哲学に強い関心を抱くもっと深い理由を、サンデルは感じ取っていた。「熱烈な反応が起こる社会では——その理由が何であれ——大きな倫理的問題について公《おおやけ》の場で真剣に討論する機会がなかったのです」。若者は特に「公の議論に関して一種の虚無感を抱えており、もっとよいものを望んでいます」。中国は、ある意味で負荷なき自我の国だった。個人が社会的絆や歴史から解放され、かつては不可能だったやり方で自己の利益に基づいて意思決定できるのだ。中国を支配するテクノクラートは、表向きは社会主義の理念を信奉していたものの、実際には経済学やエンジニアリングを冷徹なまでに信じていた。中国を経済改革へと船出《ふなで》させたリーダーである鄧小平は、繁栄が何より重要だと説いた。一九九二年、彼が「発展は唯一の厳然たる真理だ」と語ると、中国はかつてない規模ながら、同時に大きな代償を払って、豊かさへと向かう道を選んだ。その後数十年のうちに中国は、偽造薬品、手抜き工事、汚職の横行などに満ちあふれた市場社会のリスクに直面することになる。

サンデルがやってくるまで、共産党は信念の形成を監視していながら、それを許してはいなかった。サンデルが中国の若者に提供したのは、有用にして興味をそそるが反体制的ではないと彼らが見なす語彙だった。つまり、不平等、腐敗、公正について、政治的にならずに語るための基盤である。それは、政治的な正統性や権威を直接に疑問視することなく、道徳について語る手段だった。サンデルが中国政治のタブー――権力分立や法に対する政党の優越――にあからさまに異議を唱えることは決してなかった。だが、ときおり、中国の権力者はサンデルの体すれすれにボールを投げて警告を発した。かつて、上海のサロンに集《つど》う中国人の学者や作家が、サンデルが八〇〇人の聴衆に一般講演をできるよう手はずを整えてくれたことがあった。ところが、講義の夜になって、地方政府がそれを取りやめさせた。サンデルは主催者に「彼らは理由を言いましたか?」とたずねた。答えは「いいえ、彼らが理由を言うことはありません」というものだった。

ときには、サンデルの見解に対して中国の批判者から懐疑の声が上がることもあった。ある人たちから見ると、市場に反対する彼の議論は理屈としてはすばらしいが、公平という薄っぺらい概念は、配給切符や空《から》の商品棚を中国人に思い出させるものだった。別の人たちは、中国ではお金を持っていることが権力の乱用から身を守る唯一の手段なのだから、市場を制限すれば国家権力を補強することになるだけだと主張した。「新自由主義《ネオリベラリズム》を信奉する知識人のなかには、彼の見解を腹立たしげに批判する者もいますが、聴衆の大半は彼の考え方に好意的です」と、清華大学の汪暉は言う。「正義、平等、人生における道徳の役割といった、マイケルが取り上げるテーマはすべて、私たちの社会にとって重要な意味を持っています」

厦門大学での講義のあと、私はサンデルが北京でさらにいくつかの学生グループを相手に話をするのを見た。はっきりわかったのは、彼が生活の「スカイボックス化」――裕福な人が住む世界とそれ以外の人が住む世界とにアメリカが分断されつつあること――について説明すると、中国の聴衆が一様にじっと耳を傾けていたことだ。三〇年にわたり、あらゆるものが売りに出される未来に向かって歩んできた末、多くの中国人が問題を考え直していたのである。

北京での最後の夜、サンデルは経済貿易大学で講義をしたあと、「正義」の講義の翻訳を完成させようとしていたボランティアの学生グループに会った。一人の若い女性が「あなたの授業が私の魂を救ってくれました」と勢いよく言った。サンデルがその言わんとするところをたずねる前に、写真やサインを求める人の群れが彼を連れ去ってしまった。私は後ろに下がり、自己紹介した。彼女の名前はシ・エイといい、年齢は二四歳とのことだった。シ・エイは人事分野で修士号を取ろうとしていた。サンデルの業績に出会ったとき、それが「私の心を開き、すべてを疑う鍵」になったという。「一カ月後、私はそれまでと違う感覚を持ちはじめました。一年前のことです。いまでは、よくこう自問します。ここでの道徳的ジレンマは何だろう?」

彼女の両親は農民だったが、やがて父親が海産物貿易に乗り出した。「私は母と一緒にお釈《しゃ》迦《か》様にお参りしました。手を合わせて拝み、お供えとしてテーブルに食べ物を置くのです。以前なら、それがおかしいとは思いませんでした。ところが、一年後、母についてお参りに行ったとき、『どうしてこんなことをするの？』とたずねたのです」。彼女の母親はあらゆる疑問を快《こころよ》く思っていなかった。「母は私がとても愚かな質問をしていると思っています。私はすべてを疑いはじめました。それが正しいとも間違っているとも言えませんでした。それでも、問いを発するだけです」

シ・エイはダフ屋からチケットを買うのを止めた。「ダフ屋が自分の決めた値段でチケットを売れば、私の選択が制限されることになります。ダフ屋が値段を決めていなければ、私は普通席と一等席のどちらを買うかを選べます。ところが、いまではダフ屋が私の選択権を奪っています。それは公正ではありません」。彼女は友人に同じことをするよう働きかけはじめた。「私はまだ若く、大きな変化を起こすだけの力はありません。でも、友人の考えに影響を与えることはできます」

シ・エイは卒業の準備を進めていた。だが、政治哲学を発見したことで、事態は複雑になっていた。「この講義に出会うまでは、大企業の人事専門家や人事管理者になるつもりでした。でも、いまは頭が混乱しています。自分のもともとの夢を疑っているのです。もっと有意義な何かをしたいと望んでいます」。両親には言っていなかったが、内心では人事の仕事に就きたくないと思っていた。「ギャップイヤーを利用して、海外に行き、旅をし、パートタイムの仕事に就き、世界を見て歩くかもしれません。世界に貢献するために自分に何ができるか、見てみたいのです」

シ・エイをはじめ、経済生活や私生活への支配力が増すなかで成人した人びとにとって、問うことを制限するのは時代遅れに思えた。マイケル・サンデルが提示するものを含め、きわめて多くの新たな考え方を受け入れるとすれば、好奇心を刺激されるだけではすまない。中国の中産階級の男女が信じるべきものを探しはじめたように、新たな道徳的基盤を探求するほかはないのだ。

I

正義、調和、共同体

第一章　調和なき共同体？
——マイケル・サンデルへの儒教的批評

李晨阳

この数十年間、マイケル・サンデルはリベラリズムに対する最も強力な批判者の一人でありつづけた。彼の著作、とりわけ『リベラリズムと正義の限界』は、ロールズ流のリベラリズムの根本的欠陥を暴き、個人という概念や正義にかなう社会という概念を的確に理解・評価するには、共同体に基づく枠組みが必要であることを示している。儒者であればサンデルのリベラリズム批判の多くを支持できるはずだ。とはいえ、儒者の観点からすると、健全な共同体主義《コミュニタリアニズム》の社会を築くにはサンデル版の共同体主義では物足りない。儒者は共同体の豊かな概念を保有しており、人類の繁栄にはそれが不可欠だと考えている。私はまず、二つの哲学の共通点の例として、儒者がサンデルに同意するキーポイントについて論じたのち、両者のある重要な違いを取り上げることにしたい。儒者がサンデルに同意するキーポイントは正義の情況にかかわり、両者の相違は調和にかかわっている。調和は儒者の共同体概念の真ん中に位置しているが、サンデルの共同体概念においては居場所を与えられてこなかった。[1] この論文では、サンデルの共同体主義の哲学を支持する一方、儒者の観点からそれを批判する。[2] さらに、サンデルの共同体概念に調和を組み込むよう友好的に呼びかけたいと思う。

正義の情況に関するサンデルの強力な議論は、善き社会にとって最も重要な価値や価値観の決め方に影響を及ぼす。ジョン・ロールズが自身の正義論の基盤としたのは、社会における正義の優位性への確信だった。「真理が思想体系の第一の美徳であるのと同様、正義は社会制度の第一の美徳である。理論というものはどんなに明晰かつ簡潔であろうと、正しくなければ拒絶や改訂を免れない。同じように、法律や制度がどんなに有効で整備されていようとも、正義にもとれば改正や廃止は避けられない」[3]。ロールズにとって、正義は数ある美徳のうちの一つなどではないし、善き社会に資するさまざまな価値の一つにすぎないわけでもない。ほかのあらゆる価値がそれを基準にして測られるべき最も重要な価値なのだ。サンデルが言うように、ロールズにとって「正義とは、それによってつねに矛盾が解消するわけではないにせよ、対立する各種の価値に折り合いを付け、競合するさまざまな善の概念をすり合わせるための基準である」[4]。こうした考え方に立てば、社会を評価する際に最初に答えるべき問いは、どんなタイプの社会であれそれが正義にかなっているかどうかということだ。正義をこのように理解すると、正義の情況――社会を機能させるために一定のメカニズムを必要とする背景条件――の重要性を適切に考慮できないとサンデルは指摘する。ヒュームに倣って、ロールズはこれらの情況を二つのタイプに分ける。つまり、客観的情況（たとえば、資源の相対的希少性）と主観的情況（たとえば、個人は生活のなかで異なる興味や目的を持つという事実）である。ロールズは、これらの情況は普遍的なものであり、それゆえ正義はあらゆる社会で最も重要な美徳になるのだと、少なくとも暗黙のうちに考えている。サンデルはその代わりに、正義はある条件下で社会制度の第一の美徳となる――たとえば交戦地帯における肉体的勇気に似ている――にすぎず、絶対的なものではないと主張する[5]。正義の必要性の低下は、社会の改善を示しているのかもしれない。「正義の美徳が、その前提となる道徳の衰退という条件によって測られるとすれば、それらの条件が欠けている場合——状態がどう表現されようと——少なくとも同等に優先されるべき競合する美徳が現れるに違いない。正義の出番がないところで活躍する美徳である」[6]。

サンデルの分析から、美徳としての正義の治療的側面が明らかになる。正義に求められるのは、物事が破壊されたときにいわば「修繕」すること、あるいは少なくとも社会制度の崩壊を防ぐことだ。だがサンデルは、少なくとも社会の一定の領域においては、正義の情況が普遍的に存続しているわけではないと主張する。たとえば、ほぼ理想的な家族という状況では、人間関係はおおむね自然発生的な愛情によって統制されているため、正義の情況は最小限度にしか成立しない。ほぼ理想的な家族のなかで正義が中心的役割を果たすことがないのは、不正義が蔓延しているからではなく、家族同士が十分な愛情と気遣いをもって交流するからだ。こうした状況で正義を最も重要な美徳とみなすのは妥当ではないだろう[7]。ほぼ理想的な伝統的部族社会においても、われわれは同じく容易に似たような情況を想像できる。

この点に関するサンデルの議論は、おおむね、儒者の社会哲学・政治哲学と軌《き》を一《いつ》にしている。古典的な儒教思想家は、サンデルと似通った用語を使って自説を述べた。彼らは二つの主要な仕組みが社会の運営を統制し、円滑にすると考えていた。一つは「法」と呼ばれるもので、文字通り「法律」を意味する。この言葉は「刑」、つまり「刑法」と密接に関係していた。もう一つは「礼」であり、通常は「儀式」または「儀式的礼儀」などと訳される。礼には多くの社会規範、礼儀作法、儀式が含まれており、その目的は人びとの妥当性の感覚や他者への愛情を養うことにある。礼を通じた教化によって、人びとは「仁」へと導かれる。すなわち「慈悲心」あるいは情け——他人に親切にする独特の性向——のことだ。[8] 簡単な例を挙げてみよう。あなたが毎朝、通勤の途中で通りかかるある人に「おはよう」と言ってほほえみ、その人が同じようにあいさつを返していれば、二人はおたがいへの前向きな姿勢を徐々に強め、相手を気遣うようになるだろう。さらに、あなたは似たような状況にある人に対し、また一般的にも、親切であろうとする心構えができるだろう。儒者の理想は、礼の実践を通じて、同胞への気遣いや情けを養うことであり、社会のなかで積極的な人間関係を確立し、維持することである。

「法」という儒教的概念は、ロールズ的な意味の正義と等しいわけではないものの、正義の一般的な感覚と一致する。ルールを定め、社会機構に害をなす行為を禁じるからだ。古典的な儒教思想家は「法」に価値がないとみなしていたわけではない。そうではなく、善き社会はその運営を律する最も重要な手段として「法」（あるいは「刑」）に頼るべきではないと考えていたのだ。孔子はこう主張している。われわれが刑法を頼りに社会を管理すれば、人びとはトラブルを避けられるかもしれない。だが「恥」という道徳感覚が涵養《かんよう》されることはない。「礼」の実践を通じてのみ、トラブルを避けられるだけでなく、「恥」という道徳感覚を涵養できるのである。「恥」という道徳感覚は悪しき振る舞いを避けるよう人びとを導くはずだ（『論語』為政篇三）。[9] 儒者にとって、社会による「法」や「刑」への重度の依存は、社会機構の劣化を示している。儒教の古典である『孔子《こうし》家語《けご》』の記録によれば、孔子は魯《ろ》という国の法務大臣を務めていたとき、王を手助けし、悪人がいないおかげで刑法が決して適用されることのない社会秩序を築き上げたという。[10] この記録が歴史的に正確かどうかはともかく、論点をはっきりさせるには十分だ。つまり、儒者が追い求めるのは、正義が最も重要な美徳である必要のない社会なのだ。正義はもちろん重要だが、「礼」や「仁」が広く実践されていれば、社会にとって最も重要な基準ではないかもしれない。実際、「礼」や「仁」の奨励は、儒教思想家にとって何よりの関心事でありつづけた。彼らの目的は、正義の情況が、正義が最も重要な美徳でなくてもかまわない社会環境をつくりあげることだったのだ。

儒者の見解では、「礼」や「仁」という美徳を実践することによって前向きな人間関係が構築される。これらの美徳のおかげで、人びとは共同体の強い連帯意識を育《はぐく》むことができる。そうした共同体においては、最も価値の高い美徳は正義ではなく調和のとれた人間関係だ。儒者が自我と共同体に関するサンデルの諸概念に大きな欠落を見いだすのはこの点である。つまり、サンデルの共同体の概念には、それを定義する特徴として調和が含まれていないのだ。

サンデルの共同体の概念が、ロールズのそれとまったく異なることは確かだ。ロールズは共同体の価値を肯定的に評価するが、権利の価値よりは下に置いている。サンデルの説明を借用すれば、ロールズの見解では「共同体はみずからの美徳を、正義によって定義される枠組み内の多くの競争者の一人として見いださねばならない。枠組みそのものの根拠として、ではないのだ[11]」。言い換えれば、ロールズにとって、共同体主義的な目的の追求は正義の原理や権利の概念の確立後になされるものであり、それらに先立つ、あるいは並行することはない。権利は善に先立つという原理に加え、自我は共同体に先立つという見解がある。サンデルによれば、ロールズの貧弱な自我の概念によっては、社会における正義を統一的に説明するための基盤はとても築けないという。揺るぎない正義の概念には共同体の概念が必要なのだ。共同体の概念は自我に深く浸透しており、それが定義する自我の境界はロールズが描く境界をはみ出している。サンデルは、共同体は道具的善をはるかに超えるものだと主張する。道具的善は、自我に対して、みずからの目的や善意――社会の一部の成員が抱き、ある共通の探求の動機として利用するもの——の対象を追求できる状況を与えてくれる。だが、共同体はむしろ不可避的に人びとのアイデンティティの一部となる。つまり「共同体が表現するのは、人びとが同胞としてどんな人たちを手にしているかということだけではなく、自分自身は何者なのかということであり、彼らが（自発的な交際のように）選ぶ人間関係ではなく、彼らが見いだす帰属関係であり、彼らのアイデンティティの単なる特性ではなく、その構成要素である」[12]。この意味で、同じ共同体の市民は共同体主義の心情を共有し、共同体主義の目的を追求するだけでなく、自分たちのアイデンティティを、彼らがその一部をなす共同体によって構成されるものと考えている。アイデンティティを構成する共同体という強力な概念が欠けていては、ロールズは、原初状態にある個人という彼の一方の着想と、他方の正義の原理のあいだの溝を埋められない。それを埋めるには、共同体の構成的概念が必要だ。したがって共同体は、個人が多元的な目的を追求しはじめる原初状態という段階のあとで自我に付加される単なる付属物としては理解できないと、サンデルは主張する。共同体を基盤とする自我という概念は、正義のいかなる妥当な概念にも先行しなければならないのである[13]。

儒者であれば、共同体が最も重要というサンデルの考え方をためらいなく支持するはずだ。儒者の見解によれば、個人のアイデンティティは部分的に社会関係によって構成されており、共同体の成り立ちそのものにとって不可欠である——こうして、サンデルの哲学にとって共同体が重要であるがゆえに、サンデルが最も重要な価値に調和を含めていないことが目立たなくなるどころか、ますます目に付くようになる。この点を明らかにするため、まずは儒者的な調和の概念を取り上げ、それが共同体と密接な関係にあることを示したい。それから、ドゥウォーキンによるアファーマティヴ・アクション（積極的差別是正措置）の正当化に対するサンデルの反論を検討する。調和の概念がなければ、ドゥウォーキンやロールズのみならず、サンデルでさえアファーマティヴ・アクションを強く支持できないことを示したいと思う。

調和についてては誤解が広まっている。古典的な儒教思想家は、調和を争いがないだけの状態とか、社会規範への見境のない服従などと理解することを拒否した。彼らはスープづくりやオーケストラになぞらえて調和の概念を形成した。それを構成する各要素（スープで言えば食材、アンサンブルで言えば楽器）は、全体的な状況に寄与する。つまり、それぞれがみずからの潜在能力を発揮する一方で、ほかの要素と一緒になって各要素の最善の部分を引き出す統一体を形成するのだ。このように理解すると、調和あるいは協調（「和」）は、名詞ではなく動詞として捉えるのが一番わかりやすい。完了した状態というよりも進行中の生産的プロセスを表すためだ。[14] 儒教における調和は単なる同意や服従ではなく、動的、発展的、生成的プロセスである。それは創造と相互変化を通じて差異や対立のバランスをとり、仲裁しようとする。[15] この儒教的な調和の哲学は当初、不調和を背景に発展した。「春秋」戦国時代の秦《しん》以前における中国哲学の大半は、その時期に生じた不調和の問題に対するさまざまな反応および提案された解決策として理解できる。

不調和の特徴は無秩序と対立だ。不調和に代わるものを求めて、人びとは支配あるいは調和を発見した。支配が存在するのは、一つの（あるいはそれ以上の）集団が、直接的な圧力、あるいは好ましからぬ帰結という公然・非公然の脅しによって、もう一つの（あるいはそれ以上の）集団を制御するときだ。支配の本質は力である。支配が平和と共存し、したがって、調和があるように見えることもある。だが、そのような平和的状態は調和の実例ではない。支配は秩序を生み出すのが普通だが、それは暴力の使用や脅威に基づく強制された秩序であり、高い人的コストを伴う秩序の一種である。古代の儒教思想家は支配を調和とは考えなかった。それが、あらゆる集団にとって良い結果をもたらす相互の関与を含んでおらず、相互承認や相互補償の公平性（調和には欠かせないもの）に関する適切な尺度もないからだ。

不調和に代わるもう一つの選択肢が調和だ。古代の儒者が奨励した調和の形とは、関わりのある人びととの建設的で積極的な参画を特徴とするもので、人びとのつきあいが公正であることが不可欠の条件とされていた。孔子が、「君子（道徳的に洗練された人物）」は調和を求めつつも無原則に流れに身を任せることはない（和而不流、『中庸』第一〇章）とか、君子は周囲と調和する一方で他人と同じにはならない（和而不同、『論語』子路篇二三）といった有名な言葉を述べたとき、彼は調和の最も重要な特質の一つを探り当てていた。注目に値するのは、調和の儒教的概念は当初、調和を装った支配に代わるものとして発展したということだ。『春秋左氏伝』という古典的書物の昭公二〇年の章で、哲学者の晏子《あんし》は調和と服従（「同」）を区別している。晏子が斉《せい》の君主と対話した際、君主は配下の大臣である拠《きょ》との関係を鼻高々に語った。拠の意見はつねに君主と一致するというのだ。晏子は、君主と拠のような関係は調和というよりも「同じであること」（服従）にすぎないと指摘した。晏子はさまざまな食材を混ぜてスープをつくる例と、さまざまな楽器を組み合わせて音楽を演奏する例を挙げ、君主のケースと対比した。晏子にとって、君主と大臣の関係は服従ではなく調和であるべきだった。おいしいスープをつくるには、さまざまな食材——そのなかには風味がまったく異なるものもある——を融合させる必要があるように、調和的な関係は、さまざまな問題について異なる視点や見解を持つ人びとが相互に関わり合うことを前提としている。この君主と大臣に、それが当てはまらないのは明らかだ。大臣は独自の見解を持っておらず、ただ君主に服従しているにすぎなかった。先に支配について論じたことを踏まえると、大臣がつねに君主と同じ意見を持つのは偶然ではないと言える。君主は大臣を支配する力を持っていたのだ。恐怖や君主を喜ばせたいという気持ち、あるいはその両方から、大臣はいつでも君主に同意し、二人はあらゆる問題に関してつねに意見が一致するという見せかけをつくりださなければならなかった。これは、調和を装った支配の典型的な例である。歴史上、調和に関するこの種の誤解が儒教の言う調和のイメージを損ねてきた。だがそれは、古典的な儒教思想家がみずからの調和の哲学を展開したときに提唱したものではないのである。

調和と不調和の違いが通常は明らかであるのに対し、調和と支配の違いはつねに明らかであるとは限らないし、ときには故意に曖昧にされることもある。支配する勢力は支配を調和として偽装する傾向がある。支配と調和の混同は、現代の調和の理念にとって最大の課題であり、この点は二〇〇〇年以上前から変わっていない。カール・ポパーは『開かれた社会とその敵』という影響力のある著書において、主にプラトンの調和としての正義という考え方を批判した。ポパーによれば、プラトンの争いなき調和という考え方は全体主義につながり、自由とは対立するという。[16]しかし、魂の三部分と社会を構成する人びとの三階級の調和というプラトンの考え方は、他者を支配する一つの要因を特徴としている。それは支配の模範であり、儒教の伝統のなかで展開される意味での調和の模範ではない。調和を服従や支配と解するこうした傾向のせいで、多様性のある世界で調和を追求することは、現代の西洋社会では良くて素朴、悪くすると有害だとみなされることが多い。しかしながら、儒教的な調和の概念は、不調和だけでなく支配からも区別されるべきだ。儒教的な調和の土台は、共同体の健全な構想に加え、動的で公正な人間関係の構築にある。調和のある共同体では、各個人はみずからのアイデンティティを形成したり発見したりするだけではなく、ほかのメンバーのアイデンティティや善に貢献する。他者との調和を通じ、各人は共同体の仲間の貢献から恩恵を得るのだ。儒教的な考え方では、共同体はまったく異なる目的を追求する個人の集合——ロールズならそう考えることだろう——にすぎないものではない。また、全体を定義する特徴のない、アイデンティティを構成する社会集団——それがサンデルの見解であるように思える——というわけでもない。サンデルの考える共同体のメンバーは、愛情、慈悲、責任といった個性を身につけられるが、それらは共同体全体の特徴ではない。儒教的な共同体の思想は社会の調和であり、それは、共通善を達成するための相互変化を通じ、共同体のメンバーによって実現されるべきものなのだ。

ここで、テスト・ケースとしてアファーマティヴ・アクションの問題を検討してみよう。アファーマティヴ・アクションは一部のリベラル派にとってやっかいな課題となっている。それが、彼らの哲学と道徳的直観の大きな矛盾を露《あらわ》にするからだ。一方で、彼らのリベラル哲学の根底には個人の権利という「切り札」がある。この切り札を持つ者は、別の行動をとればある社会的目的がかなえられる場合でさえ、特定の方法で行動できると想定されている。[17]他方で、きわめて強力な道徳的直観のために、リベラル派はこう考えざるをえない。アファーマティヴ・アクションを含む一定の社会的目的は、ほかのケースであれば擁護されるべき個人の権利を制限する結果になっても達成されねばならないと。こうした道徳的直観に応えて、リベラル派のなかには矛盾の解決に向けてやや独創的なアプローチをとる者もいる。ロナルド・ドゥウォーキンは社会的効用に基づいてアファーマティヴ・アクションを正当化しようとしたが、権利に基づく彼の反功利主義哲学とはしっくりこない、ばつの悪い立場を表明することになった。ロールズなら、人びとの生まれつきの才能は個人に属するのではなく「共通財産[18]」であるという理由で、アファーマティヴ・アクションを正当化するだろう。ロールズのアプローチはある種の人間性の形而上学を基に擁護できるかもしれないが、とはいっても、それは一般の人びとにとっては常識はずれだ。自分の生まれつきの才能が実は自分のものではなく、共通財産なのだということを認める人はほとんどいないだろう。さらに、サンデルが論じるように、ドゥウォーキンやロールズが自説を主張するには「より広範な所有の主体」が必要になる。共同体を土台とし、共同体に構成される自我の適切な概念がないと、彼らはみずからのアファーマティヴ・アクションへの支持を正当化できない[19]。つまり「他者の達成や努力への関与のこうした感覚が、内省的な自己認識を呼び起こす場合、われわれはさまざまな活動のあらゆる領域で、自分自身を次のようにみなすようになるかもしれない。共通の何かを持つ個別の主体というより、もっと幅広い（だが依然として限定された）主観性を持つメンバーであり、『他者』というより、共通のアイデンティティ——それが家族であれ、共同体であれ、階級であれ、国民であれ、国家であれ——への参画者であると[20]」。

サンデルの解決策は主観的なものだ。個人の「内省」の実践を頼りに、共同体を基盤とするアイデンティティを見いだそうとするからだ。ロースクールやメディカルスクールへの入学について言うと、人種的多数派に属する学業成績でやや優る受験生が、存在感の薄い人種的少数派の受験生のために不合格となる場合、前者の「犠牲」は後者に対する公共の努力に資することになる。不合格とされた受験生は、他人の利益のために利用されたと感じる代わりに、自分のアイデンティティについてきちんと内省することを通じ、自分の所属する共同体に貢献しているのだと感じるだろう。その人物の「犠牲」が正当化されるのは、彼や彼女のアイデンティティと結びついた生活様式の実現に貢献するからなのだ[21]。

儒者であればサンデルの主張を支持するはずだが、とはいえ、それでは不十分だと考えるだろう。前述のアファーマティヴ・アクションの例で言えば、儒者は次の点に同意するはずだ。人種的多数派の受験生は、きちんと内省したうえで、自分が公共の努力に貢献していること、また、共同体の改善への貢献を通じて自分自身のアイデンティティも豊かになることを理解すべきであると。だが、儒教哲学では、この種の共同体志向の理解が内省のみを通じて達成されるとは考えられていない──その内省がどれほど深く、徹底したものであっても。代わりに、共同体志向の理解は自己修養という長期的プロジェクトによって達成される。自己修養を通じて、人は正しい自意識を培い、自分自身の成功や繁栄は共同体のそれと軌を一にするもので、対立するものではないことを悟る。だが、儒者はそこで止まらない。儒者の見るところ、サンデルの解決策は個人と内省に焦点を合わせており、アリストテレスの区別を借りれば、実践的美徳というより理論的美徳である。一方、儒者は社会的調和に焦点を合わせる。その解決策は個人を超え、理論的・主観的内省を超えるものとなるのだ。

儒者の見解では、社会的調和は善き生に欠かせない。いや、少し大げさに言えば、善き生そのものである。われわれは、自分が属する共同体（あるいは、さまざまなレベルの重なり合う各種の共同体）の同胞と調和することで、自分自身の潜在能力を発揮し、繁栄する。他者との調和を通じ、われわれは他者との関係を発展させ、善き人、家族の善き一員、共同体の善きメンバーになる。学業成績でやや優る人種的多数派の受験生が、存在感の薄い人種的少数派を含む他者と調和的な関係を築くことによって、共同体の構築に積極的にかかわっていれば、人種的平等の必要性を感じ、共通の強い目的意識を社会と分かち合う可能性が高くなる──そして、入試の結果を社会的調和への価値ある貢献とみなすことになるだろう。だからといって、次の点を否定するわけではない。つまり、ときに人びとは共同体における共通善を促進するために犠牲に耐える必要があるが、そのおかげで結局はその人自身の生活も豊かになるのだ。繁栄している共同体は美しい庭園に似ている。一種類の植物が個々にどれだけ立派であっても、優れた庭園をつくることはない。一種類の花がそれぞれ単独でどれほどきれいでも、見事な花束をつくることはない。儒者の見解によれば、一つのタイプの物事がどれほど善良だとしても、調和を生み出すことはできないのだ。晏子は「水と水を混ぜても」スープは（言うまでもなくおいしいスープは）できないと強調した。[22] 別の古代哲学者である史伯も似たような主張をした。つまり「一つの音色では音楽にならないし、一つの物事が鮮やかなパターンを描くこともない。一つの果物は豊かな風味を生まないし、一つの項目では何の比較も示されない」と。[23] 多様性は調和にとって必要条件なのだ。アファーマティヴ・アクションの例で言うと、社会的調和の実現に求められるのは、人種的多様性に加え、社会のなかで高く評価される地位に人種の代表をバランスよく配置することだ。人種的少数派を永続的に不利な立場に追いやってしまえば、調和のある社会の実現に逆行する。たとえある人物が特定のメディカルスクールやロースクールに入学する機会を失っても、彼の属する共同体は健全性を増す。共同体が健全になり、調和が進むのだから、彼や彼の子供たちもいっそう幸福になるだろう。調和が進む社会は、同胞に利益を与えるばかりでなく、長い目で見れば犠牲を被る当人にも恩恵をもたらすのである。儒者の観点からすると、社会的調和はアファーマティヴ・アクションや類似の社会政策を強く正当化する。儒者的なアプローチは、サンデルのそれの先を行くものだ。個人のアイデンティティを社会的関係に結びつけるだけでなく、どんな社会関係やどんな共同体が促進されるべきかを説明するからである。

もう少し最近の例で儒教的な調和の理解について説明してみよう。シンガポールは、大統領職を従来よりもさらにバランスよく人種を代表するものにしようと、真剣な国民的議論を始めている。シンガポールの住民は多くの民族から成っており、華僑が約七四%、マレー人が一三%、インド人、ユーラシア人、その他が残りを占めている。シンガポールは昔から、社会的調和を国造りの目標としてきた。そうしたテーマが、その政治的語彙と同じく、儒教哲学と歴史的・文化的なつながりを持つことは周知の通りだ。[24] 多数派のシンガポール人からすると、社会的調和は、彼らの個人生活のみならず国家にとってもきわめて重要なものだ。シンガポールは議会制度を有しており、大統領は主に形だけの国家元首として働いている。議会選挙の選挙区は、小選挙区と集団選挙区に分類されている。集団選挙区では、異なる政党の候補者チームによって議席が争われる。それぞれの集団選挙区で、各チームの候補者の少なくとも一人はマイノリティ（非中国人）でなければならない。[25]

こうしたシステムであれば、どの政党の候補者が当選しようとマイノリティは国会に議席を確保できる。また、政党がマイノリティのメンバーを積極的に採用し、育成することも奨励（あるいは強制すら）される。したがって、こうしたシステムをとることで、政党は人種的に多様化・包括化せざるをえなくなる。[26] 一九九三年以降、シンガポールは直接選挙を通じた一般投票によって大統領を選んできた。その後、三人の大統領が誕生したが、そのうち二人は華僑、一人はインド人だった。最近の調査によると、シンガポール人は一般にどの人種が大統領に選ばれてもかまわないと思っているが、あらゆる人種グループで自分と同じ人種の大統領を好む者が多数派であることもわかっている。[27] この調査結果から次のような懸念が生じる。国民国家がいっそう民主的になり、一般市民が自分の好きな指導者を選ぶことが当たり前になるにつれ、政治指導者からの父子主義的干渉はますます小さくなり、マイノリティの大統領が選ばれるチャンスが減少するのではないだろうか。

最近、憲法委員会が憲法の修正を提案した。すべての人種グループがみずからの代表を大統領にできるよう保証しようというのだ。提案された方策の一つは、いずれかの人種グループのリーダーが五期連続で大統領職に就けなかった場合、次の大統領選挙はその特定の人種グループの候補者のために行なわれるというものだ。[28]この案が実現すれば、長年のあいだには三つの主要な人種グループすべてから大統領が出ることになるし、シンガポールの社会的、宗教的、文化的調和が促進されることは間違いないと、提案者は主張している。リベラル派は、こうした動きは個々の市民の政治的・市民的権利を侵害するものだと嘆くかもしれない。過去の五人の大統領がすべて中国人かインド人だった場合、次の大統領はマレー人になるだろう。中国人（あるいはインド人）は、マレー人大統領の誕生後まで大統領に立候補する資格を失うことになる。さらに、その頃には、その人物はもはやそれ以外の資格――たとえば、選挙の少し前まで要職に就いていた経験があるなど――を満たせなくなるかもしれないし、そうなれば大統領に立候補する機会を永遠に失うだろう。民族性が大きな違いを生むことになるのだ。

とはいえ、これまでのところ、そうした動きをめぐって大きな懸念は生じていない。[29]儒教的視点からすると、すべての主要な人種グループの代表が大統領職に就けるようにするメカニズムは、調和を根拠に正当化できる。大統領の主な役割の一つは、国家を代表することだ。すべての人種グループの代表が国家の最高位に就ける状態にあるおかげで、どの人種グループも疎外感を持たずにすむとすれば、人種的平等は進展する。個人は、国に関する強い所有者意識、強い市民意識、国民国家という共同体に深く根ざしたアイデンティティをいっそう発展させる可能性が高い。したがって、大統領を選ぶ新たなメカニズムの採用は、シンガポールのなかに社会的調和や強力なナショナル・アイデンティティを築くことにつながる。そうした動きは、儒教的な調和の哲学を根拠に正当化されるだろう。

儒教的な調和の哲学は、アファーマティヴ・アクションや多くの人種に開かれた大統領職といったデリケートな社会的課題を評価するための重要な視座をもたらすだけではない。一般に共同体や、共同体に根ざす個人のアイデンティティについて力強い説明を提供してくれるのだ。そうした観点から言うと、共同体のなかで他人と調和することは、人間関係を構築すべくお互いに積極的に関わり合うことであり、みずからのアイデンティティを共同体の一員として形成し、更新することである。個人的アイデンティティを確立し、共同体を構築するプロセスは、社会的調和や善き生を実現するに違いない。一方がなければ他方も成立しない。調和の概念を含まない共同体主義の哲学は、その枠組みに大きな穴があいた状態にあり、個人と社会について確固たる説明を生み出すには不十分だ。もしもサンデルが調和について真剣に考慮すれば、彼の共同体主義の哲学は大いに強化されるだろう。

第二章　個人、家族、共同体、さらにその先へ

――『これからの「正義」の話をしよう』におけるいくつかのテーマに関する儒教的考察

白彤東

政治哲学者としてのマイケル・サンデルは、ジョン・ロールズの古典的著作『正義論』に対する共同体主義的な批判で知られている。教師および公的知識人としてのサンデルは、哲学を「市井《しせい》」へと引き下ろしてきた。中国をはじめ世界中で、一見したところ曖昧で難解な哲学の文章や考え方を、日々の政治的・道徳的決定とのかかわりを示すことによって、大学教育を受けた人びとや、さらには一般大衆にとってさえ理解しやすいものとしたのだ。本論文では、リベラル的・共同体主義的な考え方をめぐる議論や、公的課題をめぐる議論に儒教的な考え方を持ち込み、サンデルが始めたプロジェクトをさらに豊かなものにしたいと思う。

サンデルの『これからの「正義」の話をしよう』第九章の中心テーマは、個人は原子的で自律的な存在か、それとも根本的に社会的な存在かということだ。この一見抽象的な区別には多くの現実的な含みがある。たとえば、個人は母国や先祖が他人に働いた悪事に何らかの責任を負うか――現代に生きるアメリカ人、オーストラリア人、ドイツ人、日本人はそれぞれ、リンカーン大統領の下で廃止される以前の奴隷制、アボリジニの人びとへの過去の虐待、ホロコースト、第二次世界大戦中の性奴隷制に関して、謝罪する、あるいは自国政府に謝罪を促す義務

があるだろうか――という問題への答えが異なってくる。人間を個人主義的に理解すれば、上記の問題への答えは、人はほかの誰かが選んだ行動に責任を負うべきではないとなりそうだ。だが、個人がこの「ほかの誰か」と深く結びついているなら、責任を負うべきであるように思える。

　サンデルは後者の認識に賛成し、アラスデア・マッキンタイアの物語的な人間理解を援用する。「われわれはみな、特定の社会的アイデンティティの担い手として、自分自身の置かれた状況に近づく。私は誰かの息子や娘であり、誰かのいとこやおじである。私はこの都市やあの都市の市民であり、この同業組合やあの同業組合のメンバーである。私はこの一族、あの部族、この国家に属している。したがって、私にとって善いことは、これらの役割を占める者にとっても善いことでなければならない。そのようなものとして、私は自分の家族、都市、部族、国家の過去から、さまざまな負債、遺産、正当な期待や義務を受け継ぐ。それらが私の人生の既定事実、私の道徳的出発点を構成する。これはある程度まで、私自身の人生に道徳的特徴を与えるものである[1]」

　だが、この手の議論の問題点は、人間はそもそも社会的な存在であると主張しているにすぎず、社会的であるべきだとは言っていないところにある。何と言っても、「本性」という言葉で人間がもともと持っているものを、あるいは何かに向かう生物学的傾向を意味するなら、みずからの本性を逸脱できるというのが人間の本性なのだ（あるいは多くの人がそう信じている）。言い換えれば、人間は本性からして本性的ではないのである。したがって、問題は実のところ、われわれが実際に生まれつき社会的な存在であるとして、なぜその社会的本性に従うべきなのかという点にある。これに答えるには、社会的でありつづけることは、望ましいという意味で善いことだと主張するのが一つの方法だ。

　ここで、初期の儒教思想家がこの問題にどう答えたかを見てみよう。孟子《もうし》（前三七二〜前二八九）によれば、人間と動物を分かつのは、われわれが適切な人間関係を結ぶ点だという。家族との関係、友人との関係、政治の舞台における上下関係などだ。これらの関係がなければ、われわれは獣とさほど変わらないし、せいぜい人間そっくりな存在であるにすぎない。[2]

　孟子の提示した考え方は、多くの人が人間本性の形而上学的説明とみなすものだろう。こうした説明の問題は、私がこの形而上学的理解を受け入れなければ、私にとっては何の説得力もないということだ。人はこう言うかもしれない。孟子は、自分の示す人間の規範に従わない者を「獣」呼ばわりすることで、人びとを恥じ入らせてその説明を信じさせようとしたのだと。だが、恥じ入らせると言っても、そもそも「恥知らず」な人や、こうした戦略を拒否する人には通用しないだろう。

　また別の儒教思想家である荀子《じゅんし》（前三一三〜前二三八）は異なる説明をした。荀子もまた、適切な社会関係は人間と動物を分かつものだと思っていた。荀子はさらに、こうした社会関係はわれわれにとって善いものなので、あるがままに維持するよう努力すべきだと主張した。[3]というのも、われわれ人間は一人で何でもできるわけではないため、仲間同士で分業せざるをえず、したがって生き延びるには他人が必要になるからだ。とりわけ、われわれはほかの動物から身を守るために団結する必要がある。団結するには、適切な社会関係を維持する必要があるのは明らかだ。そのうえ、人間は誰しもある種の財を欲している。だが、そうした財の供給には限りがあるのに、人間の欲求には際限がない。適切な社会関係によって欲求が統制されていなければ、われわれはやがて殺し合い、最終的には人類を全滅させてしまうだろう。

したがって、荀子が提示したのは、善き生を送りたいという人間の欲求に訴える、より「自然主義的」な説明である。善き生に関するこうした理解（安全と基本的欲求の充足）は広く行き渡っているようだ。だが、万人に共通するものとは言いがたい。たとえばニーチェ哲学の信奉者は、安全ではあるが退屈な生よりも、支配の可能性のある混沌とした生のほうがはるかに望ましいと思っているかもしれない。こうした可能性を否定すべきではないが、ニーチェの信奉者やその種の人びとに対する哲学的解答を探しても、ことによると無駄骨かもしれない（解答が存在するとは限らないため）。

　ニーチェ哲学の信奉者からの異論はさておき、人間は社会的な存在であるばかりでなく、適切な社会関係を維持すべきだとしてみよう。次の問題は、適切な社会関係を築くにはどうすればいいかということだ。儒者の答えは「身近なものにたとえること」（『論語』雍也篇三〇）である。[4]身近にあるきわめて重要な組織は自分自身の家族だ。儒教思想家が家族の価値に大いに注目してきた理由は、もしかするとここにあるのかもしれない。彼らにとって、家族はわれわれが単なる自我を超越するために誰でも利用できる足がかりであり、人間が道徳的主体——適切な社会関係を高く評価し、維持できる人物——になるための訓練の場なのだ。家族を通じて、われわれは自分自身だけでなく、家族の面倒を見ることも学ぶ。こうした心遣いを外部へと広げていけば、最終的には人類全体を、さらには世界全体をさえ包み込むことになるだろう。こうした心遣いや思いやりの社会的ネットワークのもとでは、先祖の悪事に責任を負うことは実に自然である。

　だが、この拡大する心遣いのネットワークは複雑な事態を引き起こす。このネットワークにおいて、ある人への私の心遣いが、ほかの人への心遣いと対立するとしたらどうだろう。『これからの「正義」の話をしよう』第九章において、サンデルは二つのケースについて論じている。そこではある人物が難しい選択に直面する。自分の兄弟（あいにく犯罪者だ）を守るべきか、それとも公益のために兄弟を裏切るべきか。この種の対立は儒教思想家たちにとっても焦点となる。『論語』や『孟子』には有名な事例があり（たとえば『論語』子路篇一八、『孟子』盡心章句上三五）、これらの一節の寓意をどう理解するかをめぐっては未だに論争がある。[5]原典で展開される議論の雰囲気をつかむため、『孟子』盡心章句上三五について考えてみよう。ある弟子がこう問う。伝説的な王である舜《しゅん》の父が誰かを殺してしまったとしたら、舜はどうすべきだったでしょうか。孟子は、舜は警察署長が父を逮捕しようとするのを邪魔すべきだとは言わない。警察署長が自分の仕事を全うするのを許すべきだと言うのだ。[6]すると問題は、舜は父に対する子としての義務をどうやって果たすべきかということになる。孟子によると、舜は王位を譲り、父を連れ去って辺鄙《へんぴ》な土地へと赴き、逃亡者として父とともに隠遁生活を送るべきだというのだ（いっさい不平を言わずに！）。孟子の示した解決策が妥当かどうかは疑問かもしれないが、彼が義務の対立を理解し、それを解決しようとしたことは認めざるをえない。

　この種の対立を扱う際、このケースが明確な基準を示してくれるなどと理解すべきではない。人生とは複雑なものであり、生涯にわたってわれわれを導いてくれる、出来合いの、何にでも当てはまる、問題のない現場マニュアルなど存在しない。『孟子』や『論語』に見られるさまざまな説明や物語は、背景に依存する事例として役立つよう意図されていただけかもしれない。それは、われわれが自分自身の問題に対処するためのヒントやインスピレーションを与えてくれる。妥協的な解決策さえ見いだせないケースもあるだろう。結局のところ、人生とは（ときとして）最悪のものなのだ。

心遣いのネットワークにおいて義務が対立するもう一つの例として、サンデルがやはり『これからの「正義」の話をしよう』第九章で論じているのが、愛国心と人類一般への心遣いの対立だ。舜の父への心遣いと人民への義務の対立の場合、儒者の視点からは、両者は同じように重要なので順序はつけられないと言える。せいぜいのところ、妥協的解決策を見いだせるにすぎない。だが、愛国心と人類への心遣いの対立のケースは、儒者の視点から見てそれとは異なる。

儒者の理想は、身近な人びとへの思いやりから発展する万人への心遣いである。とはいえ、この万人への心遣いのもう一つの重要な特徴は、そこに序列があるということだ。儒教思想家によれば、われわれは縁遠い人びとよりも近しい人びとを大事にするのが当然であり、正当であるという。愛国心と人類一般への心遣いが対立する場合、二つの義務は対等ではない。自国民への心遣いは、外国人への心遣いよりも優先される。同時に、われわれは後者に対しても（より弱い）同情を感じる。したがって、儒者にとっては、まずは自国民の面倒を見るのが正当な振る舞いなのだ。とはいえ、こうした優先付けは最善のものとは言えないし、外国人の利益を完全に無視したり、ましてや害したりすることによっては、自国民の要望に応えられない。たとえば、ヨーロッパにおける近年の難民危機に直面すれば、儒者は無条件に国境を開くこと――ドイツ首相のアンゲラ・メルケルが危機のさなかのある時期にとった政策――に反対するだろう。だが、その一方で、ヨーロッパの右翼の政治家や人びとが主張するように国境を閉ざすことにも反対するはずだ。むしろ、ホスト国の国民の安全や生活水準が、難民の流入によって著しく害されないときには、難民は入国を許されるべきだと考える。もちろん、「著しく」をどう定義するかは実のところきわめて難しい問題だが、この種の問題に取り組む際、儒者は少なくとも合理的な理論モデルを提示できる。

拡大する儒教的な心遣いのネットワークのもう一つの含意は、公と私をきっぱりと分けるべきではないということだ。公的領域におけるわれわれの振る舞い方は、私的領域に根ざしている。われわれの寝室での行ないは、公の場での行ないに波及効果を及ぼすのだ。それが事実なら、政府は価値中立的であるべきで、人びとの寝室に立ち入ってはならないという典型的なリベラルの姿勢は、問題があるように思えてくる。家庭重視という一般的な価値観や道徳の促進に政府が一役買うことは当然なのだ。この問題もまた『これからの「正義」の話をしよう』第九章で論じられている。誤解のないように言うと、政府はあらゆる種類の道徳の促進に携わるべきだということではない。あるグループの人びとが道徳と考えているものも、ほかのグループからすればそうは考えられないかもしれない。政府が促進すべきなのは、ジョン・ロールズの専門用語を借りれば、重なり合う合意になりうるものだ。言い換えれば、道徳の促進への政府の関わりは「薄く」あるべきであり、リベラル派が主張するように、政治的なものに限られるべきだ。問題は、儒者の理解によれば、政治的なものは道徳的なものから明確に区別されるわけではないため、政府が促進することを許される薄い道徳性は、リベラルな思想家が認めがちなそれよりは「濃い」ということだ。しかも、こうした促進策は強制的なものでなくてもよい。つまり、租税政策、公的報奨、あるいは家族の義務を果たせない人びと（たとえば、きわめて無責任な息子や娘）の糾弾などかもしれない。チェック・アンド・バランス、説明責任、その他のメカニズムが必要とされる。それでもやはり、儒者にとっては、ある人の寝室で行なわれていることは、公的関心の完全な埒外《らちがい》にあるわけではないのである。

ここまで、サンデルが論じた多くの問題が儒者の関心事でもあることを見てきた。ときには異なる典拠に頼り、異なる議論をしているものの、サンデルと儒者の考え方は多くの点で重なり合っている。誤解のないように言うと、「儒教」には二〇〇〇年を超える哲学的伝統があり、さまざまな儒教思想家がまったく異なる見解を持っている場合もある。この論文における私の議論は、ほぼ『論語』と『孟子』に依拠している。だが、これらの古典に関する私の理解によれば、ある重要な考え方が、儒教とサンデルの哲学（サンデルがその呼称をしばしば拒否する共同体主義）の根本的な違いを示している。

ダニエル・ベルは、著書『Beyond Liberal Democracy』（二〇〇六）でこの違いをうまく表現している。「欧米の共同体主義者［デイヴィッド・ミラーやサンデルといった著述家］は共和主義者であることが多い。つまり、多くの人びとによる公共心あふれる積極的な政治参加を好むということだ。［東］アジアの共同体主義者は家族志向の傾向がより強く、積極的な政治参加は教養ある少数の人びとに任せるべきだという考え方を受け入れやすい」[7]。ベルの言うアジアの共同体主義者とは、儒者のことだ。孟子などの儒者は、一方で、すべての人間は道徳的に優れた存在となる同一の潜在能力を持つと信じている。共同体主義者に共通する平等の精神だ。だが、他方では、現実には限られた少数の人びとだけがそれを成し遂げられるとも思っている。後者の点で、儒者はサンデルを含む共同体主義者と異なるのである。

したがって、人間は家族や共同体から出発し、外部へ向けてみずからの美徳を広めていくという考え方に関して、儒者と共同体主義者は意見が一致する。それにもかかわらず、実際に成功を収め、したがって本格的に政治に参加できるのはごく一握りの人に限られるというのが、儒者の考えなのだ。これが事実なら、平凡な有権者における知識および適切な道徳の欠如は、共同体主義者の提言とは異なり、共同体の活動を通じて政治にかかわる美徳を養うことによって補うことはできない。そうではなく、実力主義的要素を政治に持ち込むことによってのみ是正できるのだ。言い換えれば、儒者は共同体主義に含まれる徹底した共和主義を拒否する。共同体を振興しようという共同体主義者の努力は全面的に支持するはずだし、教育を含む基本財はもちろん、政治参加の機会をすべての人に提供する責任は国家にあると考えるだろう。だが、儒者はこうも主張するはずだ。こうした努力には限界があるし、見知らぬ者からなる大規模な社会（現代国家の大半にとって前提となる状況）において、一般大衆の能力が、彼らの政治参加が——自分たちの代表を選ぶことに関してさえ——有意義なものとなるレベルまで引き上げられることは決してないのだ、と。だからといって、儒者が民主的な手続きを完全に拒否することはない。一人一票という投票制度は、人びとが政府の指導者や政策に関する満足度を表明するのに有効な手段だと考えられている。この点については、儒者も国民にその能力があると信じているのだ。だが、直接にであれ、自分たちの代表を選ぶことによってであれ、正しい政治的判断を下す能力が国民には欠けている。二院制に関して儒者が支持するのは次のような仕組みだ。下院議員は、国民が政府に関する意見を表明するため、彼らによって選ばれる。一方、上院議員は彼ら自身の長所、とりわけ国民を思いやる道徳的能力や、こうした思いやりを現実化する知的能力に基づいて選ばれる。[8]

混成的な政治体制というこの儒教的な考え方の隠れた前提は、顔見知りからなる小さな共同体と見知らぬ者からなる大きな社会のあいだには根本的な相違があるということだ。実のところ、この点に賛成する明確で強力な論陣を張ったのは、いわゆる法家の哲学者で、儒教の初期の批判者だった韓非《かんぴ》（前二八〇～前二三三）である。[9] 韓非によれば、見知らぬ者からなる大きな社会では道徳的価値観が多元化する運命にあるという。そのため、一つの共同体で培われるものは、ほかの地理的あるいは知的共同体に住む人びとには当てはまらないかもしれない。こうして彼は、家族から外部へ価値観が広がっていくという儒教的な考え方を否定した。儒者を擁護するには、こう主張すればいい。多くの、あるいはほとんどの価値観が、ある共同体の人びとだけにしか大切にされない運命だとしても、共同体を横断する一定の価値観が存在するかもしれない、と。すると問題は、これらの共同体横断的な価値観をどう発見するかということだ。こうした考え方に従って、われわれはジョン・ロールズのようなリベラル派の思想家をサンデルの批判から擁護できる。

サンデルによる批判の一つの標的は、自然状態のリベラル的理解、すなわち、われわれはみな非社会的な個人であるという考え方だ。しかし、ジャン＝ジャック・ルソーからロールズに至る多くの思想家が、現実の描写としてではなく仮説的な道具として、自然状態をとらえている。たとえば、ロールズが個人を無知のヴェールの背後に隠し、非社会化するのはなぜか――それは、何らかの個人主義的な形而上学的立場のせいではなく、このメカニズムを利用して共同体横断的な価値観を発見したいからである。彼が探している共同体横断的な価値観を発見するには、自己中心主義的な共同体の特徴を個人から取り除く必要があった。ロールズの理想とする状況において、政府は一定の価値観を促進することを許されるが、それは多元主義の前提のもとでなされなければならない。

儒者は、無知のヴェールによって取り除かれるものが多すぎるとしてロールズを批判できる。たとえば、われわれは無知のヴェールの背後にいる個人に、いくつかの抽象的な社会的特徴――社会的安定を望む気持ちや、そうした安定を維持するにはしっかりした家族が大事だという知見――を付加してかまわない。こんなふうに言っていいだろう。一方におけるロールズのようなリベラル派の思想家と、他方における儒者（「東アジアの共同体主義者」）やサンデルのような思想家（「欧米の共同体主義者」）の違いは、実際には、個人主義に基づく価値中立的な哲学と、政府の役割は一定の価値観を促すことにあるとみなす、共同体に基づく哲学の違いではない。そうではなく、政府が促進するのを許されるべき価値観の数の多寡に違いがあるのだ。これは程度の違いであり、種類の違いではないのである。

第三章　美徳としての正義、美徳に基づく正義、美徳の正義
――マイケル・サンデルの正義の概念に対する儒教的修正

黄勇

『これからの「正義」の話をしよう』において、マイケル・J・サンデルは正義への三つのアプローチについて検討している。一つ目が、福利や幸福の最大化を正義とする功利主義的な考え方、二つ目が、人間の自由と尊厳の重視を正義とする自由主義的な考え方、三つ目が、美徳を評価し、称え、それに報いることを正義とするアリストテレス的な考え方だ。これらのアプローチに関して、サンデルは中立ではない。サンデルの見解によれば、現代の政治哲学を支配する最初の二つのアプローチは十分なものとは言えないため、彼自身は第三のアプローチのあるバージョンを発展させることを目指すという。[1] このアプローチの主な二つの特徴は、美徳としての正義および美徳に基づく正義として要約できる。

一方で、この考え方における正義は、単にある集団の活動を促進し、その成果を分配するための何かではない――さもなければ、盗賊団にも正義があるとみなされかねない。サンデルはこの意味で、初期の論考の一つにおいて「正義の増大が必ずしも無条件の道徳的向上を意味しないとすれば、場合によっては正義が美徳ではなく悪徳であると示されることもある」[2] と主張している。正義が悪徳でなく美徳であることを保証するには、アリストテレスの目的論的見解

を採用し、正義を性格特性——人間独特の善を目指して人間独特の役割を果たすうえで従うべき適切な美点——とみなす必要がある。サンデルが「われわれが認めようと認めまいと、正義と権利をめぐる議論が、善き生に関する特定の構想に依存するのは避けられない」[3]と主張するのは、この意味においてだし、正義の概念は善の宗教的・形而上学的概念に対して中立であるべきだとするリベラル派の見解（ジョン・ロールズがその代表格）に反論するのも同じことである。

他方でサンデルが強調するのは、アリストテレスの政治哲学の中核をなすと彼が主張する二つの関連する考え方だ。「1. 正義は目的にかかわる。正しさを定義するには、問題となる社会的営みの『テロス』（目的、最終目標、本質）を知らなければならない。2. 正義は名誉にかかわる。ある営みのテロスについて考える——あるいは論じる——ことは、少なくとも部分的にはその営みが称賛し、報いを与えるべき美徳は何かを考え、論じることである」[4]。サンデルの言わんとするところを説明する前に、重要なのは次の点を指摘しておくことだ。つまり、サンデルがここで語っている目的論は、美徳としての正義という考え方に関連した目的論とは異なるのである。後者では、目的論は人生そのもののテロスにかかわっている。したがって、性格特性は有徳あるいは悪徳と定義される。ところが前者では、目的論は特定の社会的営みのテロスにかかわっている。たとえば、大学の教職の地位が分配されるとすれば、大学のテロスについて調べる必要がある。これが、サンデルがアリストテレスの政治哲学の中核をなす考え方とみなす一つ目のもので、二つ目の考え方はそれに密接に関連している。なぜなら、人が何かの分配を受けるために、どんな種類の美徳を身につけていなければならないかを教えてくれるのは、社会的営みのテロスだからだ[5]。大学のケースで言えば、教職を得るには、学識と教授技術に優れていなければならない。この意味での正義は、物事を（関連のある）美徳に応じて分配することだ。それによって、美徳を身につけた人を承認し、称賛し、祝福し、報奨する一方、悪徳を身につけた人を罰するのである。[6]サンデルは多くの例を用いてみずからの論点を説明しているが、それらの例は肯定的なものと否定的なものの二つに集約できる。肯定的事例として、サンデルはパープルハート勲章の授与を取りあげる。「勲章の保持者には栄誉に加え、退役軍人病院で特別扱いを受ける権利が与えられる……本当の問題は勲章の意味と勲章が称える美徳にかかわっている。では、勲章にふさわしい美徳とは何だろうか。ほかの軍事勲章とは異なり、パープルハート勲章が称えるのは犠牲であり、勇敢さではない」[7]。否定的例としてサンデルが挙げるのは、二〇〇八年から〇九年にかけて、破綻した一部の企業に対してアメリカ政府がとった救済措置だ。この救済措置に対しては、とりわけ救済資金の一部が破綻企業の経営陣のボーナスに当てられた際、一般国民から激しい怒りが湧き起こった。サンデルは次のように指摘している。「国民にとっては道徳的に許しがたい事態である。ボーナスだけでなく救済措置の全体が、強欲な行為を罰するどころか、誉めたたえているように思えた」[8]。要するに、この意味での正義は、有徳な者を称え、悪徳な者を罰するようわれわれに要求するのである。

以下において、サンデルの美徳としての正義という考え方を手短に論じたあと、残りの議論では美徳に基づく正義という彼の構想に焦点を合わせる。どちらのケースでも、孔子にまつわる資料を利用する。美徳としての正義を論じる際、私の主たる関心は、個人の美徳としての正義および社会制度の美徳としての正義の関係に加え、この問題に対する孔子の貢献にある。

美徳としての正義

正義とは美徳のことだと言っても問題があるとは思えないし、儒教は一般的にそれに同意すると思う。とはいえ、光を当てなければならない一つの問題がある。正義とは美徳のことだと言うとき、われわれはもちろん、それは悪徳ではないと言っている。しかし、美徳であれ悪徳であれ、正義とはそもそも人間の性格特性だ。正義のほかの意味は派生的なものである。たとえば、ある行為が正義にかなっていると言うとき、われわれはそれが正義という性格特性を持つ人物から生じる行為であることを意味している。ある事態が正義にかなっていると言うとき、その事態が正義という性格特性を持つ人物（あるいは人びと）によって引き起こされたことを意味している。[9] これは、健康のそもそもの意味が人の身体にかかわっているのと同じようなものだ。われわれが派生的な意味で、食べ物が健康的だとか、環境が健康的だとか、誰かが健康的な決断をしたとか言うとき、それらはすべて、人が健康であることに結びついているのだ。

この意味で、正義とは個人的美徳である。ところが、正義にまつわる現代の議論——その大部分がジョン・ロールズの著作によって喚起されたものだが——は、もっぱらではないにしても、主として社会正義にかかわっている。問われている主な問題は、ある人物がどんな意味で、どの程度、どのように正義にかなうことができるか、あるいは、他人との交流やその際の対応において正義にかなう行動ができるか、ということではない。そうではなく、こうした議論の焦点は、社会がそのメンバー間の交流を統制する際、どんな意味で、どの程度、どのように正義にかなっているかということだ。「正義は社会制度の第一の美徳である」というジョン・ロールズの有名な言葉は、そういう意味である。[10] これは、正義を個人ではなく社会制度の美徳として理解するということだ。すると次のような疑問が湧いてくる。美徳としての正義のこれら二つの概念――個人の美徳としての正義および社会制度の美徳としての正義――は、関連しているとすれば、どのように関連しているのだろうか？

マーク・ルバーは、両者を結びつける二つの方法を区別した。「一つ目の方法は……個人の美徳が論理的に先行すると考え、政治制度の正義は個人同士の正義にかなう関係から構成されるとみなすものだ。こうした考え方に基づき、われわれは有徳な人物が他人とのあいだで保持しようとする関係から出発し……どんな制度や公的ルールがそうした関係を許容し、維持するかを問う」。対照的に「二つ目の方法は……制度や慣習をはじめ、国家（社会的・制度的・政治的な正義といった属性の主要な担い手となる政治組織）を構成するシステムの正義が論理的に先行するとみなす。ここできわめて重要な考え方は、正義にかなう社会が……どう見えるべきかについて、われわれは何らかの考えを持っているというものだ。……したがって、その社会のメンバーとして持っている義務や動機があるために、正義にかなう個人の義務はこうしたシステムから引き出される」[11]。一つ目の方法を代表するのはアリストテレスだ[12]。ジョン・ロールズは二つ目の方法を代表する。しかしながら、私の見解ではどちらにも問題がある。

社会制度の正義を個人の正義から引き出すアリストテレスのモデルが、人びとを有徳にし、特定の場合には正義にかなう者とするという、政府の重要な役割を強調するのは正しい。この大切な論点は、また後ほど取り上げることにしたい。とはいえ、こうしたモデルでは、社会正義を実現するには社会を構成するあらゆる人が正義にかなうよう振る舞うしかないと想定されており、そこからさらに、分配に関してであれ調整に関してであれ、正義にかなうことはすべて、政府によってではなく個人によってなされるものと想定されている。第一の想定が現実的でないのは明らかで、正義にもとる人物が一人でもいれば、社会が正義にかなうことはありえないことになってしまう。第二の想定は、古代の小規模な都市国家でならいくらか妥当性があるとしても、現代の巨大な国民国家では到底ありそうにない。たとえば、メイン州に住む農民は、サンフランシスコのホームレスが、自分が作った作物を手にするのにふさわしいかどうか、またどれくらいの量にふさわしいかを知りようがない。こうした巨大な社会においては、資源の分配は国家が行なうしかない。個人が正義にかなうだけでは不十分で、国家による分配や調整も正義にかなうものであるべきだ。

この点で、ロールズに代表される第二のモデルがまさに強みを持つように思える。ロールズは社会制度の美徳としての正義を強調しているからだ。では、その正義は個人の性格特性としての正義とどう関係しているのだろうか。ロールズの正義の原理は原初状態にいる人びとによって選ばれるのだから、そこにはその人びとの美徳や正義の気質が反映・表出していると言っていいし、その意味で、ロールズの社会制度の正義もまた個人の正義から引き出されていると言っていいだろう。しかし、こうした解釈に無理があるのは明らかだ。ロールズも述べているように、原初状態にある当事者はそもそも利己的で、他人の利害には無関心であり、したがって、一般に有徳であるとも、特に正義にかなっているとも言えないからである。[13]それを正しく理解するには、ロールズが、社会制度に対する正義の原理を決める独立した手続きとして原初状態を用いていることを考えてみるといい。ロールズの見解によれば、われわれは社会制度に対してこうして独立に決定される正義の原理が、正義の原理でなければならないことを知っているにもかかわらず、社会を構成する個人がそうした原理を受け入れなければ社会は安定しないため、個々人のあいだで幼児期から正義感を養うことが大切である。したがって、ロールズはこう主張する。「制度が正義にかなっているとき……その協定に参加する人びとは相応の正義感を身につけ、制度を維持するために役立ちたいと願う」[14]。だが、ロールズの正義の原理が確かに社会制度のための正義の原理だとしても、こうした原理を使うことには本質的に問題がある。というのも、この原理は人間性（人間を人間たらしめるもの）について何ら考慮することなく導き出され、正義の美徳を個人の性格特性として規定しているからだ。個々の人間が身につけるべき美徳は、それが何であれ彼らを善きものにする性格特性である。だが、何が人を善きものにするかは、人間性の概念を持っていないかぎり理解できない。ところが、人間性に関するいかなる概念も、原初状態にあって正義の原理を選択する役目を担う人びとから取り上げられているのは明らかだ。ルバーが、ロールズの言うような政治的正義の概念は「いまだ考慮の余地の残るやり方で、個人的正義の可能性を制約する恐れがある」[15]と不満を漏らすのは、こうした意味でのことかもしれない。

個人の美徳としての正義と社会制度の美徳としての正義を結びつける二つの方法が、ともにうまく行きそうにないことから、ルバーはこう嘆いている。「われわれは依然として、制度的正義と調和しうる個人の美徳としての正義の概念を視野に捉えていない」[16]。だが、この問題についてはもっと楽観的になっていい理由があると思う。ここで私の念頭にあるのは、マイケル・スロートのアプローチだ。スロートは徳倫理学者だが、アリストテレス主義者である現代のほとんどの徳倫理学者とは異なり、感情主義者である。とはいえ、感情主義者でなくても、ここでわれわれが関心を寄せている問題についてスロートに同意することはできるように思える。彼の徳倫理学の最新バージョンでは、有徳な人物は共感的な人物であり、共感は美徳だとされている。その結びつきを説明するため、スロートは「特定の社会の法律、制度、習慣は、その社会の行為のようなものだ」と述べている[17]。個人の行為が行為者の性格を反映したり表わしたりしているのと同じように、法律、制度、習慣はそれらを生み出す社会集団の性格を反映したり表わしたりしているというわけだ。「したがって、共感による思いやりという感情主義的な倫理によれば、社会的な習慣や慣行はもちろん制度や法律が正義にかなっていると言えるのは次のような場合だ。すなわち、それらの法律や制度が、その創設と維持に責任を負う（十分な数の）人びとの側の共感による思いやりという動機を反映している場合である」[18]。この問題へのスロートのアプローチは、アリストテレスのそれと似ている。ともに、社会制度の美徳としての正義を個人の美徳としての正義から導き出しているからだ。とはいえ、アリストテレスのモデルにおいて、社会制度の美徳としての正義が目指すのは、正義にかなう人物を養成することだ。一方、スロートのモデルでは、社会制度の美徳としての正義によって、個人間の正義にかなう交流や取引が保証されている。

儒者はおおむね、社会制度の正義はそのリーダーの有徳な人格を反映するというスロートの見解を受け入れるだろう。内面は賢人、外面は王という儒者の考え方は、まさにそれと同じものだからだ。外面の王、つまり政治制度は、内面の賢人、つまり道徳的美徳の現れにすぎない。たとえば孟子は「天下の本《もと》は国に在り、国の本は家に在り、家の本は身に在り（天下の根本は国であり、国の根本は家であり、家の根本はわが身である）」（『孟子』離婁章句上五）と主張している。儒教の四書の一つである『大学』はさらに先へと進む。「その身を修めんと欲する者は、先ずその心を正す。その心を正さんと欲する者は、先ずその意を誠にす。その意を誠にせんと欲する者は、先ずその知を致《きわ》む。知を致むるは物に格《いた》るに在り（自分自身を磨こうとする人は、まず自分の心を正す。自分の心を正そうとする人は、まず自分の意思を誠実にする。自分の意思を誠実にしようとする人は、まず自分の知識をきわめる。知識をきわめるには、物事の本質を探究することだ）」（『大学』第一章二）。ここから明らかになるのは、政府というものはその運営者が善良である場合にかぎり、一般に善であり、またとりわけ正義にかなうということだ。孟子は別の箇所でこう述べている。「先王人に忍びざるの心有りて、斯《すなわ》ち人に忍びざるの政《まつりごと》有りき。人に忍びざるの心を以て、人に忍びざるの政を行なわば、天下を治むること之を掌《たなごころ》の上に運《め》ぐらすが如くなるべし（古代の聖王には人の不幸を見過ごせない気持ちがあったので、人の不幸を見過ごさない政治が行なわれた。人の不幸を見過ごせない気持ちで、人の不幸を見過ごさない政治を行なえば、天下を治めることは手のひらで玉でもころがすかのようにたやすくできる）」（『孟子』公孫丑章句上六）。ここで孟子が強調しているのは、有徳なリーダーによって運営されるからこそ政府も有徳であるということだ。

だが、ある面で儒者はスロートより要求が厳しい。スロートは、法律というものは立法者の共感的動機を反映したり表わしたりしている場合に正義にかなっていると主張する一方で、「法律というものは、それを公布する側の適切な共感的配慮の欠如を反映したり表わしたりしていないだけであっても、正義にかなっている」とも認めている。[19] スロートはそれについてこう説明する。「同胞の福利や国の安寧にほとんど関心のない好ましからざる国会議員が、彼らの貪欲さや身勝手さを示してもいなければ反映してもいない法律を成立させることがあるかもしれない。たとえば、全国で赤信号の際に右折を許可する法律だ。この法律は正義にかなっているはずだし、少なくとも不正義ではない[20]」。スロートのこうした譲歩に関する問題を理解するには、社会における正義にかなう法律と正義にかなう個人の行為のあいだの（スロート自身が使っている）アナロジーに立ち戻ってみるといい。スロートの念頭にあるのは、有徳ではない、むしろ不道徳ですらある立法者によって制定されていながら、その不道徳さが反映されておらず、有徳な立法者によって制定され、その美徳を反映し、表している法律と一致する法律である。これは、不道徳な人物による行為が、それにもかかわらず有徳な人物による行為とまったく同じであるケースに似ている。われわれは、不道徳な人物によるこの手の行為が道徳的とは見なされないことを知っている。それは、ただ美徳と合致しているにすぎない。しかし、アリストテレスはこう指摘している。「美徳と合致する行為自体がある性質を持っているとしても、そうした行為が正義にかなうように、あるいは節度をもってなされるとはかぎらない。行為者もまた、ある条件のもとで行為しなければならない。まず第一に、知識がなければならない。第二に、行為を選ばなければならないが、その行為自体のために選ばなければならない。第三に、その行為は堅固にして不変の性質から生じなければならない」[21]。彼はさらにこう述べる。「だとすれば、行為が正義にかなっているとか節度があるとか言われるのは、その行為が、正義にかなう人、あるいは節度ある人が行なうようなものである場合だ。しかし、正義にかなっていたり節度があったりするのは、それらの行為をする人ではなく、正義にかなっていたり節度があったりする人がするように、それらの行為をもする人である」[22]。儒者がつねに、人は正しいことを行なうだけではなく、正しい気持ちで行なう必要があると強調する理由はここにある。だからこそ、孟子は賢帝舜を称賛してこう述べているのだ。「舜は庶物を明らかにし、人倫を察《つまび》らかにし、仁義に由りて行なう。仁義を行なうに非ざるなり（舜はあらゆる事物の道理に明るく、人が行なうべき道を心得ており、その行ないは心に根ざした仁義から自然に生じたものであった。あえて仁義を実行したわけではない）」（『孟子』離婁章句下二〇）

こんな疑問が湧いてくるかもしれない。正義にかなう人物によって制定された法律と、正義にもとる人物によって制定されたまったく同じ法律のあいだには、実質的にどんな違いがあるのだろうか、と。それに対する儒教の観点からの一つの答え方は、法律とは決して完全ではありえず、その周囲にはつねに抜け穴があるというものだ。われわれが法律はただの法律にすぎないと見なせば、それを字義通りに解釈し、違法ではないが明らかに正義にもとる行為に及ぶかもしれない。しかし、法律は立法者の美徳の表出であり反映であると見なすなら、われわれはその精神を強調するようになり、たとえ法律がある行為を許容し、さらには要求さえするような場合でも、明らかに正義にもとる行為に及ぶことはないだろう。赤信号で右折することを運転者に認めるスロート自身の例を利用してみよう。法律はただの法律にすぎないと考えるなら、交通渋滞のために赤信号で右折すると交差点をふさいでしまおうが、対向車が（違反して）左折するのが目に入ろうが、運転者はいつでも赤信号で右折してよいことになる。だが、その法律が立法者の有徳な精神から生まれたものと考えるなら、有徳な人物がそうした行為をわれわれにやらせようと意図することはありえないことが理解できるため、われわれはいずれの行為にも及ぶことはないだろう。またもう一つの例として、ロールズの格差原理［社会的・経済的不平等が正当化されるのは、それによって最も不遇な立場にある人の利益が最大化される場合に限られるという考え方］を利用することもできる。この原理が正義にかなっている、つまり立法者（または政治哲学者）の美徳に合致しているが、有徳な立法者（または政治哲学者）によって法制化されたものではないとしよう。私が稀有な才能を持った人間だとすると、この原理は私にとって次のことを意味する。つまり、私は他人より多くの報酬をもらわないかぎり、自分の才能を十分に発揮して恵まれない人びとに最大の利益をもたらすことはない。私が恵まれない人間だとすると、才能ある人物がその才能を十分に発揮して私に利益をもたらさないかぎり、私はその人物がより多くの報酬を得ることを認めない。[23]ところが、この原理は立法者の正義にかなう人格に合致しているだけでなく、実際に正義にかなっている——つまり、立法者の正義の美徳を反映し、表わしている——と考えるなら、私が稀有な才能の持ち主である場合、この原理の意図は、私が自分の才能を十分に発揮して恵まれない人びとに最も効果的に利益をもたらすことであると理解できる。したがって、より多くの報酬をもらえなくても、私は自分の才能を十分に発揮するだろう（とはいえ、恵まれない人に代わって同様のことを言うのは簡単ではないかもしれない）[24]。

美徳に基づく正義、それとも美徳の正義？

ここからは、サンデルの新アリストテレス主義的な正義概念の第二の特徴を見ていこう。私はそれを、美徳に基づく正義という考え方だと見なしている。つまり、物事はそれが認め、称え、報いるにふさわしい価値、長所、美徳に応じて人びとに分配されることになっているという見方だ。こうした正義概念は地位、とりわけ政治的官職や名誉の分配にぴったり当てはまりそうだが、経済的便益の分配にはあまりふさわしくない。たとえば、こんにちでは経済的便益の大半はお金の形で分配される。笛などの特定の実在物にはテロス（目的因）があり、その分配に際して考慮すべき相応の美徳とは何かを決める助けとなってくれるが、それとは異なり、お金のテロスとは何か（物を買うこと？）とか、お金が認め、称え、報いることになっている美徳とは何か（投資スキルや交渉力？）などと問うことは、控えめに言っても奇妙である。社会制度が提供する多種多様なサービスにも同じことが言える。たとえば、病院のテロスは医療を提供することなので、この目的をほかの人よりもうまく達成できる人は医師としての地位を提供されるべきだと言っても、それほどおかしくはないだろう。しかし、病院が提供する医療をどう分配すべきか、医療を受けるために患者が身につけるべき美徳は何かなどと問うとすれば、それは奇妙である。富や健康（医療）は人びとの社会への貢献度に応じて分配されるべきだ（こうした問題に関するアリストテレスの見解らしい）と言ったところで、人びとの社会への貢献の大きさは自然的・社会的偶然に左右されるというジョン・ロールズの考え方のせいで説得力を失っているため、人びとがどれだけ分配を受けるべきかの決め手にはならない。

サンデルもまた、美徳に基づく正義は分配の一般原則であり、分配対象が何であろうと適用可能だと示唆しているように見える。[25] だが、ときには、名誉や政治的官職の分配――美徳に基づく正義が最もうまく当てはまる領域――に適用を制限しているようにも思える。サンデルが、このより限定的で、それゆえより妥当な見解をとっていることを示すヒントが少なくとも二つある。第一のヒントは、サンデルがアリストテレスと現代の政治哲学者を対比する際に見いだされる。「こんにち分配の正義について論じる際、われわれが主として関心を寄せるのは、所得、富、機会の分配である。アリストテレスにとって分配の正義が主としてかかわるのは、金銭でなく、地位と名誉だった」[26]。サンデルもまた、美徳による分配の正義について、主として地位と名誉を念頭に置いていると考えるのが妥当だろう。第二のヒントは、サンデルが分配の正義の少なくとも部分的基盤として、功績という考え方を擁護する際に見いだされる。よく知られているように、ジョン・ロールズは功績に基づく分配の正義に反対する強力な議論を展開した。繰り返しになるが、自然的・社会的偶然のおかげで誰かが何かを受けるに値することはないという本質的な主張をしているのだ。サンデルはロールズの正義論のこの部分について、強い賛意をもって論じている。[27] サンデルは、功績という考え方を部分的にであれ擁護しようとするときでさえ、ロールズの議論には道徳的な魅力があると言う。というのも「ロールズの議論は、成功は美徳の王であるとか、金持ちが金持ちなのは貧乏人よりもそれにふさわしいからであるといった、実力主義社会でおなじみの独りよがりの想定を覆す」からだ[28]。サンデルはまた、ロールズの議論が「人を不安にさせる」のは「政治的にも哲学的にも、正義に関する議論を功績に関する議論から切り離すことはできないかもしれない」からだとも言う[29]。もっとも、サンデルがこうした主張をする際に使う例には「仕事や機会[30]」、「学校、大学、職場、専門機関、官公庁[31]」といった社会的機関におけるポストが含まれている。実際、議論全体を締めくくるのは、大学の入学審査方針をめぐる論述だ[32]。

私は、サンデルの正義概念のなかで最も妥当と思える部分に焦点を合わせることにしたい。つまり地位、とりわけ政治的官職を、そうした地位がそのテロスに基づき、認め、報い、称える美徳に応じて分配するということだ。この最も妥当な部分に関してさえ、儒教は大きな疑念を抱くだろう。この儒教的疑念を説明するには、儒教的な正義概念のある側面に光を当てるのが一番だ。この概念は、サンデルが発展させたバージョンも含むアリストテレス的な正義概念と矛盾しないだけでなく、その構成要素ともなりうるはずだ。それを「美徳の正義」と名づけることにしよう[33]。ずばり言えば、サンデル的な美徳に基づく正義が、美徳に応じて何かを分配することに関する正義だとすれば、儒教的な美徳の正義は、美徳そのものの分配に関する正義である。言い換えれば、サンデル的な美徳に基づく正義が、政治的官職を分配されるべきものと見なしているのに対し、儒教的な美徳の正義は、美徳の分配に利用できる道具と見なしている。美徳の分配などと言えば奇妙に聞こえるかもしれない。美徳とは誰かの自由になるもの、公平にであれ不公平にであれ分配できるものとは考えられていないのが普通だからだ。説明してみよう。

どんな社会にも、美徳を身につけている人もいれば、美徳に欠ける、あるいはすっかり悪徳に染まっている人がいるものだ。言い換えれば、人びとは等しく美徳を身につけているわけではない。こうした状況で正義はわれわれに何をなすよう求めるかを議論する前に、まず必要なのは美徳の、さらに言えば悪徳の本質を理解することだ。儒者はみずからの美徳観において健康モデルを採用する。私が思うに、アリストテレスや現代のアリストテレス主義者の少なくとも一部は、それに親近感を抱くことだろう。このモデルによれば、有徳な人物は健康な人物に、不徳な人物は身体の痛みに苦しんでいる人物に似ている。たとえば、孟子はすべての人が四つの道徳の芽（惻隠《そくいん》、羞悪《しゅうお》、辞譲、是非）を持つことを人間が四肢を持つことになぞらえている（『孟子』公孫丑章句上六）。明時代に最も影響力のあった新儒学者の一人である王陽明は、美徳に欠ける、あるいはすっかり悪徳に染まっている人は、崖から落ちかかっている人のようなものだと言っている。後者がたとえ死ななくても大けがをすることになるのと同じように、前者は心の傷に苦しむというのだ。[34]違いがあるとすれば、儒者の考えでは、心の内の健康である美徳は、心の外の健康である壮健な身体よりも重要だということだ。したがって、両者が対立するときには、心の外より内を大事にすべきである。孟子が小体（肉体）と大体（道徳的精神）の有名な区別をしたのはまさにこうした意味においてであり、小さな問題しかない小体を気遣い、重大な問題を抱える大体には無関心な者を嘲笑している。「体に貴賤あり。小大あり。小を以て大を害すること無く、賤を以て貴を害すること無かれ。其の小を養う者は小人たり、其の大を養う者は大人たり……その一指を養い肩背を失いて知らざれば、則ち狼《みだ》れる疾人となさん（人体はその部位に応じて価値や重要性が異なっている。価値や重要性がより大きな部位を、より低い部位のために害してはならない。価値や重要性が小さな部位を養う者は小人であり、大きな部位を養う者は大人である……指を大事にして肩や背を損ね、その過ちに気づかない者は惑わされた者である）」（『孟子』告子章句上一四）

先ほど述べたように、こうした見方はアリストテレスにとってもなじみのないものではない。アリストテレスはしばしば体の健康と魂の健康を比較している。たとえば、医師の話を聞くだけでは患者の身体が健康にならないのと同じように、哲学者の話を聞くだけでは人の魂は健康にならないと主張している。[35]『ニコマコス倫理学』における正義に関する議論の冒頭では、正義にかなう人物が正しく行動することを、健康な人物が元気に歩くことと対比させている。[36]外面の健康を気にする低俗な利己主義者と、美徳を大切にする真の自己愛者を比較するとき、[37]アリストテレスは、内面の健康は外面の健康より重要だという点で儒者に同意しているのだ。

以上のように理解すると、有徳な者と悪徳な者がいる場合に正義がわれわれに求めるのは、有徳な者に報い、悪徳な者を罰することではなく、悪徳な者が悪徳を捨て去り、有徳な者となる手助けをすることであるのが明らかになる。これはまさに、健康な人と病人がいる場合、正義がわれわれに求めるのは、前者に報いて後者を罰することではなく、後者を病気から救うことであるのと同じだ。健康がコントロールできないのに対して、性格はコントロールできることを考えると、身体の健康を性格上の美徳になぞらえるのは適切でないと思えるかもしれない。しかし、これは必ずしも正しくない。人間の健康はかなりの部分その人のコントロールの下にある――定期的に運動したり、禁煙したり、身体によいものを食べたり、十分睡眠をとったりすることができる――いっぽうで、性格は完全にコントロールできるわけではない。

儒者、とりわけ新儒学者は、われわれの性格が完全にはコントロールできない理由を実にうまく説明している。例として再び王陽明を取り上げよう。王の見解によれば、人が美徳に欠けていたりコントロール不能の悪徳を抱えていたりすることには、少なくとも二つの要因がかかわっているという。第一に、人はいわゆる「気」や「気質」という身体的・精神的な素質を持って生まれてくる。王によれば「人の生得的な道徳知は、それ自体、そもそも輝いているものだ。肉体的な素質が良好でない者の場合、大量の澱《おり》が厚い層をなし、障害となっている。そのせいで、そもそも持っている生得的な道徳知が輝きを発しにくい。肉体的な素質が良好な者の場合、澱はほとんどないため障害もない。それゆえ、生得的な道徳知に達するために少し努力すれば、道徳知は十全な輝きを発するようになる。わずかな澱があったところで、それは熱いスープに浮かぶ雪片のようなものであり、何の障害にもならない」[38]。こんにちの哲学者、特に西欧哲学の伝統の中で訓練を受けた人びとが、王の「気」に関する形而上学的語りをわかりにくいと感じるのは無理もないが、それでも多くの人が王の主張の要点には同意するのではないだろうか。つまり、人びとの生まれつきの才能が生来不平等であるのと同じように、生まれつきの道徳的資質も生来不平等かもしれないということだ。少なくともアリストテレスは、生まれつき穏やかな性格の人と、生まれつき羞恥心を持たない人を対比する際に同じような見方をしている[39]。われわれは生まれつき善きものとしてつくられているという見解に対して、アリストテレスはこう述べている。「天性の部分をわれわれが決めるわけではないのは明らかだ。そうではなく、何らかの神の意志の結果として、真に幸運な人びとのなかに存在するのである」[40]。そして「気質の劣る」者には罰を与えるべきだと述べている[41]。

第二に、王は古代の格言を引き合いに、個人の道徳的性格に対する環境の影響の重要性を強調している。「蓬《よもぎ》も麻中《まちゅう》に生ずれば、扶《たす》けずして直《なお》く、白沙《はくさ》も涅《どろ》に在《あ》らば、これとともに黒し

（曲がりやすい蓬も真っ直ぐ伸びる麻の中で育てば自然に真っ直ぐ伸びるし、白い砂も黒い泥に入れれば染めなくても黒ずんでくる）」。続いて王は、社会的な慣習の善し悪しは個人的な習慣の長年にわたる積み重ねの結果であり、そこで暮らす者の道徳的資質を左右すると述べる。「家族を見捨て、隣人を裏切り、外に出かけてはあらゆる場所で暴力を振るった過去の人びとがそうした人間であるのは、その本性が他人と異なるからではなく、自分自身に責任がある。そうしたことの原因はむしろ、適切な政治的統治と道徳的修養の欠如にあるのだ」[42]。ここで言われているのは、子供時代に家族内の道徳教育が欠けていること、善き振る舞いを促す動機がないこと、他人に罵倒されてさらなる悪に走ってしまうことなどだ。したがって、政府、両親、隣人は、人が次第に悪にはまり込んでいくことに対して共同責任を負うべきだと、王は主張する。道徳的資質は生まれながらに不平等だという王の見解には議論の余地があると感じる人がいるとしても、人の道徳的成長に対する環境の影響をめぐる王の見解に議論の余地がないのは明らかだ。たとえばジョン・ロールズは、人びとの生まれながらの能力や才能が自然的・社会的偶然に左右されるだけでなく、道徳的美徳もすべてがその人自身のものだとは言えないと主張する。「われわれが、自分の能力を磨くために努力できる優れた人格に値するかどうかは疑わしい。というのも、こうした人格のかなりの部分が、自分の功績とは言えない幼い頃の幸運な家庭的・社会的環境の賜物だからだ[43]」

とはいえ、身体の健康と性格上の美徳の類比には、うまくいかない点がいくつかある。一方で、ある人の身体が不治の病に侵されていれば、現在の医療知識はあまり役に立たないだろう。同じように、正義が身体の健康を人びとに等しく分配するよう要求しても、われわれはそれを実現できないかもしれない。対照的に、人がどんな理由でどんな悪人になろうとも、儒者はその人が美徳を身につけられると信じている。言い換えれば、美徳の平等な分配はつねに可能であり、それが儒者からすると誰もが賢人になれる理由だ。他方で、身体の健康と美徳はたがいに似ているが、笛やお金のような形ある物とは似ていないのも事実である。人が従来持っていたものより品質の高い笛やより多くのお金を手に入れれば、ほかの人が手にする笛の品質が下がったり、お金が減ったりすることになる。そうしたものは、どれほど豊富にあろうと供給が限られているからだ。対照的に、人がより健康になったり有徳になったりしても、ほかの人が健康を損ねたり美徳を失ったりする必要はない。健康や美徳の供給は事実上無限だからだ。それどころか、ある人がより健康に、より有徳になることは、ほかの人がより健康に、より有徳になることにつながる。少なくとも、私はそう言いたい。それでも、健康と美徳には似ていない点がある。病気が大流行し、薬の供給が足りないとすれば、ある人が薬を手に入れて健康になることは、ほかの人が薬を手に入れられず、健康を取り戻せないことを意味するのは間違いない。だが、有徳でない人や悪徳に染まった人に美徳を身につけさせる場合、こうした薬不足と似た事例を見つけるのは容易ではないのだ。

美徳は分配できるか

こうしてみると、人びとのあいだで公平に、あるいは平等に美徳を分配するという考えは、最初に思えるほど馬鹿げたものではない。問題は、それをどうやるかだ。儒教は二つの方法を与えてくれる。第一の方法は、自己修養を必要とする。儒者の考えでは、悪徳に染まるのはすべてその人が悪いとは言えないにしても、少なくとも部分的には本人の責任である。さらに、そういう人でも努力する気があるかぎり、美徳を身につけられる（より不利な、あるいは有利とは言えない自然的・社会的環境に置かれている人は、それほど不利ではない、あるいはより有利な環境にある人とくらべると、はるかに多くの努力が必要となるのは確かである）。第二に、正義がわれわれ（個々の行為者であれ政治指導者であれ）に要求するのは、有徳な者に報い、悪徳な者を罰することではなく、悪徳な者がみずからの悪を克服するのを助けることである。それによって、悪徳な者は悪徳であることを止めて有徳な者となり、結果として、美徳があらゆる人びとのあいだで平等に、あるいは公平に分配できるようにするためだ。第一の方法は道徳的自己修養であり、第二の方法は道徳教育である。[44] 私は第二の側面に焦点を合わせたい。ここでのわれわれの関心が、美徳の分配において不正義、つまり不平等があるとき、正義はわれわれに何をするよう要求するかにあるからだ。

別の場所で論じたように、[45] 儒教に独自の特徴の一つは次のように考える点にある。徳があるということは、空腹、凍え、病気、その他の身体的な苦しみを抱えている人を助けるだけではなく、他人を有徳にしようとすることでもあると。儒教のいわゆる「黄金律」を考えてみよう。西欧の伝統において広く理解されているように、黄金律に従えば、人は他人に対してその人がしてもらいたいこと（または、してもらいたくないこと）をする（または、しない）とされている。だが、黄金律に従おうとする人が、黄金律によって、他人もそれに従わせるよう求められることはない。たとえば黄金律は、困ったとき他人に助けてほしいと思っている人に、他人が困っていれば助けてあげるようにと要求する。ところが、人が黄金律に従うために、他人をして困っている他人を助けさせることは要求しない。つまり、不公正に扱われたくない人には他人を不公正に扱わないよう要求するが、黄金律に従うために、他人をして他人を不公正に扱わないようにさせることまでは要求しないのだ。だが、儒教版の黄金律はその先を行っている。自分のしてほしいことを他人にもするよう求めるだけでなく、孔子はこう述べている。「夫《そ》れ仁者は己《おのれ》立たんと欲して人を立て、己達せんと欲して人を達す（立ちたいと望む者は他人が立つのを助けるべきであり、達することを望む者は他人が達するのを助けるべきである）」（『論語』雍也篇三〇）。「立」の意味ははっきりしている。自分自身を確立する、あるいは実現させるということであり、孔子によれば、外面の健康よりも内面の人格へのかかわりが大きい。孔子はみずからの人生におけるいくつかの画期を列挙する際、「我三〇にして立つ」（『論語』為政篇四）と述べている。孔子がみずからの人格形成について語っていることは疑いない。「達」という言葉に関しては、孔子自身が定義を与えている。「夫れ達なる者は、質直《しっちょく》にして義を好み、言を察して色を観、慮《はか》って以て人に下る（達なる者は、真っ正直で正義を愛し、人の言葉に敏感で顔色を読み、人にへりくだるよう心がける）」（『論語』顔淵篇二〇）。こうしたことのすべてが、「達」が主として関係しているのは内面の健康、つまり道徳的資質であることを示しているのは明らかだ。したがって、儒教版の黄金律は基本的にこう言っているのだ。有徳な人物になりたければ他人が有徳な人物になる手助けをすべきであり、その含意として、悪徳な人物になりたくなければ他人が悪徳な人物にならないよう手助けすべきであると。

きわめて興味深いのは、孔子がここで「達」の意味を説明するために「直」という言葉を使っていることだ。「達」なる者は他人もまた「達」となれるよう力を貸すはずであり、「達」なる者の本質的な特徴は「直」であることだという。「直」のこうした理解は、『論語』の中でその言葉が現れる難解ながら関連した二つの章句の理解を助けてくれる。一つ目の章句は『論語』憲問篇三六だ。道家の老子が提唱した、徳をもって怨みに報いるという考え方（『老子』四九、六三）についてどう思うかと問われ、孔子はこう答えた。「何を以てか徳に報いん。直きを以て怨みに報い、徳を以て徳に報ゆ（では恩徳には何をもって報いるのか。怨みには直をもって報い、恩徳には恩徳をもって報いることだ）」（『論語』憲問篇三六）。「直きを以て怨みに報い」という孔子の言葉の厳密な意味については、学者のあいだでも意見が一致していない。しかし、老子、さらに言えばイエス・キリストが悪人への向き合い方としてわれわれに勧める態度――徳を以て怨みに報いる――に孔子が同意していないことは明らかだ。一部の人は「直」を「価値」を意味する「値」と読み、孔子が言っているのは、与えられた怨みより多くも少なくもない同等の怨みで報いるべきだという意味だと主張している[46]。だが、ほとんどの学者は、道徳的要求という観点からすると、孔子のその教えは怨みには怨みで報いるというあまりに安易なやり方と、徳をもって怨みに報いるというきわめて難しいやり方の中間の立場にあると解釈している。ここで言う中間的立場とは、その時点に心底から感じるものによって怨みに報いるということだ[47]。

　私はその両方の解釈に別の場所で反論している[48]。私の見解では、孔子が「直」をもって怨みに報いるという言葉で意味しているのは、私を不当に怨む人、つまり「直」でない人が「直」になれるよう手助けするということだ。これを理解する一つの方法として、孔子が「直」を「枉《おう》［「曲げる、ゆがめる」の意］」とどう対照しているかを見てみよう。孔子は言う。「直きを挙げて諸《こ》れを枉《まが》れるにおけば、能く枉れる者をして直からしめん（正しい人びとを引き立てて邪《よこしま》な人びとの上の位につければ、邪な人びとをも正しくさせられる）」（『論語』顔淵篇二二）。『論語』の同じ一節で、孔子の弟子の子夏《しか》が、孔子の言わんとするところを説明して次のように述べている。賢帝舜と湯《とう》［殷王朝を開いた聖王］がそれぞれ、「直」なる人物の皋陶《こうよう》と伊尹《いいん》を取り立てると、当初は思いやりに欠けていた者も皐陶や伊尹に感化されて「直」になったため、思いやりに欠ける者はほとんどいなくなったというのだ。同様の精神から、孔子は衛の国の「直」なる大夫である史魚《しぎょ》を称賛している。史魚は死に際して息子にこう命じた。「自分は君主である霊公を、有能な蘧伯玉《きょはくぎょく》を取り立てて無能な弥子瑕《びしか》を降格させるよう諫めることができなかった。だから、自分の葬式は大広間ではなく脇の小部屋で行なうこと」。まもなく史魚は逝き、息子は遺言に従った。葬式にやって来た霊公がその理由を問うと、息子は父が語ったことを伝えた。これを聞いて、霊公はようやく恥ずかしさを覚え、史魚の忠言を受け入れて蘧伯玉を昇進させ、弥子瑕を降格させた。中国の歴史において、これは「屍諫《しかん》（屍《しかばね》となって主君を諫めること）」としてよく知られた物語だ。史魚はみずからが直となった（直己）のみならず、他人（この場合は衛の霊公）をも「直」にした（直人）。「直」のこの二重の意味を念頭に、孔子は「直なるかな史魚」（『論語』衛霊公篇七）と感嘆している。[49] われわれはここで「直」の独特の性格を理解する。すなわち、「直」という美徳を身につけた者は、自分自身が直であるだけでなく、他人をも直にするのだ。『論語』陽貨篇八――孔子はそこで「直」を好んでも学問を好まない者は他人に辛辣になりやすいと述べている――への注釈で、宋の邢昺《けいへい》は「曲がりを真っすぐにすることを『直』と言う」と指摘している。孔子の信奉者である孟子も、こうした「直」の特徴を強調している。孟子は「己を枉《ま》ぐる者にして、いまだ能く人を直《なお》くする者はあらざるなり（自分自身『直』でない者が他人を『直』にできるはずはない）」（『孟子』滕文公章句下一）と述べ、直である者が直でない者を真っすぐにすることを強調している。「真っすぐ（正）」と「直」を結びつける記述は『春秋左氏伝』にも見られる。「曲を正すのが直（曲がったものを真っすぐにすることは直と言われる）」（『左伝』襄公七年)。

「直」の意味をこう捉えると、やはり「直」の文字が現われ、議論の的となる『論語』の別の一節が理解しやすくなる。その一節には葉公《しょうこう》と孔子の対話が記録されている。葉公はいかにも誇らしげに孔子に語る。「わが党に直躬《ちょくきゅう》なる者あり。其の父、羊を攘《ぬす》みて、子これを証す(私どもの村には躬という正直者がいます。父が羊を盗むと、躬はそのことを証言しました)」。孔子は躬を称賛する代わりにこう答えた。「わが党の直き者は是に異なり。父は子の為に隠し、子は父の為に隠す。直きこと其の中《うち》に在り(私の村の正直者はそれとは違います。父は息子の悪事を隠し、息子は父の悪事を隠します。『直』はそのなかにあるのです)」(『論語』子路篇一八)。この一節は『論語』注釈の歴史を通じて注釈者に難問を投げかけてきた。実際、この一〇年あまり、中国の学者のあいだでなかなか終わらない白熱した議論の焦点になっている。どちらの側も、この一節は「孝」と社会正義のジレンマを示していると見ており、一方が孝を社会正義に優先させているとして孔子を擁護するのに対し、他方は社会正義を孝に優先させていないとして儒者を批判している。私は別の場所でどちらも間違いだと論じた。[50] この一節を理解するカギも「直」の文字にある。これまで論じてきたように、それは曲がったものを真っすぐにすることを意味している。この一節において、父が隣人の羊を盗んだという事実は、父が「直」ではないことを示している。「直」である息子は、直でない父を真っすぐにしなければならない。問題は、息子が父の盗みを隠すことが、どんな意味で父を真っすぐにすることにつながるのかという点にある。孔子が「直」は息子による父の盗みの隠匿にあると言っただけで、隠匿そのものを「直」だとは言っていないとしても、それは変わらない。

孔子はわれわれに手掛かりを与えてくれている。親が不道徳な行為に及んだときには、声を抑え、表情を柔和にし、優しい口調で、「父母に事《つか》うるには幾《よう》くに諫め（父母に仕えるには穏やかに諫め）」るべしと言っているのだ（『論語』里仁篇一八）。この一節はいくつかの点で重要な意味を持っている。第一に、親が不道徳な行為に及んだとき、子供はただ見て見ぬ振りをしたり、ましてや親と同じように振る舞ったりするとはされていない。そうでなく、親を諫め、すでに手遅れなら状況を正すよう説得するとされているのだ。よって、父が羊を盗んだとすれば、直である息子はその行ないを正すように親を諫めるべきである。こう考えると、孔子がこの一節で社会正義を犠牲にして孝を擁護しているわけではないことがわかる。第二に、親の悪行を諫めることは、ここでは親に「仕える」一つの方法と見なされている。言い換えれば、諫言は親思いの子がなすべき重要事項の一つなのだ。親思いであるとは、単に親に従順であることを意味するわけではない。たとえば、孔子の弟子の一人である子貢は、大臣が王に従うことが忠節であるのと同じように、子が親に従うことが孝であることを孔子に確認したいと考えた。ところが、孔子の答えは次のようなものだった。「何と浅はかなことか。まるで分かっていないな。古代、大国の優れた王があえて諫言してくれる大臣を七人持っていれば、過ちを犯すことはなかった。中くらいの国の場合、諫言してくれる大臣が五人いれば、その国が危機に陥ることはなかった。小国なら諫言してくれる大臣が三人いれば、公職の俸給と地位は安泰だった。自分を諫めてくれる子が一人いれば、父が礼節にもとる行為に走ることはないだろう。忠告してくれる友人が一人いれば、学者が不道徳な振る舞いに及ぶことはないだろう。だとすれば、ただ親に従うだけの息子が、どうして親思いであると見なされようか。君主に従うだけの大臣が、どうして忠義とみなされようか。孝であり忠であるとは、何に従うべきかを吟味することだ」（『孔子家語』）。わずかに異なる同じような言葉が『荀子』にも見られる）。これを読めば、孔子が孝を犠牲にして社会正義を奨励しているわけではないことがわかる。以上の二つの論点を踏まえれば、孔子にとって孝と社会正義のあいだにジレンマはないことは明らかだ。第三に、諫言を成功させるには、穏やかに諫める必要がある。親が不道徳な行動を取ろうとしている、あるいはすでに取ってしまったというまさにその理由から、親が美徳を身につけていないことははっきりしている。したがって、親を叱ったところで、親に自分のやった悪事を理解させ、悪徳を克服させるのに役立たないことは明らかだ。父が羊を盗み、あなたが公的機関にそれを通報したとすれば、父は間違いなくあなたに腹を立て、あなたの諫言に耳を貸すことはあり得ない。したがって、これまで論じてきた一節で、孔子が親思いの息子は父が羊を盗んだことを公にすべきでないと言っている理由は（それを隠蔽するとか公的機関の捜査を邪魔するとかいう意味ではなく）、父の悪徳の矯正をなるべくスムーズに進められる良好な環境をつくることにある。これが、まさに「直」の意味すること、つまり「直」でない人を「直」にすることなのだ。

ここまで、儒教における美徳の正義――美徳を平等に分配する正義――は、次のように要求すると主張してきた。すなわち、有徳な者に報い、悪徳な者を罰するのではなく、悪徳な者がみずからの悪徳を克服し、有徳な者になれるよう手助けすべきであると。これはまさに、正義が要求するのは、健康な人を称え、病人を罰することではなく、病人が病気を克服し、健康になるのを手助けすることであるのと同じだ。だからといって、悪事を働いた者を大目に見たり、その悪事を許したりすべきだというわけではないことは、ここではっきりさせておきたい[51]。儒者の考えは次のようなものだ。悪徳な者がおり、悪徳の克服を助けようとするわれわれの努力にもかかわらず、それらの者が悪徳なままだった場合、彼らが有徳になれなかったことを責めるのではなく、われわれは自分自身を反省し、彼らを助けようとする方法が適切だったかどうか、どうすれば彼らを助けるべくみずからを向上させられるかを考えるべきである。[52]とはいえ儒者は、それらの悪徳な者が悪徳なままであり続けることは許容できないと強調する。なぜなら、ほかの人びとが美徳を身につけているのに彼らに美徳が欠けているとすれば、まさに不公正、つまり不正義だからだ。健康な人の中に、病人が世話もされずに放置されているのが不公正なのとまったく同じでことである。

儒者はアリストテレス主義者とどう違うか

私が美徳の正義という名の下に語ってきたのは、正義という美徳を身につけた道徳的主体は、個人であれ政府であれ、人びとの美徳の涵養を目指すべきだということである。だがこれは、美徳に基づくサンデルのアリストテレス的な正義とあまり違わないように思える。「アリストテレスにとって、政治の目的は、目標に中立的な権利の枠組みを構築することではない。善き市民を育成し、善き人格を養成することなのだ」。そして、自説を補強するためにサンデルはアリストテレスを引用する。「あらゆる都市国家《ポリス》は、真にその名にふさわしく、しかも名ばかりの存在でないならば、善の促進という目的に邁進しなければならない。さもないと、政治的共同体は単なる同盟に堕してしまう……本来なら、都市国家の市民を善良で正義にかなう者とする生活の掟であるべきなのに」[53]。この意味で、サンデルも儒教的な美徳の正義を受け入れてくれるものと思う。とはいえ、美徳の正義というこの儒教的な概念と美徳に基づく正義というサンデルのアリストテレス的概念には、やはり微妙だが重要な違いがいくつかあり、そのせいで儒者はサンデルの説に大きな疑問を感じることだろう。

第一に、儒者もアリストテレス主義者も有徳な人物を公職につけるべきだと考えているが、その理由はまったく同じというわけではない。サンデルが強調するのは、こうした公職は、有徳な人物を評価し、報い、称えるために存在するということだ。それが最もはっきりするのは、サンデルが最高の笛の分配というアリストテレスの比喩を持ち出すときだ。最高の笛は最高の演奏者に与えられるべきだという点で、われわれもアリストテレスに同意するかもしれない。「だが、それはなぜだろうか?」と、サンデルはみずから問い、こう答える。「そう、最高の演奏者は笛をとても上手に吹き、誰もが楽しめる音楽を生み出すからだとも言える。これは功利主義的な理由である。しかし、アリストテレスの理由ではない。アリストテレスが最高の笛は最高の演奏者に与えられるべきだと考えるのは、笛はそのために──上手に演奏されるために──存在するからだ。笛の目的は優れた音楽を生みだすことだ。だから、この目的を最もよく実現できる演奏者が、最高の笛を手にすべきなのだ」[54]（傍点筆者）。サンデルは最高の笛を最高の演奏者に与えること、また同様の考えから最も影響力のある公職を最も有徳な人物に与えることについて、功利主義的理由とアリストテレス的理由を区別しようとした。この意味で言うと、儒者は功利主義的理由を採用するだろう[55]。有徳な人物に公職をゆだねる理由は、彼らに報い、称え、評価することではない。公職を任せることによって、ほかの人たちを有徳にするという彼らの役割がよりよく果たせるようになるからにすぎない。いずれにせよ、有徳な人物が有徳なのは、評価され、報われ、称えられることを求めるからではない。アリストテレスにとってさえ、それらは外面的な問題であり、低俗な利己主義者が欲しがるものだ。真に自分を愛する者は、必要とあらば、そうした外面的なものなど喜んで犠牲にする。彼らが関心を持っているのはみずからの美徳であり、それは内面の健康にかかわっているからだ。

第二に、人びとを有徳にするために公職にある者は何をするかについて、儒者はサンデルを含むアリストテレス主義者と意見を異にするかもしれない。アリストテレスは、議論しても始まらないと主張する。ほとんどの人は「生来、羞恥心ではなく恐怖心だけに従うものであり、悪事を控えるのはそれが卑劣だからではなく、処罰を恐れてのことだ」[56]。したがって、政治指導者は法律を制定することによって、人びとを有徳にするという仕事を成し遂げる。アリストテレスはこう指摘している。「正しい法律の下で育たなければ、美徳を身につけるための正しい訓練を若い頃から行なうのは難しい。節度をもって忍耐強く暮らすことは、ほとんどの人にとって楽しくはないからだ……それゆえ、人びとの育成と職業は法律によって定められるべきだ……というのも、ほとんどの人は議論よりも必要性に、何が高潔かという感覚よりも処罰に従うからだ」[57]。サンデルが「道徳を法制化するという考え方は、自由主義社会の多くの市民に忌み嫌われている。不寛容や弾圧を招く恐れがあるからだ」と不満を漏らし、それから直ちに「だが、正義にかなう社会ではある種の美徳や善き生の概念が肯定されるという考え方は、イデオロギーの枠を超えて政治的な運動に刺激を与えてきた」[58]と述べるとき、アリストテレスの意見に賛成しているように思える。別の場所で、サンデルはこう問うている。「正義にかなう社会とは市民の美徳を養おうとするものだろうか。それとも、法律は美徳をめぐる相容れない考え方に対して中立を守るべきだろうか」[59]。そして、市民の美徳は法律によって涵養されうる(それだけでないにしても)ことをほのめかしている。

これまで見てきたように、政府の重要な役割は市民に美徳を身につけさせることだという点で、儒者はアリストテレス主義者に同意する。さらに、ただ議論するだけではそうした役割は果たせないという点でも、儒者はアリストテレス主義者に賛成するだろう。しかし、人を罰する法律を制定・執行することによって市民を有徳にできるという考え方そのものが、儒者にとってはまったくなじみのないものだ。『論語』には、次のようなよく知られた孔子の言葉がある。「これを道びくに政《まつりごと》を以てし、これを斉《ととの》うるに刑を以てすれば、民免れて恥ずること無し。これを道びくに徳を以てし、これを斉うるに礼を以てすれば、恥ありて且つ格《ただ》し（政治で導き、刑罰で統制すれば、人民は法を免れて恥じることもないが、道徳で導き、礼で統制するなら、羞恥心を身につけ、しかも正しい者となる」（『論語』為政篇三）。この一節の前半は、アリストテレスの言うことと真っ向から対立しているが、孔子のほうが正しいのは明らかだと私は思う。人を罰する法律がいかに厳しかろうと、人が不道徳な行為に走るのを抑止する効果はあっても、悪徳に染まった者を有徳な者にすることはできない。アリストテレスも認めているように「悪事を控えるのはそれが卑劣だからではなく、処罰を恐れてのことだ」からだ。[60] だとすれば、自分の悪事が発覚せず、したがって処罰を免れられると確信できれば、人は悪事を慎まないばかりか、どうしてもやりたいことを控えようとしたり、気が進まないことをやろうとしたりするとき、つねに内面で葛藤しなければならない。これが、美徳を身につけることにつながらないのは間違いない。引用の後半は、人を有徳にするための孔子による代替案、つまり礼節と美徳のルールである。礼節のルールは人を罰する法律とは違う。違反しても罰せられることはないが、軽蔑され、恥ずかしい思いをさせられる。孔子が美徳という言葉によって意味しているのは、政治指導者の模範的で有徳な行為である。[61]

　これが、儒教とアリストテレス主義の第三の違いへとつながる。両者とも、政府の役割は人びとを有徳にすることであり、公職にある者は美徳を身につけていなければならないと主張するが、こうした政治的公職者が持つべきだとされる適切な美徳は両者で異なっている。これまで見てきたように、アリストテレスは人を罰する法律の制定にかかわる立法者の重要性を強調する。こうした法律は、人に悪事を思いとどまらせることができるからだ。それが人に悪事を思いとどまらせるだけでなく、美徳をも身につけさせると仮定してみよう。問題は、どんな人が立法者にふさわしいかということだ——こうした政治的公職によって、評価され、報いられ、称えられるために立法者が身につけるべき美徳とは、どんなものだろうか？　興味深いことに、アリストテレスは医者の比喩を用いている。あなたの子供が病気にかかっているとしてみよう。あなたは親として、その子に特有の細かい事情をたくさん知っている。医者は以前にその子を診たことがない。あなたはその子を自分で治そうとするだろうか、それとも医者へ連れて行くだろうか？　もちろん、医者へ行くはずだ。だが、どうして？　医者は「あらゆる人にとって善いことや、ある種の人にとって善いことについて、幅広い知識を持っているからだ」[62]。医者になって病気を治すことができるのは、医者自身が健康である、あるいは少なくとも患者と同じ病気には罹っていないからではない。そうではなく、病気を治すのに適切な知識と技能を持っているからだ。同じように、子供に美徳を身につけさせるのは立法者の務めであり、親の務めではないと、アリストテレスは主張する。立法者がそうした役割を果たせるのは、立法者が立法者であるという単純な事実のおかげで備えている権威に加え、目標を効率的に達成できる法律をつくる知識と専門技能を持っているからだ。単に、彼らが人びとに持たせようとする美徳をみずからも持っているからではない。というのも、そうした美徳を持っている人はほかにもたくさんいるからだ。アリストテレスの比喩をもう少し先に進めると、立法者の制定する法律が人びとに持たせようとする美徳を立法者自身も身につけておくべきかどうかは、実は問題ではない。医者が患者の病気を治せるのは、医者がその病気に罹っていないからではなく、知識と技能を持っているからだ。そうした知識と技能がなければ、いかに健康であろうと医者は患者の病気を治せない。そうした知識と技能があれば、同じ病気に罹っていても医者は患者を治せる。同じように、政府が人びとに身につけてほしいと願う美徳を身につけていなくても、どんな法律が人びとに美徳を身につけさせるかについて十分な知識と技能を持っているかぎり、その人は立法者となるにふさわしいのである。

孔子にとっては、人びとを有徳にできるのは政府が制定する法律ではなく、公職につく者が行動において示す模範的な美徳である。したがって政治指導者は、市民に身につけさせようとする美徳とまさに同じものを持っていなければならない。この点について、『論語』のなかに多くの孔子の言葉を見つけることができる。政治的支配者への助言として、孔子は繰り返し、美徳を身につけることの重要性を強調している。たとえば、孔子は次のように言う。「苟《いやし》くも其の身を正しくせば、政に従うに於いてか何か有らん。其の身を正しくすること能わざれば、人を正しくすることを如何せん（わが身を正しくしさえすれば、政治を司ることくらい何でもない。わが身を正しくできなければ、どうして人を正しくできるだろうか）」（『論語』子路篇一三）。この一節における「政に従う」の「政」は「正」と語源が同じである。別の一節では、季康子《きこうし》に政治についてたずねられ、孔子はこう答えている。「政とは正なり。子帥《ひき》いて正しければ、たれか敢えて正しからざらん（政とは正です。あなたが率先して正しくあれば、誰もが正しくあろうとするでしょう）」（『論語』顔淵篇一七）。季康子が盗賊の心配をすると、孔子はこう助言している。「苟《いやし》くも子の不欲ならば、これを賞すと雖《いえど》も窃《ぬす》まざらん（あなた自身が人民から何かを盗もうなどと思わなければ、たとえ盗みに褒美をやっても誰も盗みなどしないでしょう)」(顔淵篇一八)。季康子がさらに「道」に従わない者を殺しても許されるかとたずねると、孔子はこう答えている。「子、政を為すに、なんぞ殺をもちいん。子、善を欲すれば、民善ならん。君子の徳は風なり。小人の徳は草なり。草、これに風を上《くわ》うれば、必ずふす(あなた、政治を司るのにどうして殺す必要があるのですか。あなたが善くなろうとすれば、人民も善くなります。君子の徳は風であり、小人の徳は草です。草は風にあたれば必ずなびきます)」(顔淵篇一九)。孔子にとっては、統治者は「其の身正しければ、令せざれども行なわる。其の身正しからざれば、令すと雖も従わず(わが身が正しければ、命令しなくても行なわれるが、わが身が正しくなければ、命令したところで従われない)」(子路篇六)。「政を為すに徳を以てすれば、たとえば北辰の其の所に居て、衆星のこれに共《きょう》するがごとし(道徳によって政治を行なえば、北極星が自分の場所にいたままでも、多くの星がその方に向かってあいさつしているのと同じことになる)」(為政篇一)。『孔子家語』には、この論点をきわめて明確にする長い一節がある。

> 地位の高い者が親を敬えば敬うほど、地位の低い者も「孝」に励むだろう。地位の高い者が年長の兄弟を尊敬すればするほど、地位の低い者も兄弟愛を心がけるだろう。地位の高い者が慈悲深くなればなるほど、地位の低い者も寛大になるだろう。地位の高い者が立派な人物と親しい関係を保てば保つほど、地位の低い者も善良な人物を友人に選ぶだろう。地位の高い者が道徳を大事にすればするほど、地位の低い者もみずからの道徳的欠点を隠そうとしなくなるだろう。地位の高い者が貪欲さを嫌えば嫌うほど、地位の低い者も利益のために争うことを恥ずかしく感じるようになるだろう。地位の高い者が丁重であればあ

るほど、地位の低い者も無礼であることを恥じるようになるだろう。これら七つの教えは、統治者にとっての基本である……地位の高い者は地位の低い者の模範なのだ。模範が誤りを正しているのに、それを見習わない者がいるだろうか。（『孔子家語』）

要するに、政治指導者が身につけるべきだと孔子が考える美徳は、政治指導者が人民に身につけてほしいと願う美徳そのものなのだ。人民に正直であってほしいなら、まず政治指導者が正直という美徳を身につけなければならない。人民に慈悲深くあってほしいなら、まず政治指導者が慈悲という美徳を身につけなければならない。人民に公正であってほしいなら、まず政治指導者が公正という美徳を身につけなければならない[63]。対照的に、サンデルやアリストテレス主義者にとって、公職者が市民を称え、評価し、報いるために身につけてほしい美徳は、美徳と言うよりも、市民に美徳（正直、慈悲、公正など）を身につけさせることのできる法律を制定し、施行し、判決を下す技術と能力だ。サンデルはこうした美徳をときに「市民道徳[64]」と称することがあるが、私は「魂の技術としての国政術[65]」というサンデルの呼び方のほうが正しいと思う。市民に美徳を身につけさせることを仕事とする政治指導者は、効果的な魂の技術を持っていれば十分であるというアリストテレス的見解を擁護する者もいるだろう。それが理想ではないとしても、政治指導者自身が美徳を身につける必要はないというわけだ。たとえば、自動車会社のＣＥＯが、自動車の部品を作ったりさまざまな部品から自動車を組み立てたりする知識や能力を必要としないのと同じことだ。彼らは、さまざまな人がさまざまな仕事を最も効率的にこなせるよう管理するのに必要な知識、技術、能力を持っていればいいのである[66]。アリストテレスを擁護するこうした主張は、道徳教育と、道徳とは無関係な物事の管理や訓練との重要な違いを無視している。誰かが私にバスケットボールを教えてくれるとしよう。この場合、私が関心のある唯一のことは、その人がバスケットボールを上手に教えてくれるかどうかだ。バスケットボールが巧いかどうかはどうでもいい。ところが、誰かが私に、正直、慈悲、公正などを教えてくれるという場合、その人が不正直で、意地が悪く、不公正な人物だとすれば、私が正直、慈悲、公正を——まだ身につけていないとして——身につけるべき美徳だと見なすとは到底思えない。

ここで、矯正の正義について、孔子の見解とサンデルのアリストテレス的見解を比較してみよう。社会に有徳な者と悪徳な者が両方ともいる場合、社会が正義にかなうものであるためにはどうすべきだろうか？　美徳の正義という独特の概念を発展させることによって、孔子の視点からこの問題にアプローチしてみよう。美徳を健康に、悪徳を病気にたとえることによって、私は次のように主張する。多くの美徳を身につけている人とそうでない人がいることは不正義であり、正義にかなう社会では、それらの美徳を再分配することによって、誰もが等しく（また最大限に）美徳を身につけられるようにすべきであると。興味深いことに、美徳の正義というこの儒教的な概念は、別の視点から見ると矯正の正義と見なせることがわかる。美徳を身につけていなかったり、みずから悪徳に染まったりしている者は、ここでは道徳的欠陥を抱えた者であり、肉体的欠陥を抱えた者に似ていると考えられる。彼らに美徳を分配すること——つまり美徳を身につけさせること——は、本質的にはそうした人びとを矯正することだ。ここで、われわれは孔子とアリストテレスのあいだの四つ目にして最後の違いについて考えることができる。

アリストテレスは不正義を不平等と見なし、矯正の正義は本来の（釣り合いの取れた）平等の回復を目指すものだと考えている。AとBのあいだにそもそも釣り合いの取れた平等があるとしてみよう。AがBから何かを盗めば、AはBが失ったものを得るから、結果として不平等が生じる。矯正の正義は、Aが得たものをBに返し、当初の平等を回復するよう要求する。同じように「一方が傷を負い、他方がそれを負わせた場合、あるいは一方が殺され、他方が殺した場合、被害と加害の分配は不平等だ……裁判官は、罰を与え、加害者の得たものを取り返すことによって、状態を平等にし」[67]平等を回復させようとする。アリストテレスがこんにちで言う矯正の正義の応報説を支持しているのは明らかであり、それは功利主義的な理論とは対照的なものだ。[68]応報説が後ろ向き（正義にもとる行為によって乱されたそもそもの平等を回復する）だとすれば、功利主義者の説は前向き（正義にもとる行為が行なわれるのを防ぐ）である。功利主義者の目標を実現するには、そもそもの平等を回復するだけでは十分でない（ときには不必要でさえある）。正義にもとる取引で利益を得た当事者、不道徳な者、犯罪者に対し、得た以上のものを手放すよう求め、本人はもちろん潜在的な不道徳漢や犯罪者に二度と同じことをしないよう思い知らせる必要がある。

よく知られているように、これら二つの説は、それぞれ強みもあるが弱みもある。同一人物によるものであれ別人によるものであれ、正義にもとる将来の行為を防ぐというのが功利主義説の強みだが、応報によってその役割が全うされるとは言えない。とはいえ、功利主義説にも難しい問題がある。正義にもとる行為に及んだ者が、不相応な利得を手放すよう求められるだけでなく、将来、本人はもちろん、さらに問題なことに他人が同じ行為に及ぶのを防ぐために、道具として利用されねばならない理由を正当化する必要があるからだ。この点を考えることで、われわれは儒教的な美徳の正義の意義を理解できる。修正・矯正をめぐる理論として捉えると、この儒教的な見解は、応報的でも功利主義的でもなく、修復的・更正的・治療的なものだ。[69]この見解の何より独特な点は、同じく矯正を目指してはいても、正義にもとる行為の結果を修正することを目指すよく知られた二つの理論とは異なり、そうした行為の源、不道徳な主体の矯正を目指していることだ。こうした儒教的な矯正の正義は、応報的正義や功利主義的正義よりも優れている。不道徳な主体が矯正されると――つまり、その人物の病気が癒され、内面の健康も回復すると――その人物は同じ不道徳な行為を二度と繰り返さないだけでなく、同じ不道徳な行為に及びかねない他人の道徳的模範となる。こうして、功利主義的目標は功利主義的手段を用いることなく実現される。他方、不道徳な主体の病が癒され、彼らの道徳的健康が回復あるいは更正され、したがって彼らが道徳的な主体になると、当然ながら、自分に不相応な利得を手放し、被害者に返そうとする。被害者の損害が修復不可能な場合（たとえば不道徳な行為によって被害者の身体の一部、場合によっては生命が失われた場合）には、何らかの適切な補償をしようと思うだろうし、自責の念にかられ、後ろめたさを感じ、その不道徳な行為を悔やむだろう。こうして、応報的目標は応報的手段に訴えることなく実現する。

この論文では、サンデルの新アリストテレス主義的な正義論を取り上げ、その二つの主要な特徴、すなわち美徳としての正義と美徳に基づく正義に焦点を合わせつつ、それに対する儒教的見解を提示した。正義をめぐる現代的な対話に儒教が果たしうる貢献を示すため、儒教とアリストテレス主義の違いを浮き彫りにすることに多くの紙幅を費やしてきた。学者のなかには、儒教はカントの道徳哲学の枠組みの中でよりよく解釈できると考える者もいる。とりわけ、現代の儒者としてはおそらく最も重要な牟宗三《ぼうそうさん》に強く影響された台湾や香港の儒教研究者がそうだ。しかし、儒教はアリストテレス主義になじみやすいと考える者も、私を含めて次第に増えてきている。両者の違いは私がこの論文で示したほど大きくはなく、アリストテレス主義、特にサンデルの解釈によるそれは、私が提示した儒教的見解と両立させることも可能かもしれない[70]。だが、そうした可能性が確信できないかぎり、これまで提示してきた理由により、私は儒教の側に立つことにしたい。

Ⅱ

市民の徳と道徳教育

第四章　市民道徳に関するサンデルの考え方

朱慧玲

マイケル・サンデルの政治論は中国で話題の的《まと》となってきた。一九九〇年代から二一世紀初頭を通じて、現代政治哲学を研究する中国の学者は、ジョン・ロールズの正義論に対するサンデルの批判全般に関心を寄せた。サンデルに関して彼らが特に注目したのは、構成員としての自己という構想と、正よりも善を優先することと、中立性への批判である。また、リベラリズム＝コミュニタリアニズム論争も研究された。近年、『民主政の不満』、『公共哲学』、『それをお金で買いますか』、そして、特に『これからの「正義」の話をしよう』の出版により、サンデルの政治哲学は中国の学界および一般社会できわめて大きな評判を呼んできた。人びとは、正義が厳密には何を意味するか、自分たちが議論し追求しているのはどんな種類の正義なのか、日常生活における道徳のジレンマをどう考えるべきか自問し、市場論理の弊害や、より幅広く、市場本位の社会がはらむ道徳的短所についても考えるようになった。要するに、サンデルの政治哲学のおかげで、学者も一般大衆も、道徳に関する日常的問題を考える際に政治理論の助けを借りることを覚えたのだ。中国の人びとがサンデルの正義論に示した強い関心は、中国における公共哲学の空虚さとそれに対する不満から生じている。市場経済が急激な発展を続ける中国では、発展に伴って市場本位の論理がもたらす多くの問題に対処するため、人びとは政治理論と道徳論議を必要としている。サンデルの政治哲学はその需要を満たし、市民がそれらの問題をより深く効率的に認識し議論するのを可能にしてきた。

ただし、中国の学者の大半はいまだに「コミュニタリアン」のレッテルを支持している。サンデルをコミュニタリアンとみなし、コミュニタリアニズムを代表する学者と見ているのだ。コミュニタリアニズムとはコミュニティの価値観を強調する倫理・政治理論で、明らかにジョン・ロールズの正義論に対応（部分的には反発）して打ち立てられた。サンデルはコミュニティの価値を強調しながらも、それ以上に、特に市民的共和主義の伝統を現代に蘇《よみがえ》らせようとしている。彼の政治哲学はコミュニタリアニズムというより、ある種の共和主義と考えるのが妥当であることを、私はこれまで数本の論文で示してきた[1]。

まず、共通善についての彼の理解は、コミュニタリアニズムに見られるものとは異なる。サンデルの主張によれば、ある集団内で共有される価値観は、その集団の共通善を完全には実現あるいは支持しないかもしれない。そのうえ、コミュニティの善の構想を決めるのは、特定のコミュニティでたまたま幅を利かせている恣意的な価値観だけではない。より重要なのは人びとの熟議である。そして、共通善をめぐる熟議は必ずしもそのコミュニティの内部や共有される伝統の中で実現されるとは限らない。したがって、サンデルの意見では、共通善の構想とコミュニティの伝統の間には緊張関係が存在することもあり得る。共通善は、たまたま人気のある価値観をただ受け入れるということではない。逆に、その価値観とコミュニティの共通善に批判的な見方を示し、それによって、コミュニタリアニズム的姿勢がはらむ多数決主義の危険を回避することもあり得る。サンデルの共通善についての理解の仕方と、熟議の強調は、コミユニタリアニズムよりも共和主義の理論に沿ったものだ。

　また、サンデルは共和主義者として、政治と道徳の結合を提唱する。道徳を政治から切り離すのは間違っているばかりか、絶対に不可能であると考えている。正が善より優先されることはあり得ないし、あってはいけない。また、政府が中立的であることは望ましくないし、可能でもない。サンデルに言わせれば、それこそが、現代の市民が日常生活に不満を抱き、空《むな》しさと孤独を感じる理由だ。[2]それとは逆に、サンデルの考えでは、私たちは政治と道徳の関係を再構築すべきであり、政治は道徳的に正当であるべきで、政府には善き生のあり方を提唱する責任がある。そして、政治と市民は共通善と市民道徳にもっと注意を払うべきであり、市民は公共の問題に関与すべきだ。彼の政治哲学によれば、市民の関与は、個人の権利を守る道具的手段ではなく、人間性の本質的な部分であり、市民であることの本質である。市民は、共通善について、共通善と生きるに値する生を実現する方法について、熟議しなくてはいけない。つまり、サンデルの考える自由とは、公共の問題への関与を意味する。個人の恣意的かつ非合理的な欲求に基づく決断によって行動したりしなかったりする能力を意味するのではない。自由とは自己統治であり、市民の関与と、共通善と善き生についての熟議という資源を必要とする。

　以上のように、共通善と自由の構想に加えて、市民の関与と、公共の熟議と、政府の中立性の否認に力点を置いていることを踏まえれば、サンデルの政治理論は共和主義の観点から理解するのが適当だと、私は考える。とりわけ、サンデルは強力な市民的共和主義の提唱者であり、現代の政治哲学においてリベラリズムを市民的共和主義に置き換えることを究極の目標としていると理解するのが妥当だろう。

サンデルの共和主義理論における市民道徳の重要性

共和主義者であるサンデルは、自身の政治哲学において市民道徳に強い関心を寄せてきた。『民主政の不満』から『これからの「正義」の話をしよう』に至る著書で、彼は市民道徳の重要性を強調してきた。さらに、別種の正義も提唱してきた。具体的には、道徳に基づく正義であり、功利主義やリベラリズムに基づく正義の対極にある正義である。[3] 実際、市民道徳はサンデルの政治理論の鍵となる要素であり、共通善や自由や市民の関与といった市民的共和主義の重要な考えと結びついて、それらの本質的観念を一つのシステムにまとめ上げている。

第一に、市民道徳は共通善にとって不可欠である。実際、共通善の追求は市民的共和主義を代表する特色の一つだ。前述したように、サンデルは共通善を強調するものの、コミュニタリアンが提唱するような、コミュニティに共有される価値観に基づく共通善とは異なる言葉で共通善を構想する。イスールト・ホノハンの解説によれば、[4]「共通善」の意味するものについては、四つの異なる理解がある。最初にそのうち三つを挙げよう。1．ある社会集団の総体的善――有機的あるいは総体的なまとまりの一元的な善で、一つの目的（たとえばルソーの一般意志）に向けられている。2．すべての個人的善の合計あるいは総計。3．個人的善の条件の総和。この三番目が、ロックからロールズに至るリベラル派による共通善の理解である。道具主義を掲げる共和主義者のなかにも、[5] 共通善のそうした意味を肯定し、政治的関与と市民道徳はさまざまな個人的善の実現に必要な前提条件だと考える人びとがいる。ホノハンの主張によれば、このような共通善の意味には、市民道徳の道具主義的な説明が伴う。[6] しかしながら、サンデルは上記三種の共通善の構想のいずれにも与《くみ》しない。

市民的共和主義者であるサンデルは、共通善の道具主義的解釈に異議を唱え、コミュニタリアンが提唱する「共有される価値観」モデルに共通善をそのまま当てはめてはいけないと考える。さらに、共通善を、一般意志のような一元的で総体的な善として理解すべきではないと信じる。そして、ホノハンが四つ目の共通善と呼ぶ間主観的かつ実践的な共通善を提唱する。サンデルと共和主義の伝統によれば、あらゆる市民は互いに依存し、つながり合っている。それは、すべての人間は構成員としての自己、すなわち他者と結びついた物語る存在であるとサンデルが考える理由でもある。そのように理解すれば、共通善を形成するのは共有される価値観であるいっぽう、共通善を実現するのは善き生を求める市民であることになる。たとえば、このような形の共通善が「一元的」善と化したり、そのコミュニティでたまたま幅を利かせている恣意的価値観に基づく善と化したりするのを防ぐためには、構成員による熟議が必要である。つまり、共通善が実現できるかどうかは、成員の関与にかかっている。だから、共通善を達成するためには市民道徳が重要なのだ。成員の積極性が社会的実践を支えるゆえに、市民道徳は共通善の維持に必要な条件の一つとなる。市民道徳は、共通善を熟議し、そして実現するための知識と手立てを市民に与えてくれるからだ。市民道徳では、共通善を促す行動が重視される。市民道徳を備えた人びとのほうが共通善に配慮するし、個人の利益よりも共通善を優先することを意識して行動する。市民道徳は、人びとがよりよく正義と善き生の性質について熟議し、その結果、司法制度のような社会制度について熟考するのにも役立つ。サンデル自身の言葉によれば、「政治がうまくいっているとき、私たちは、……一人では知ることのできない共通の善を知ることができる」[7]。

第二に、自由はある意味で一種の市民道徳である。自由と市民道徳は相反すると考える人が多い。前者が個人的自由と個人的権利であり、後者は責任と社会的責務を意味すると信じられているからだ。しかし、サンデル版の共和主義では、この二つの概念は対立しない。自由の解釈がリベラル派とは異なるため、リベラリズムの宿痾《しゅくあ》である消極的自由と積極的自由という古典的区別の必要がなく、不干渉と自制の対立が避けられるからだ。その代わりにサンデルが前提とするのは、自己統治に関与し合うこと自体が自由の本質であり、自由は自己統治と市民の関与の内にしか存在しないことだ。サンデルはこう述べている。「共和主義的な自由の構想は、リベラルの構想とは異なり、形成的政治を必要とする。形成的政治とは、自己統治に必要な資質を市民の内に培う政治のことである」[8]。サンデルはリベラル的な自由観に対して異議を唱え、自己統治を支える市民的資源を欠くと批判している。スキナーやフィリップ・ペティットといった他の共和主義者と異なり、サンデルは、自己統治は単に道具として有益であるだけでなく、本質的に有益だと考える。言い換えれば、自己統治は単に個人の権利を守る手段として有益なのではなく、市民として有意義に生きるための条件なのだ。つまり、サンデルの理解では、自由とは干渉や支配をされないことではなく、自己統治を意味する。彼はこう述べている。「私が自由でいられるのは、自分の属する政治的コミュニティが自らの運命を支配し、自らの統治についての決断に関与する場合だけだ。……共和主義者は、自由が本質的に自己統治とつながっており、自己統治を支える市民道徳ともつながっていると考える」[9]

自由とはすなわち自己統治であると構想すれば、自由と市民道徳が深く結びついていることが理解できる。なぜなら、市民道徳という概念そのものに自己統治への関わりが含まれるし、自己統治が可能なのは市民道徳が行き渡った場合だけだからだ。また、自由には市民道徳が必要だ。なぜなら、自由は個人の努力のみで達成されるものではなく、育み、成長させる必要があるからだ。コミュニティ全体が、自己統治の育成に重要な役割を果たす。したがって、自己統治と自由を望む市民は、市民の義務によって自己統治が可能になることを、まず認識しなくてはいけない。

サンデルはアリストテレスとハンナ・アーレントにならって自由を政治への関与にからめて定義し、関与を自由の一部分と見る。市民の関与を通じて自由を実現するためには、共通善を規定してはいけない。規定することによって、市民が何らかの目標や共通善に沿って行動するよう強いられれば、自由でなくなるからだ。以上のように、サンデルの自由の構想では、市民が十分な市民道徳を持つことにより、共通善についてよりよく熟議し、公共の問題に関与することが求められる。

第三のポイントは、市民道徳が市民の関与を支えていることだ。サンデルの共和主義においては、共通善や、公共の問題や、自己統治の実現についての熟議と同様に、市民の関与が不可欠だ。そのうえ、市民の関与そのものが、一種の市民道徳である。サンデルの共和主義は、公共の問題に関わることを市民に求める。個人の権利の保護に配慮するだけでなく、市民全員に、一種の政治的義務あるいは市民としての責務を課す。共和主義における市民道徳には、政治参加が含まれる。共和主義の伝統では、徳は倫理性のみならず能力をも意味するからだ。何かを「よく」行なうためには、それをする能力が少なくとも必要だ。誰かがよい音楽家だと言うのは、その人が一つあるいは複数の楽器をよく（上手に）演奏すること、よい音楽を奏でる能力を持つことのいずれか、あるいは両方を意味する。したがって、サンデルによれば、ある市民に市民道徳があると言うとき、その人が共通善を気にかけたり、公共の問題に積極的に関わったり、政治的義務を果たしたりしていることだけを褒めているのではない。より重要なこととして、関わる際によい能力を発揮しているから、よい市民だと言うのだ。市民道徳は、個人の利害よりも共通善を優先して共通善を「よく」熟議するという意味を含む。したがって、市民の関与を維持していくためには市民道徳が必要だ。サンデルの考えでは、政体、政府、社会全体が、政治参加を支えるために市民道徳を育まなくてはいけない。それゆえに、市民が市民道徳を持ち、その結果、公共の問題に効果的に関与できるために、市民教育の価値と実践を強調することをサンデルは勧める。

他の何にもまして、市民道徳はサンデルの市民的共和主義の核心を成す要素である。市民道徳は共通善の形成に関わり、自由と密接に結びつき、市民の関与を支える。言い換えれば、市民的共和主義の中心となるいくつかの考えを取り上げ、組み合わせてシステムを作り上げる。しかし、サンデルは市民道徳を重視し、市民的共和主義の核心であると信じているが、その構想に異議が唱えられるのは避けられない。市民道徳にはサンデルのような共和主義者が認めるほどの価値があるのかという疑問とともに、市民道徳という考え方そのものへの疑問も示されている。

市民道徳を理解する

市民道徳という観念に対する異議の一つは、共和主義における市民道徳は抑圧的だというものだ。ここで指摘しておくべきなのは、共和主義の市民道徳は、リベラル思想に登場する市民道徳とは異なることだ。リベラル派のなかにも、忍耐、敬意、理性、正義感といった市民道徳の価値を認め、そして奨励さえする人もいる。[10] 共和主義における市民道徳は共通善と深い関係がある。市民道徳の代表的な特徴の一つは、共通善を認め、個人的利害よりも優先し、奨励することだ。だが、リベラリズムの市民道徳は必ずしも同じように機能しない。リベラル派のなかには、この種の優先を攻撃する人さえいる。共通善は、ルソーの一般意志と同様に一元的になりかねないからだ。この種の共通善を形成し促進することを市民道徳とするならば、市民道徳は確かに抑圧的かつ危険なものとなりかねず、個人の権利と利害を深刻に侵害するおそれがある。

以上のように、サンデルは市民道徳を強調するものの、こうした課題をまだ解決していない。自分の強調する共通善はルソーの一般意志とはまったく異なると明言しながら、いくつかの問いに対して有効な答えを提示していないのだ。たとえば、多元的社会ではどうすれば共通善を形成できるか、市民道徳が抑圧的でないと同時に共通善が一元的でないことをどうすれば保証できるか、強制的ではない形の市民教育はどうすれば進められるのかといった問いである。サンデルはルソーよりもトクヴィルの政治理論を好むと言い、トクヴィルの理論では抑圧の危険が避けられるが、ルソーの理論では同じやり方で避けることはできないと考える。サンデルはトクヴィルにならい、祭日や祝祭、軍事的・宗教的団体、学校その他の公的機関を通じて市民道徳を育むことができると信じている。地方機関とコミュニティは市民を結びつけ、帰属意識を育む際に重要な役割を果たし得る。[11] とはいえ、サンデルは、宗教団体や学校のような場で独特の危険をもたらしかねない画一性や抑圧性のリスクをどう回避するかについては、深入りしない。これは実際に難題であり、サンデルのみならず、市民的共和主義の伝統を復活させようと試みている今日の共和主義者がみな、直面する問題だ。イスールト・ホノハンをはじめとする一部の共和主義者は、利害や共通の関心事によって共通善を定義することで、共通善の一元化が避けられると期待する。[12] しかし、共通善を「共通の利益」と同義であると考えるのは不適当だと、私は思う。共通善は物質的なものだけでなく、徳をも意味するからだ。だから、共通善と利益を同一視するのは誤解を招く。そのように理解すると、共通善を一元的あるいは抑圧的な事柄とみなしてしまう危険を回避できないからだ。いっぽう、共通善をたんなる利益とみなすことはできない。共通善の本質が変えられてしまうからだ。サンデルのような共和主義者はこの問題について考え、もっと満足のいく解答を提示すべきだ。

市民道徳は、一般の道徳とは一線を画する。市民道徳が市民のすべきことに関わるのは明白だ。その意味で、市民道徳は役割に関連する観念であり、家族の一員、友人、隣人などではなく、公的領域における市民としての道徳をいう。共和主義の伝統とサンデルの政治理論では、市民道徳とは、共通善について熟議し、行動と熟議の双方において共通善を私的善よりも重視するときに人びとが示す徳と性質だ。現代世界の多くの政治理論、ことにリベラリズムは、社会を公的領域と私的領域に分けて考えるべきだと主張する。そのため、リベラル派の考え方では、市民道徳も一定の分野に限るべきだということになる。サンデルも、善き市民であるための条件と、善き人間であるための条件には違いがあると考える点では、リベラル派と意見を同じくする。「市民道徳が徳のすべてだと考えなくとも、市民道徳を内在的善、人間の繁栄に欠かせない一面とみなすことはできる」[13]。要するに、市民道徳は、人間が持つことのできる徳のすべてを網羅するわけではない。ホノハンはこう書いている。「市民道徳は、家族の価値、夫婦の貞節、宗教的信条、時間の厳守、産業、自己充足といった事柄とは、まったく関わりがない」[14]。市民道徳の抑圧的になりかねない面を避けるために、サンデルは市民道徳を、公的領域に存在する明らかに政治的な道徳と定義することをある程度認めている。しかし、共和主義は、市民道徳の構想における公私の区別に力点を置くにしても、やはり一種のジレンマに直面する。それで、サンデルと彼の共和主義は、リベラル派思想家がしてきたように政治と道徳性をはっきり区別すべきではないと力説する。リベラルの伝統であるそのような区別は、そもそも不可能であることが証明されているというのだ。人びとが公共の問題に関与するために公的領域に踏み込むとき、現実には各自の経歴や道徳的価値観を保留できず、それらがどうしても市民的価値観に影響する。そのため、市民道徳が個人の道徳の影響を受けることは避けられない。悪い人間が善き市民になるのを期待するのは理にかなっているだろうか？　それが、サンデルと市民的共和主義者たちの直面するジレンマだ。彼らはいっぽうで、市民道徳を私的領域に限定することにより、抑圧的な概念となるのを避けようとする。だが、そのような企てはそもそも無理があるだけでなく、公私の区別に対する彼ら自身の異議とも矛盾する。

　サンデルは市民道徳の重要性を強調するものの、市民道徳に伴うべきものを特定していない。彼が力説するのは、市民的共和主義の理論では連帯と忠誠が最も重要であること、市民道徳には判断力、熟議力、説得力、行動力といった市民としての能力も含まれることだ。彼は共和主義の精神には多くの徳が含まれると考えているようだが、市民的共和主義に必要な徳を詳しく特定していないし、市民道徳に含まれるものの最終的リストを示してもいない。そうした要因に、彼の市民的共和主義がはらむ問題が表れている。彼はいっぽうでは、忍耐、理性などの徳をある程度認めざるを得ない。その反面、リベラル派思想家の考えとの違いを際立たせるために、連帯や忠誠といった徳を強調せざるを得ない。彼の政治理論は、リベラリズムの広く認められた徳のいくつかと、市民的共和主義に特有の徳を組み合わせることを意図しているようだ。

ナンシー・ローゼンブラムは今日の市民的共和主義を一種の「融合的共和主義」と定義している。今日の市民的共和主義理論自体が、さまざまな政治理論から取ったさまざまな中心的価値観と事柄を組み合わせた、ハイブリッド理論だというのだ。[15] しかし、私自身は、サンデルの市民的道徳論が単に雑多な理論を手当たり次第に融合させたものだとは思わない。彼は純粋に、自身の主な関心事と主張に基づいて、今日の政治哲学に市民的共和主義を蘇らせようとしている。とはいえ、サンデルはこの種の組み合わせを否定してはいない。その結果、彼の理論における市民道徳は、必然的にリベラリズムの主流の価値観と対立し、市民道徳を規定すると同時に共和主義の性質も保たなくてはいけないことになる。

さらに、連帯と忠誠に関する未解決の問いがまだ残っている。何に対する忠誠か、という問いだ。言い換えれば、市民は相変わらず自らの私的権利を主張し、国家やコミュニティからの抑圧を避けながら、何に対して（そして、どの程度）連帯と忠誠を示せばいいのだろう？　サンデルが力説するように、私たちは異なるコミュニティに属し、異なる種類のアイデンティティを持つ。だが、異なるコミュニティへの異なる義務が互いに競い合い始めたら、どうなるだろう？　どうすれば、市民を構成する他のアイデンティティと対立せずに、一つのコミュニティに忠実でいられるだろう？　それらの問いの答えは示されないままだ。

第五章　儒教から見たサンデルの『民主政の不満』

陳来

『民主政の不満』で、サンデルはアメリカの政治史に対して厳しい意見をいくつも提示している。本稿では、そのうちのいくつかを儒教の観点から考察する。

政府の道徳的中立性

「家族、近隣関係から国家まで、コミュニティという道徳的織物がわれわれの周りでほつれつつある」とサンデルは書く。[1] 彼によれば、こうした状況が現れた原因は、現代においてリベラルな政治理論、とりわけ政府の道徳的中立性というテーゼが支配的になっていることだという。リベラルな政治理論の「中心的な考え」は、「政府は国民が支持する道徳的・宗教的意見に対して中立であるべきだ」[2]というものだ。重要なのは、サンデルは、歴史的にはこのような中立性はアメリカの政治制度の特徴ではなく、ここ半世紀で増えてきたにすぎないと論じている点だ。[3] 一方で、この共和主義の伝統は、建国以来、アメリカの重要な位置を占めてきた。

リベラリズムは政府の中立性を推奨しており、公共的生活において道徳的信条は表明されるべきではないと考える。政府は道徳的指導を提供すべきではなく、品格や市民道徳を向上させることに関わるべきでもないという。リベラリズムが政府に求めるのは個人の権利を保障することだけであり、一般の利益のためにそれが犠牲になるようなことがあってはならない[4]。サンデルはリベラリズム反対派であり、共和主義を支持している。共和主義の中心となるのは自己統治だ。共和主義は、共通善に関して市民間で話し合う重要性を強調し、コミュニティの運命を形づくることを目指す。さらに一定の品位、すなわち市民道徳、所属意識、共同体への思いやりといったことを心に留めておくよう市民に要求する。こうして、市民とコミュニティのあいだの道徳的な絆を強調するわけだ[5]。したがって、共和主義の自我の概念は、孤立的でも個別的でもなく、つながりを欠いているわけでもない（負荷なき自我ではない）。その代わりに強調されるのは、連帯の責務を含めた個人の責務だ[6]。サンデルは、責務に関するリベラルの見方があまりに偏狭すぎると思っている。ここでは、ロールズが、サンデルが反論している対象の格好の例となっている。ロールズにとって責務とは、人間であるという理由でわれわれが他者に負っている「自然的義務」か、暗黙裡であろうと明示的であろうと同意の上で発生する責務かの、どちらかでしかない。リベラルの見方では、「一般市民は、不正を働かないという普遍的で自然的な義務以外は、仲間の市民に対する特別な義務を負っていない[7]」。ここでは、市民は互いに責務がないだけでなく、自分が属するコミュニティに対しても責務を負わない。この種のリベラリズムによって、市民の責任と忠誠心の基礎を説明するのは難しい。サンデルの見方では、われわれは、われわれという特定の人間である［したがって、具体的状況から切り離されれば意味を失ってしまう］。家族、都市、州、国家への忠誠心から生じる道徳的責任のコミュニティとのつながりは、このうえなく大切であり、リベラリズムで説明がつくものではない。われわれは「この家族、この都市、この国家、この民族のメンバー」[8]であり、そうである以上、自分が属するコミュニティへの連帯という責務を負っている。これは、個人に先立つコミュニティのメンバーシップによって決定される道徳的責任だ。このようなメンバーシップから生じる道徳的義務は、われわれが負っているどんな「自然的義務」よりも、はるかに大きい。サンデルは、リベラル派が言う個人の概念はあまりに薄っぺらで、福祉国家が国民に求める市民としての責任さえも支えきれないだろうと思っている。

共和主義は、善き社会の概念を最優先とし、共通善の政治を促進し、自己統治という共通善にとって必要な資質や美徳を養うことを勧める。その資質には、所属意識、忠誠心、献身が含まれるが、どれも自己統治を実現させるのにきわめて重要だ。共和主義は、これらの道徳的美徳に焦点を定めており、私的で個人的な問題にすぎないとは考えていない。[9]忠誠の誓いを唱えることを小学生に課すのが宗教の自由を侵しているかどうかが争われた一九四〇年の最高裁判決で、フェリックス・フランクファーター判事はこう述べている。「自由社会の究極の基礎は連帯感という絆だ。この感情は、心と魂のあらゆる作用によって培われるものであり、国民のさまざまな伝統をひとつにまとめて、次世代へと伝えてゆくことで、文明を構成する大切な共同生活の継続性を生み出す」[10]。一人の儒者として、私はリベラリズムの道徳的中立性に対するサンデルの批判と、コミュニティに対する共和主義的な配慮を促す彼の姿勢に同意する。儒教の立ち位置は、共和主義が唱える徳の促進と間違いなく相性がいい。

市民道徳

共和主義は、政府が「自己統治に必要な資質を養うべき」[11]かどうか、また道徳性は国民の生活のなかで影響力を持つべきかどうかという問題に、肯定的な立場をとる。サンデルは、アメリカ政治史全体を通じて共和主義の要素を追い求める。彼は、一八世紀以降のアメリカにおける政治的言説に依拠しつつ、この歴史を通じて市民道徳と善の概念がアメリカの政治思想のなかで重要な役割を果たしてきたと指摘する。一七八四年のヴァージニア州の港湾法について、ジョージ・メイソンは次のように記している。「徳が共和国の生命力であるならば、それは質素、高潔、厳しい道徳なしでは長くは続かないだろう」。ベンジャミン・フランクリンも似たようなことを言っている。「高潔な人間だけが自由を享受できる」[12]。市民道徳の喪失に気をもむのは、共和主義の長年の伝統だ。市民の道徳的性質を矯正し、彼らがますます共通善に心血注ぐようにすることが、共和主義のふたつの大きな目標だ。ジョン・アダムズは「国民の人格を形成するのは偉大な政治家の役目のひとつだ」と書いた[13]。この考え方は、少なくとも形式上は、儒教の伝統でもあり、初期の儒教の文献である『大学』から梁啓超《りょうけいちょう》（一八七三〜一九二九）の『新民説』まで、いたるところに登場する。共和主義の視点からすると、アメリカ独立革命は本質的に特定の価値観に根ざしていた。サンデルはゴードン・S・ウッドの言葉を引用する。「個人の利益をより大きな全体の善のために犠牲にすることは共和主義の真髄であり、アメリカ国民にとって革命の理想的目標を包含していた」[14]。共和主義者にとって、公共の利益は単に個人の利益を集計したものではなく、政治の真髄は競合する利益を追い求めることではない。政治は個人の利益を超越して「全体としてのコミュニティの善を追求する」[15]。

このように、共和主義は個人の利益の追求を価値観の核に据えることに反対し、代わりに市民道徳が私利私欲や利己主義に打ち勝ち、自由を守ると信じている。政府は徳の高い人間によって運営されるべきであり、個人の利益の集合体を超越した共通善を目指すべきであると信じている。共和主義は伝統的なアリストテレス的見解と同じく、国民の道徳的性質を形成する手助けをすべきだと信じているのだ。共和主義のこのような側面はどれも、儒教と共通の基盤を持つ。しかしながら共和主義は、このような側面には、原則的に自己統治の概念を通じてアプローチする。「共和主義論の中心となるのは、自由には自己統治が必要だという考え方で、自己統治は市民道徳に依存している」[16]

もちろん、共和主義の思想家は徳の概念についてはそれぞれ考え方が異なる。たとえば、アレグザンダー・ハミルトンは、愛国心が国民を形成していく手段に焦点を当てており、無私無欲という徳が国への忠誠心を呼びさますという見方には懐疑的だった。ハミルトンが市民のあいだに育つようにと願った品性は、伝統的な市民道徳に基づくものではなく、国家への忠誠心に基づくものだった。ハミルトンは次のように述べる。「国民は、自らの政治生活のありふれた出来事のなかで国家への忠誠心に出会うのに慣れてくるほど、それを見たり感じたりすることに慣れてくるほど……国家への忠誠心がコミュニティの尊敬と愛着を勝ち取る可能性は高くなるだろう」[17]。しかし共和主義は、政府のことを国民の道徳的性質を促す中心的な道具とは見なしておらず、その役割を担うのは教育、宗教、小規模なコミュニティだと考えている。対照的に、連邦党員《フェデラリスト》［連邦党は合衆国初期に強い中央政府の確立を訴えていた］が強調していた徳は、もっぱら保守的なもので、秩序、遵守、抑制などだった。彼らは、民主的な政府の秩序と安定は宗教的・道徳的信条に依拠していると考えていた。農業と農民を好んだ初期の共和主義者は、農作業生活が徳の礎だと思っていた。サンデルはトマス・ジェファーソンの次の言葉を引用している。「土地を耕す者が最も尊い国民だ。彼らはきわめて頑健で、独立心が強く、高潔であり、きわめて永続的な絆によって、祖国およびその自由と利益とつながっている」[18]。実際、初期のアメリカ農業社会の独立農業が、初期の共和主義の礎だったらしい。昔ながらの共和主義の徳は、一九世紀の独立農民の徳とほぼ同じだ。共和主義者は市民道徳の農業経済への依存と、都市生活とのつながりの欠如を強調した。これに関連して、彼らは産業とは市民道徳と対立する存在であり、腐敗、奢侈《しゃし》、公共善との分断の源と見なしていた[19]。

二〇世紀初頭から、共和主義は公共的生活は都市中心部にあると見なすようになっていた。一九一四年のセントルイス野外劇《ページェント》が「都市部の住民に、同じ市民であるという感覚と共通の目的を呼び起こそうと」して成功を収め、「高潔な市民であるという感覚、近隣住民への関心と信頼、この都市に住む誇りが街じゅうに満ちていた」[20]。当時の進歩党員が目指したのは「教養ある、道徳的で、社会的責任を負った市民層の形成」だった[21]。セオドア・ローズヴェルトは、「広範囲に浸透する国家主義の精神」を叩き込むために、アメリカ国民の自己理解が広まる必要性を強調した。ローズヴェルトは、「アメリカの最優先課題は、正しい種類の善良な市民のあり方を決めることだ」と考えていた[22]。サンデルが描写するところによれば、ローズヴェルトは次のような人物だった。まず、ローズヴェルトは「民主的な政府は国民の徳に無関心ではいられない」と考えた。そして、「義務に対して誠心誠意献身する」市民道徳と、「誠実、勇気、常識」という徳を呼び覚ますべきだと思っており、物質的な利得への関心を超越する必要性を強調した[23]。民主主義と市民道徳への言及といえば、サンデルによれば、ハーバート・クローリーは「民主主義は、その頂に抱く目標として国民の道徳と市民意識の向上を掲げており」、「民主主義とは、人びとの欲望に応じることではなく、人びとの資質を向上させ、彼らの共感を広げ、市民精神を浸透させることであり」、「民主主義の真髄は徳だ」と考えていたという[24]。

この観点からすると、自由は徳に基づいているだけでなく、民主主義も目標に徳を掲げている。民主主義のこうした理解が、政治に対する儒教の考え方にも通じるのは明らかだ。

レーガン大統領の時代には、自由市場経済の拡大がますます支持され、公共的生活における道徳の役割が強調されたことを忘れてはならない。後者は、集団的な市民倫理、共同体的な価値観、家族、近隣関係、愛国心と、国家としての市民コミュニティという非個人的な理想を訴えるものだった。この種の政策は文化的保守派の支持を得た。この時期、彼らは、政府は国民の人格に関心を払うべきだと強調していたからだ。キリスト教福音派のファンダメンタリストであるジェリー・ファルウェルは、アメリカを救うためにはキリスト教の道徳を復活させよと訴えており、ジョージ・F・ウィルは国政術を「魂形成術」と呼んだ。[25]ウィルは、美徳の涵養が自由な政府の礎となると訴え、美徳とは「善き市民であることであり、その基本は中庸、社会への共感、公の目的のために個人の欲望を犠牲にする意志」だと説明した。[26]一九八四年に大統領に再選された際、レーガンは「われわれは偉大なアメリカの価値観の再建に向けて動き出した――勤労の尊厳、家族のぬくもり、近隣関係の強さといったものだ」と述べた。[27]宗教の力と並び、このような価値観は個人の徳だけでなく、アメリカ社会の文化的な価値観をも含んでいた。「家族のぬくもり」は市民道徳ではなく、価値観だ。ここでレーガンが挙げた三つの価値観は、アメリカ社会の核となる価値観であり、これが個人の価値観のなかでもコミュニティを優先する共和主義の主張と合致していることは心に留めておくべきだ。

サンデルが言うように、共和主義はその核と礎として、「自己統治」と「共通善」という徳に焦点を当てている。この種類の徳といえども当然ながら制約はある。自己統治とは政治的な概念でもあるらしい。この徳の意味合いは、統治への参加同様、政治的でもあり、純粋に道徳的というわけではない。この問題を別の角度から見ると、自己統治の伝統は、アメリカの地方の農業コミュニティや郊外のコミュニティを手本にしていることに気づく。そうなると、このモデルははたして都市生活に適しているのだろうか。また、共和主義は、自己統治という概念に基づいていない人格や徳をどのように見ているのだろうか。さらには、共和主義は善き市民の基礎にあるのが自己統治だとしているが、自己統治を価値観の核としない共和主義というものもあるのだろうか。

市民道徳をめぐるより深い議論

『民主政の不満』では、中心的な用語として「市民道徳」が頻繁に登場する。しかし、サンデルは、同書における市民道徳とは公共の道徳だけを指すのか、それとも個人と公共の美徳の両方を指すのかを明確にしていない。市民道徳は人びとが「市民」であることを通じて生まれる美徳の要件である一方で、個人の道徳は人びとが「人間」であることを通じて生まれる道徳的要件を指している。アリストテレスの『政治学』は、善き市民の徳と善き個人の徳を区別している。善き市民の徳は、政治的なコミュニティの市民として人間が身につけるべき道徳だ。「完璧な徳である善き市民の徳というのがひとつではないことは明らかだ。しかし、善き個人とは、完璧な徳である唯一の徳を身につけている人間だと言うことができる」[28]。そしてアリストテレスはこう結論を下す。「市民の徳と善き個人の徳は一致しない」[29]。このことから、善き個人になるために必要な教育は、平均的な市民に必要とされる教育とは同等でないことがわかる。善き個人の徳、もしくは儒教的道徳手本となる人物（君子）の徳は、善き市民の徳より高度で範囲も広く、市民に必要な徳の条件はそれよりもレベルが低い。したがって、重要なのは次のように問うことだ。すなわち、サンデルが描く共和主義の徳とは、アリストテレスが言う市民の徳と呼応しているのか、それとも善き個人の徳と呼応しているのか、そして政府は善き個人の徳を促進するべきなのか、と。

現代の欧米思想では、個人の道徳と社会の道徳は区別されている。ジェレミー・ベンサムの個人の倫理と公共の倫理の区別もそうだし、ジョン・スチュアート・ミルの『自由論』では、「自己に配慮する徳」と「社会的徳」が区別されている。[30] こうした考え方に影響を受け、日本では、明治一〇年代から二〇年代にかけて（一八八八〜一九〇八）、公共の徳の議論が盛んだった。近代中国の思想家、梁啓超は、戊戌《ぼじゅつ》の政変（一八九八）後に日本に渡ったものの、政変の影響を受けていた。梁本人は、公共の徳と個人の徳を分けており、個人の徳は個人の品格と徳の涵養に関するもので、公共の美徳は国家と社会に資する美徳だと考えていた。言い換えれば、公共の徳はコミュニティに資する美徳、個人の徳は個人を完成させる美徳だ。愛国的なナショナリズムを出発点とする梁は、公共の美徳の要《かなめ》はコミュニティに対する責務を個人が意識的に理解することだと見なしていた。これは、中華民族の国を救うという時代の要請と深く関係している。当時、中国は自国を強くしたかったが、気づいてみると外部からの圧力にさらされていたという状況にあったからだ。[31] 同様の例が共和主義にも見受けられる。アレグザンダー・ハミルトンは国家への忠誠心を強調していたが、「一般市民の自己犠牲の徳」の重要性を見逃していた。政治的生活と社会的生活の区別をはっきりつけすぎていたようだ。対照的に、ポール・ボイヤーが言う「教養ある、道徳的で社会的に責任ある市民」は、比較的広い範囲をカバーする概念だ。ローズヴェルト、クローリー、ウィルが推奨した徳の涵養は、誠実さ、勇敢さ、謙虚さなど、市民の自己統治を超えた範囲にまで及んでいる。したがって、もし共和主義の徳が公共の徳に限られているのであれば、共和主義が答えなければならない問いが無数にあることになる。個人の徳はどのように認識され、涵養されるべきか。われわれは公共の徳と個人の徳の関係をどのように理解すべきか。現代社会における政府は、個人の徳の涵養を推進すべきか。

『民主政の不満』でサンデルは、リベラル派の一部は、われわれが一定の責務によって制約されるのもいたしかたないと思っている事実を示す。しかし、彼らはこれらの責務は個人の生活にのみ適用され、政治的に重要ではないと主張する。だが、これらの責務が政治的な重要性を帯びていないとしても、その重要性が個人の生活だけに限られるということにはならない。社会的生活や文化的生活にとっても意味があるはずだ。サンデルとともに、われわれもこう問うてみよう。われわれはなぜ、自分を市民と見なす場合と、人間と見なす場合を区別し続けなければならないのか。われわれはなぜ、市民道徳と、より一般的な人間としての道徳を分けなければならず、市民道徳を涵養することだけに集中しなければならないのか。個人の徳を促進するのに加え、共和主義はほかのどの価値観を支持しているのか。

サンデルは、トマス・パングルの説を取り上げている。パングルによれば、アメリカの共和主義は、ベンジャミン・フランクリンの一三徳を彷彿《ほうふつ》とさせる二三の市民道徳を一貫して強調してきたという[32]。これらの徳は、プロテスタントの倫理観、すなわち清教徒の道徳によって支配されているようだ。このことから疑問が生じる。アメリカの共和主義が二世紀にわたって提唱してきた徳は、ある種の宗教的背景と結びついているのだろうか。フランクリンの一三徳はマックス・ウェーバーにとって大いなる関心の的だった。ウェーバーはそれらをプロテスタントの倫理の代表と見なしていた。もしアメリカの共和主義の徳が主にプロテスタントの徳なのであれば――すなわち、「資本主義の精神」に属し、フランクリンが推奨している徳のように近代社会で個人的な成功を収めるのに適しており、そのためにユダヤ教・キリスト教が広く推奨している善き個人の徳と同一視できないのであれば――この種の共和主義の徳には、制約があるということなのだろうか。

『民主政の不満』を読むと、アメリカの共和主義で主に強調されてきた徳は、歴史的に見て、勤勉、倹約、忠誠心、コミュニティだとわかる。最初のふたつはプロテスタントの労働倫理に関連しており、あとのふたつは自治コミュニティやコミュニタリアニズムの徳だ。この四つの徳は、どれも近代社会に適した徳と言えるが、徳の倫理という観点からすると、個人の徳の完成に広く関われないという点が制約だと言える。儒教の徳理論はそれと比較するともっと分厚いものだ。儒教の観点からすると、共和主義が勧める徳には厚みが足りない。

共和主義と中国の思想を、とくに儒教の徳理論から比較すると、現代中国の個人の生活には、基本的に三つの種類の徳が必要であることがわかる。

仁愛、道徳原則（道框）、誠実、信頼（守信）、親孝行（孝順）、和睦

自己向上（自強）、勤勉、勇敢、正直、忠実、羞恥心（廉耻）

愛国、順法（守法）、全体的利益指向（利群）、礼儀作法（尊礼）、奉公、自分の職への献身[33]（敬业）

最初の二つのグループは「個人の徳」に属する。個人のための根本的な個人道徳について述べている。古代の儒教では、これらは道徳の手本となる徳だと考えられている。三つ目のグループは「公共の徳」に分類され、個人のための根本的な公共道徳で構成されている。これとは対照的に、自由と平等は社会的価値であり、個人のための徳ではない。比較すれば、儒教で推奨されている徳は相対的に濃密だ。非儒教国では、個人にとって、自分のための根本的な道徳は、宗教の教えを通じて涵養されることが多く、政府が関与することはない。だが中国では、儒教の価値観は二〇〇〇年以上にわたって、社会と文化を圧倒的に支配してきた価値観だった。これらの価値観は中国文明自体の伝統だ。儒教の文官は、この文明の相続者であり担い手の役割を果たしている道徳の教師だった。だが、儒教はまず間違いなく宗教ではない。『大学』は次のように始まる。「大学の道は、明徳を明らかにするに在り、民を親しましむるに在り、至善にとどまるに在り（偉大なる学びの道は、明朗な人格をはっきり示すこと、民衆を愛すること、最高の善のうちに身を置くことにある）」[34]。この一節からも、政府がコミュニティの代表であり、国民の市民教育と道徳の啓発の責任を負う存在だと、中国文化がつねに見なしてきたことが見てとれる。これには、価値観を形成することと道徳的な人格、精神的な展望、文化的な構成、市民の一般的なエチケットを高めることの責任が含まれる。この見方は、現代の中国政府の政治の理解にも影響を与えており、今日の中国の政治情勢が現代世界のなかで独特である大きな理由だ。

徳と権利

欧米の政治思想の中心原理が、個人の権利と個人の自由を優先することに根ざしているのだとすれば、そしてわれわれが、共通善という概念に関する要求が基本的な個人の自由を侵害していると思っているのだとすれば、儒教は、権利をそのように優先させることをけっして認めない。儒教と欧米の宗教倫理は、どちらも社会の共通善、社会の責任、公共の利益に資する徳を強調している。したがって、儒教は「経済的、社会的、文化的権利に関する国際規約」と「市民的及び政治的権利に関する国際規約」を受け入れられる。だがそれも、責務と共通善という背景と枠組みのなかでの話だ。市民の権利、政治的権利、経済的権利、社会的権利は、論理レベルでは、儒教と欧米文化では順番が異なるし、その実現（歴史的な状況と密接に関連している）の順序、そしてとりわけ責任と権利の根本的な関係という点で異なる。儒教の立場としては、権利にも個人にも優先権を与えない。

権利という概念を最もよく具現化しているのが人権だ。人権は世界各地で広く受け入れられている価値観であり、理想である。しかし、人権という概念の地位は、文化によって千差万別だ。現代の欧米諸国、とくにアメリカでは、人権は教育の非常に重要な一部分だ。だが中国は、宗教上の迫害を受けて逃れてきた人がいるという歴史的な背景もなければ、植民地支配からの独立闘争という経緯もないし、一般市民と貴族との争いの歴史もない。大昔から、とくに儒教の伝統では、中国は国家に対する個人の権利と要求を最重要事項としてこなかった。儒教では、国民の幸福を守るのは為政者と政府の義務だが、その焦点となるのは、経済的権利と社会的権利だった。数千年ものあいだ、儒教思想は圧倒的に文官（士大夫）の思想だった。彼らは知識人であると同時に政府官僚だ。そのため、儒教思想は常時かつ本質的に、社会、徳、公共の出来事への懸念に対して責任を負うよう求めることを最優先してきた。さらに、「国民に根ざす」（民本主义）という概念に対する儒教の信条は、これらの文官が高いレベルでつねに国民の幸せ（民生）を考慮することを求めた。こうして、国家と国民に対する思いやり（忧国忧民）は、儒教の知識人の固有の懸念にして、精神的な伝統となった。外部からの衝撃と抑圧に直面した一九世紀半ばからというもの、中国の知識人のこの精神は強くなるばかりだった。このため、当時、発展途上国に住んでおり、儒教の伝統に影響を受けていた中国の知識人は、人権という考え方に喜んで太鼓判を押した。しかし、こうした受容と後押しも、社会意識と、国家と国民への配慮にかかわる責任を優先させるという確立された倫理上の姿勢を超えることはない。したがって、人権という概念は、無条件で最も重要な原則になることはなく、つねに儒教の伝統と中国の文化的価値観と複雑に相互作用しながら存在することになる。事実、これは世界の主な宗教の多くに当てはまり、儒教の伝統も例外ではない。このような文化的多元性は、世界規模の倫理と文明間の対話を推進する昨今の趨勢の前提にして背景であり、関心と敬意を向けるに値する。

理想的な儒教の政治とは徳に基づく政治であり、政治事情と徳が切り離せないことがとりわけ強調される。政治と道徳との関係について、孔子は、政治は道徳とは切り離せないため、政治の中立性というものは存在しないと考えていた。政治は倫理原則に基づいていなければならない。倫理的概念や道徳的概念から切り離された政治は、もはや政治ではない。政治は善悪に関する価値判断の脈絡で理解されなければならない。現代の政治哲学は、道徳からの政治の独立を訴えている。つまり、政治的な立場、組織、原則は社会の道徳文化とは別ものだと見なしており、政府はいかなる道徳的原則、倫理的原則も推奨すべきではないとしている。[35] だが、これは偽善的であり、政治を非道徳的なものに変えるのはきわめて危険だ。それでは政治が単なる選挙ゲームになってしまう。このゲームでは、ひとりひとりが一票を有していて、政治は、社会、秩序、倫理、道徳に深くかかわることがなくなる。その結果、社会的・政治的生活に道徳性が欠如する。伝統的な道徳の力の支えがなければ、政治は社会を道徳的混乱に陥れてしまう。政府は必ずしも特定の学派や宗派とつながっている必要はないが、社会生活の基本的規範、人間の徳、根本的で伝統的な価値観を認め、促進しなければならない。これがなければ、われわれは政治的正統性がない状態に置き去りにされるだけでなく、政治そのものが問題をかかえることになりかねない。

中国文明は、現在まで［かなりの長きにわたり］継続性を維持している世界史上唯一の文明だ。これを考えると、中国を欧米式の「国民国家」と表現するよりは、「文明国家」と呼ぶほうがいい。現在の中国は、混乱と苦難に満ちた前世紀をくぐり抜け、中国文明［およびより伝統的な価値観］の復興に向けて動いている。中国政府は中国の伝統的価値観を保持し、中国の伝統的な徳を推進するよう努力している。この点はアメリカの共和主義と似ているが、さらに似ているのは、この動きが文明の自意識を明らかにするということだ。推奨されている徳は、市民道徳や政治参加だけに限らず、全体的に儒教の徳を指向しており、変化の激しい時代にこれらの徳の創造的な実践を追求するものだ。共和主義はコミュニティに焦点を当てている。ここで言うコミュニティとは経験上、家族、地元のコミュニティ、人種、国家と見なしていい。中国にはいくつもの倫理集団があり、中国の政治コミュニティは、第一次アヘン戦争（一八四〇～一八四二）後に現れた［のちの］帝国主義者による抑圧への抵抗と歩調を合わせて発展した。このため、現代中国で強調されるコミュニティは、主として民族を超越した政治コミュニティ、つまり政治国家でなければならない。もちろん、チャールズ・テイラーが言うように、「国家」という概念が、革命後の文化的なアイデンティティを再建するプロセスであまりに存在感が大きすぎるのであれば、「社会」と同一化する役割は減じられる。これは、アイデンティティの再建に資するものではない。このことは、もう少し注目を浴びていいのではないか。これらの点はどれも、現代中国の政治文化の包括的理解にとってきわめて重要な意味を持っているのである。

III
多元主義と完全性——サンデルと道家思想の伝統

第六章　ジェンダー、道徳的不一致、自由
――中国というコンテクストにおけるサンデルの共通善の政治

ロビン・R・ワン

現代の政治哲学者マイケル・サンデルは、正義と公共善について、イマヌエル・カントからジョン・ロールズ、リバタリアニズム（自由至上主義）から功利主義に至る哲学的議論とがっぷり四つに取り組んだのち、これらの議論が公共領域でどのように展開されてきたかを検討し、「私は、選択の自由が――公平な条件の下での選択の自由でさえ――正義にかなう社会の十分な基盤だとは思わない」[1]と結論を下している。サンデルによれば「正義とはものごとを分配する正しい方法にかかわるだけではない。ものごとの価値を評価する正しい方法にもかかわるのだ」[2]。

サンデルの視点は、正義にかなう社会のまさに根幹であると彼が考えているものにまで遡る。こうした社会は人間の価値観によって組織され、コミュニティとは切っても切り離せない。「正義にかなう社会は、功利性を最大化したり選択の自由を保証したりするだけでは、実現できない。正義にかなう社会を実現するには、善き生の意味についてともに考え、どうしても避けられない意見の不一致を喜んで受け入れる公共文化を生み出す必要がある」とサンデルは指摘する。[3] いかなる正義論も、善き生の一定の概念に依拠しなければならない。なぜなら「正義

には、徳を涵養し、共通善について論理的に考えることが含まれるからだ」[4]。彼の正義論をさらに見ていくと、彼は「道徳的個人主義」という概念の成立可能性に異を唱えている[5]。代わりに奨励しているのが共通善という新しい政治で、そこには次のふたつのテーマが含まれるかもしれない。「1．正義にかなう社会の実現には強い共同体意識が求められ、全体への配慮、共通善への献身を市民のなかに培う方法を見つける必要がある」[6]。そして「2．道徳に関する意見の不一致に対する公共の関与がより活発になれば、相互的敬意の基盤は弱まるどころか、強まるはずだ」[7]。

自説を中絶、幹細胞研究、同性婚をめぐる論争に応用しつつ展開することで、サンデルは、このような論争は、その背後に潜む道徳的・宗教的信念について立場を表明せずには解決できないし、われわれは自分の立場を公に議論しなければならないと主張する。彼は「性や妊娠中絶だけでなく、幅広い経済的・国民的関心事にも道徳的・精神的な問いを投げかける政治を想像」してみようと、われわれを誘う[8]。

共通善の政治というサンデルの論理の組み立て方は、伝統的な中国の思想・文化に見受けられる中心テーマの多くと共鳴するものだ。本稿では、共通善と市民生活のつながりを論じたサンデルの意見と、漢の学者である劉向《りゅうきょう》（前七七〜前六）が『列女伝』で描いた、孔子による女性の徳の涵養の勧めと、荘子（紀元前三六九〜二八九）が描いた、道家思想による人間の多様性の称賛を三つ同時に見ていく[9]。また、私が見出したことを、すべて中国の伝統的な陰陽思想の枠に当てはめていく。この三角形をジェンダーという一本の糸で縫い合わせ、正義にかなう社会というサンデルの提言は、人間の体、人間の社会、自然界に対する中国的な理解を通じて支持することが可能であることを示す。言い換えれば、女性の徳の涵養を説いた儒教に関する劉向の作品と、複数の人間の視点の正当な評価と称揚に関する荘子の道家的な考え方は、どちらもサンデルの試みを文化的な証拠でもって明確にするのに等しく役に立っている。

本稿の全体としての目標は、次のようなサンデルの問いに適切な答えを出すことだ。「宗教戦争に陥らずに善について公に論じることは可能だろうか？　道徳により深く関与する公的言説はどんなものになるだろうか？　そして、それはわれわれが慣れているタイプの政治的議論とどう違うのだろうか？」[10]

われわれは道徳的不一致の役割をどう見ているのだろう。正義にかなう社会にとって、道徳的不一致はなぜ必要なのか。サンデルは、われわれがなぜ道徳的不一致に関与する必要があるのかに対して、哲学的に十分な根拠を示していない。答えとしてひとつ考えられるのは、サンデルが道徳的不一致を当然のものとして受け止めているからだろう。市民の関与と道徳的不一致は、自己統治という欧米の概念に深く根づいているからだ。だが、それは自明の理だろうか。正義にかなう社会にとって道徳的不一致における市民の関与が必要な理由や根拠を探ろうと、伝統的な中国の思想に目を向けると、文化的に異なる立ち位置やアプローチは扱いにくくわかりにくい場合もある。古代の書物に由来する概念のレベルでは、道徳的不一致は正当化され、推奨されてはいるものの、実践のレベルとなるとそうは言えない。これを認識しておくことが重要だ。現代中国における道徳的不一致や、他人と違う存在になるという自由は、実現困難で、推奨されてはいないように思われるからだ。

サンデルの展望に着想を得て、本稿では社会様式としての多様性を支持する古《いにしえ》の中国の叡智に再び着目する。多元性を大切にし、人間の経験の幅を広げる叡智だ。私の基本的な前提条件は、人びとはみんな違っていいし、社会は他者と違う存在でありたいと思う者に居場所を与えるべきだというものだ。もしかしたら、これはサンデルの「どうすればコミュニティの道徳的な重みを認めつつ、人間の自由をも実現できるだろう」[11]という問いに対して、違った角度からの答えとなるかもしれない。サンデルと伝統的な中国の思想とのこの対話は、（アメリカにおいてのみならず、中国においても）正義にかなう社会にとって、欠かせない重要な価値を明らかにするだろう。この価値は、現代の政治的・社会的風土に定着する可能性がある。では、こう問うてみよう。サンデルは中国の女性を幸せにできるだろうか？

『列女伝』における共通善に対する女性の貢献

中国的コンテクストのもとでは、人間社会につきものの複雑さとそこから生まれる社会問題は、天に存在するあらゆるものと同様に、相互作用のなかで、陰か陽かに分類できるし、解釈できる。[12]ジェンダーの複雑さは、もうひとつの顕著な例だと言える。欧米の学者は、制度化された男性支配を反映した構造をもつジェンダーは二元的になりがちだという見方をしてきたが、中国では、昔からジェンダーは相関的であり、相互依存と補完という概念に基づいて構築されてきた。これらの概念は、陰と陽、天と地、内と外を模している。ジェンダーがこのような形で構築されることにより、女性にさまざまな機会を与える社会的空間が実現した。[13]

陰陽マトリックスで最も重要な点は、このマトリックスは、関連性、つながり、相互影響という一般的な脈絡で、幅広い相違を守ったことだった。陰陽は、反対、矛盾、両極端と思われるものすべてに適用できる。陰陽マトリックスのおかげで、古代中国思想では、女性の排除や男女の分け隔てなどはほとんどなかった。男、男性、男らしさがある限り、女、女性、女らしさはつねにあった。両方で人間の存在と理解全体を構成していたのだ。男と女は同じ空間に居住し、統一された地平線を形成していた。男女分業を表わした大昔の例が『詩経』に登場する。「男耕女織」という表現だ。「男が田畑を耕し苗を植え、女が機を織り糸を紡ぐ」という意味である。これらの活動はどれも、人間が生きていくうえで必要なものであり、非常に大切にされていて、男女分業は服従ではなく補完関係の表われだった。養蚕は女性が生産性のある経済的な役割を担える仕事であり、女性に家庭と国家における力を与えた。

『管子』の「心術」篇ではこう述べられている。「古人曰く『たとえひとりでも男が農耕をやめれば、人びとは飢える。たとえひとりでも女が機織りをやめれば、人びとは寒さに震えて過ごさなければならない』」。女性の仕事は、人間の生活にとって必要欠くべからざるものと受け止められている。幸せな家庭と強い国家のために欠かせないだけではない。男性が、いかにして統治し、有能な指導者であるべきかについて、素晴らしい洞察と比喩も提供していた。宇宙の陽の力である男性の隣に、女性が宇宙の陰の力として存在している。フランスのフェミニスト、リュス・イリガライの言葉によれば「あらゆるものは女性の努力とともに生まれる。女性の努力とは、男性、男らしさ、男と、女性との相互作用に基づいている[14]」。

この陰陽マトリックスは、全体性と補完性を土台とし、サンデルが思い描いた正義にかなう社会の構築に用いられるかもしれない視点から、ジェンダーも含めた現代の社会の動きをよりよく理解するための新たな展望を授けてくれる。こうした展望を心に描く方法、もしくはこれが昔ながらの中国で提示されてきた方法とは、物語による方法だ。

面白いことに、サンデルは次のような意見の持ち主だ。「人間は物語る存在だ。われわれは物語の探求としての人生を生きる。『私はどうすればよいか？』という問いに答えられるのは、それに先立つ『私はどの物語のなかに自分の役を見つけられるか?』という問いに答えられる場合だけだ。……人生を生きるのは、ある程度のまとまりと首尾一貫性を指向する探求の物語を演じることだ。分かれ道に差しかかれば、どちらの道が自分の人生全体と自分の関心事にとって意味があるか見きわめようとする」[15]

正義にかなう社会のための共通善の議論では、サンデルは市民教育の役割の熱心な信奉者だ。「公共の生における市民の姿勢と性向、いわゆる『心の習慣』に無頓着ではいけない。善き生という純粋に私的な概念を支えとして市民道徳を育てる方法を見つけなければならない」[16]。市民教育と完全に同じわけではないが(とはいえ、きわめて近い)、古来の中国文化はつねに、その構成員が徳を涵養し、共通善に貢献することにひとかたならぬ関心を寄せていた。再び、ジェンダーの問題を例に引こう。

伝統的な中国文化では、女性の行動は男性の、家族の、国家の健康状態と安寧を維持もすれば弱体化させもすると、長いこと見なされてきた。さまざまな立場の女性が、それぞれ独自のやり方で社会の公共的生活に貢献していると認められてきた。劉向は、伝説の時代から漢の時代までの女性の伝記一二五作品を『列女伝』に収めた。この作品は、有史以来、中国文化が称賛してきた女性性の理想形を呼び起こし、称えている。同書は、女性の道徳教育を唯一の目的とした現存する中国最古の書物であり、アン・ベーンケ・キニー曰く「女性人口全体を儒教の型にはめる」ことを目指している。[17]

『列女伝』では、娘、妻、母としての女性はたいてい、男性、家族、国家を脅かす紛争、危機、危険な趨勢などに対応する主体として描かれている。この作品は、女性の役割と性質は、社会の安寧と共通善に広範な影響を及ぼしうることを示そうと試みる。同書は、女性が道徳的な性質を育むことを評価して称えると同時に、個人、家族、国家を形成していくうえで、女性が優位に立っていることも認識している。『列女伝』の目標のひとつは、女性の道徳教育のための指針を定め、彼女たちが徳を涵養するのを促し、共通善に貢献するようしむけることだ。漢代に画期的な試みをなした劉向の時代以来、物語は中国の歴史を通じて女性の生活のあらゆる側面に浸透した。これらの物語から、次第に「列女」（女性の鑑《かがみ》）という喜ばしい永続的な伝統が形成された[18]。

伝記というのは、つねに表現と組み立てというふたつの行為によって規定されるが、劉向も実際の人生の描写（事実）だという女性の物語を通じて、女性のための規範（あるべき理想形）を定め、組み立てている。劉向は、伝記を七章に分けた。そのうち、「母儀（母の清廉潔白さ）」、「賢明（賢者の叡智）」、「仁智（慈悲深い叡智）」、「貞順（貞操）」、「節義（正しさ）」、「弁通（弁舌の力量）」の六篇で、望ましい徳の例を挙げている。最後の「孽嬖《げっぺい》（悪意と堕落）」は、女性の悪徳に対する教訓が収められている。各章に、一五篇から二〇篇の物語が収められている。これらの物語の理解を深めるために、女性の教育に関して文化的に重要な独自の主題を三つ挙げよう[19]。徳、才、色だ。徳は主に「母儀」、「仁智」、「貞順」、「節義」に出てくる。才は主に「賢明」と「弁通」に出てくる。最後に、色は幅広い範囲を取り扱いながらも簡明な「弁通」と、最終章に収録された訓話に出てくる。

『列女伝』に収められたこれらの伝記は、アリストテレスの男女の区別とは異なるジェンダーの区別を明らかにする。彼は、男性性によって女性性を興奮させること、能動が受動を興奮させることが必要だと説いた[20]。母体、女性の体を、男性や知性によって活性化させられるのを待っている沈黙した受動もしくは基盤という観点で理解していたのだ。アリストテレスにとって、女性とは欠如のしるしだ。だが、中国では女性に関してそのような見方をしていない。キニーによれば、『列女伝』は「女性の行動が、家族や王朝の安寧と名声を維持もするし、弱めもする」ことを示しているが、女性がそのような行動をとるのは、女性特有の義務を含む自分自身の道徳的行為者性を通じて、また影響力を通じてのことだという[21]。

さらに、『列女伝』は女性の力と同一視されている陰と、男性の力と同一視されている陽が入れ替わって、あらゆるものごとや出来事が生まれるという信念を強化する。陰の力が強すぎて陽を支配するようになるおそれが出てくると、最後には、当然ながら皇帝の権力に服すことになる。したがって、女性の影響を抑え込み、儒教の価値体系にはめ込む必要性や必然性が出てくるわけだ。キニーによれば、「王朝の興亡の少なくとも一つの原因は、王朝の安定のために欠かせない存在である王妃のすぐれた、もしくは破壊的な影響力にある。女性による正しい支援は皇帝一族を維持するが、女性による誤った支援は皇帝一族を破滅させる[22]」。

では、『列女伝』の五番目の章である「節義」に収められた話を見てみよう。魯の国で、ある婦人が幼子を腕に抱き、年かさの子供の手を引いて歩いているところを見つかった。よその国の兵士が魯を攻め、いざ婦人に襲いかからんとすると、婦人は幼子を置いて、年かさの子供を引っ張って逃げようとした。幼子は「お母さん、お母さん！」と泣き叫ぶが、婦人は振り返りもせずにひたすら逃げる。兵士は幼子に「お前の母親が手を引いているのは誰か」と尋ねるも、幼子は「知らない」と答えた。兵士は婦人に、止まらないと弓で射るぞ、と警告した。婦人が足を止め、兵士が詰問した。「お前が手を引いているのは誰の子か」。婦人はこう答えた。「兄の子です。あなたがたが迫ってくるのを見て、両方の子供は守りきれないと思い、片方を見捨ててもう片方を連れていったのです」。兵士は婦人の行動に混乱して、「ふつう、母親は自分の子供を大切にするものではないか。母親は自分の子供に何かあれば、大いに心配するものであろう。それなのに、お前はなぜ自分の子を見捨てて、もうひとりの子供を選んだのか」と問いつめた。婦人が説明することには「自分の子供に対する愛情は私《わたくし》の愛、兄の子供の面倒を見るのは公の義でございます。私の愛のために公の義を犠牲にすることはできません。もしそれで自分の子供が救えたとしても、将来、私を受け入れてくれる人は誰もいないでしょうし、住むところもないでしょう。それが公の義にのっとっているのであれば、自分の子供を失う痛みを喜んでこらえることにしたのでございます。公の義なくして生きることなどできません」。司令官は、婦人のこの理屈を聞くと王に報告して、魯の国を侵攻するのをやめるよう進言した。司令官はこう言った。「魯を侵攻することはできません。魯では女性ですら徳を大切にし、節義にのっとって行動することを知っています。彼女たちは利己的ではなく、公の義を守っています。女性でこうであれば、あの国の為政者はさぞかし立派な人物でありましょう。われわれの軍を引き揚げましょう」。王は進言を受け入れ、この婦人に反物一〇〇反を与え、「義姉（義の婦人）」と呼んだ。この物語は、たとえ家族の命に危機が迫っても、女性は自分の徳を維持することによって、公の責任を果たすことを示している。

この物語はまた、ある女性が、自分の価値体系と、相反する価値とのあいだで板挟みになったときに、どのような判断を下すかをも描いている。この女性は、自分の感情と正義の行為のあいだに明確な線を引いている。とはいえ、この話をはじめとする『列女伝』の物語は謎めいてもいて、登場人物の女性はどうしてこのような行動をとるのか、という疑問が出るのも当然だ。彼女たちは、実際、何を思っているのだろう。可能性のある答えは、フェミニストのレンズを通して浮かんでくる。ロビン・S・ディロンによれば、フェミニストのレンズを通して見た自尊心の概念は、どれも関連性という基盤のうえに築かれねばならないという。というのも「自尊心の認識には、人びとのなかの個人として、道徳的コミュニティのなかで自分の位置を認識すること、人間は自分以外の人びととどのようにつながっているのかを理解することが含まれるからだ。自尊心と、それより狭義の自分だけを対象とする自己愛との違いは、他者とのかかわりを持つ自己というこの包括的な視野があるかどうかだ」[23]。

この自尊心という概念から明らかになるのは、人間としての自分を理解し、評価するわれわれの能力が、他者に認められ、尊敬されるかどうかにかかっているという事実だ。『列女伝』に登場する女性が自尊心を得られるのは、他者から尊敬され、尊重されているからであり、道徳的行為者としての彼女たちのアイデンティティは、彼女たちが属するコミュニティと切っても切れない関係にある。こうして、ディロンは「自己犠牲そのものは、フェミニストの自尊心の概念とのつながりを認識しやすくする。ディロンは自己犠牲とフェミニストの自尊心を抑圧したり貶めたりしないし、自尊心と相容れない存在ではない。自尊心を失わない方法で、私利私欲の追求を、さらには自分自身を諦めることができるからだ。自分の価値を知っているので、自分の犠牲の範囲と意味をわかっている」と説明する[24]。このような洞察が、収録されている物語の多くに含まれている謎を解き明かしてくれるかもしれない。わざと極端な条件に設定されてはいるが、これらの「範となる女性たち」が直面する道徳的なジレンマから、自己犠牲が自尊心と自信を維持するために重要な条件だということが窺える。もし彼女たちが私の愛を優先させてジレンマを解決すると、彼女たちは公の義だけでなく、完全なる人間としての根本的な自己意識をも失うおそれがある。少なくとも、これらの物語では、道徳的なアイデンティティの喪失は、すなわち修復不可能な自尊心の崩壊であり、登場人物が自然と心に抱く願望にどれほど近くとも、どんな喪失よりも苦しい。

この古代中国の視点は、連帯やメンバーであるための責務というサンデルの考え方を先取りするものだ。サンデルによれば、「自然的義務とは異なり、連帯の責務は個別的であって、普遍的ではない。そこにはわれわれが負う道徳的責任も含まれるのだが、この責任は理性的な存在そのものに対する責任ではなく、一定の歴史を共有する人びとに対する責任である」[25]。

欧米では、白雪姫や眠れる森の美女をはじめ、おとぎ話のヒロインの多くが、王子様が迎えに来るまでは重要な存在ではなく、いかなる道徳的行為者性をも剝奪されている。シンデレラは、王子様が彼女の足にガラスの靴を履かせて、ひどい状況から彼女を救うまで、じっと苦しみに耐えている。しかし、劉向の物語では、多くの奴隷や醜い女性が実は女王や高貴な人物だというのは、彼女たちの内面の美しさや徳のなせるわざだ。これは、女性は男性の力を借りなくても、自分自身の救い主や解放者になれるということではないだろうか。どんな女性でも、自分の内面の性格を磨けば、よりよい人生、高い評価、後世に残る名声が手に入るとわかっていれば、自信がつくものだ。そうして、自分で培った素質や手際の良さが評価され、称えられ、実力で勝ち取った特権的な地位を享受できる。毛沢東ですら「天の半分は女性が支えている」と、わかっていた。このように、中国の女性はただ男性に従属するということはない。もっと大切なことに、彼女たちは、王朝、さらには一族の名声を、維持することも崩壊させることもできる重要な力だと見なされている。

荘子の道徳的不一致と認識論的議論

サンデルは「道徳的不一致に対する関与が活発になれば、相互的尊敬の基盤は弱まるどころか、強まるはずだ……。道徳に関与する政治は、回避の政治よりも希望に満ちた理想であるだけではない。正義にかなう社会の実現をより確実にする基盤でもある」と述べている。[26] しかし、道徳的不一致が正義にかなう社会の大事な特徴という言い分は、どうすれば実証できるのだろう。言い換えれば、そもそも道徳的不一致の発生は、何をもって説明すればいいのだろうか。これは、認識論の問題なのか、それとも最終的には発生のしくみをわれわれがどう理解するのかという点に行きつく、もっと根本的な存在論の問題なのだろうか。

存在論的な観点からすれば、相互作用と多様性だけが発生へとつながるのであり、発生がなければ発展もなく、発展がなければ繁栄もない。陰陽マトリックスは、変わらない本質を持つものごとの個々の性質ではなく、相互作用関係の構造、および相互作用関係を強く促す動的な傾向から構成されている。ニュートンの運動の法則では、宇宙は著しく秩序にのっとった場所であるとされている。そこでは、動く物体のふるまいは、それが観察されたのが実験室のなかであれ、外の広い世界であれ、宇宙の果てであれ、予測がつく計算可能な法則に従っている。これらの法則が意味しているのは、宇宙はある完璧な時計の安定性と信頼性に基づいて動いているということだ。時計のように正確に動く宇宙の正統性とは、「明日、明後日、さらにそれ以降も、ものごとは、一連の単純な規則を通じ、現時点のものごとによって決まるのであり、例外はないという考え方だ」。[27] だが正確で、予測可能で、秩序正しい時計のモデルでは、宇宙の森羅万象の発生の問題を解決できない。そもそも、森羅万象はどうやって存在するに至るのだろう。ピーター・コーニングはこう表現している。「法則には因果作用はない。実際に、法則は何も生み出さない」。[28] また、時計という比喩は、思考と現実の両方に合理的な秩序を課す形而上学的なシステムをほのめかしている。こうした自然のモデルは、自然そのものの機械的な構想に当てはまる対象だけを受け入れ、相互作用というネットワークのなかにあるそれ以外の代替的な機能性をすべて追放するに違いない。その結果は「還元主義が方法論的にぜひとも欲しいもの」となる[29]。

伝統的な中国思想は、「発生」（中国語では「生」）という問題にこれ以上ないくらい注意を払ってきた。実際、「生」は、あらゆる中国哲学で必ず出てくる中心的な概念のひとつだ。古来、世界の発生とその森羅万象は、私が補完的な相互作用の陰陽マトリックスと呼んでいるレンズを通じて、理解されることが多い。森羅万象の起源に目を向けると、「生」という用語は、同時に「生命」、「誕生」、「変化」という意味も含んでいることがわかる。

この根本的な例が『老子道徳経』第四二章にある。そこでは、世界の発生が「生」という観点から具体的に説明されている。

道から一が生まれる。
一から二が生まれる。
二から三が生まれる。
三から森羅万象が生まれる。
森羅万象は裏に陰を背負いながら陽を受け入れる。
そして気と混ざり合い、調和のとれた状態になる[30]。

トマス・マイケルはこう述べている。「この短い一節は、原始状態の道から世界が誕生していく様子の描写を通じて、宇宙論のさまざまな段階に関するきわめて道家的な視点を示した影響力の大きな記述だ」[31]。よってここでも、道が一として根元的な「気」を発生させる。「気」は二として「陰」と「陽」に分かれる。純粋な「陰」は下方で固まって「地」となり、純粋な「陽」は上方で固まって「天」となり、そのあいだの領域では「陰」と「陽」が混ざり合い、それを「人間」と呼ぶ。これが三だ。この宇宙の内部から、道は森羅万象を生み出す。世界の発生と森羅万象の存在という概念は、道家思想のあらゆる世界認識において直に響きわたっている。道徳的不一致についての言い分のある世界認識であればなおさらだ。次のような荘子の考え方が格好の例を提供してくれる。

荘子は実在する世界の森羅万象と、われわれがそれを認識論的にどう解釈するかについては、厳密に区別している。道徳的不一致に関する彼の解釈が登場するのもここだ。荘子にとって、同意しない能力こそが、存在論的現実と認識論的解釈の溝を埋めるわれわれの努力を助け得るものだ。意見が食い違い、自由に議論できるからこそ、現実がどう見えるべきかという内部のマトリックスに、対象や状況をはめ込もうとするわれわれの試みがうまく調整される。現実がどう見えるべきかについての不一致は避けられない。それでも、こうした不一致が、もしオープンであるべしという精神にのっとって偽りなく公開されるのであれば、理想的には、こうした不一致のおかげで、人びとは、社会は、さらには自分個人の現実の理解は多様であると、われわれは認めることができるようになるだろう。オープンな姿勢は、荘子が「あらゆるものの平等化」（斉物論《せいぶつろん》）と呼ぶものだ。あらゆるものごとや存在が、平等に存在しており、あるものや存在の価値をほかのものごとや存在と比べない状態のことである。それぞれの存在、ものごと、できごとには、固有の価値と長所がある。大きさ、年齢、地位、その他世間の分類による性格づけは、荘子にとっては無意味だ。

荘子の見方は、「あれ―これ」（彼是）という区別に対する根源的な認識論上の叫びから始まる。「『あれ』ではない存在などない。『これ』ではない存在もない。だが、『あれ』の視点からだと、そのことがわからない。『これ』〔つまり、自分自身の視点〕からでしか、わからない。こうして、われわれは、『あれ』は『これ』から生まれ、『これ』は『あれ』のあとからやって来ると言える。これが『これ』と『あれ』の同時発生論だ。だが同じ伝で、同時発生は同時破壊でもあり、その逆もまたしかりである」[32]

荘子は多様性の固有の価値と内在的な機能を認識しており、われわれが共有している固定的な概念分類や価値観を揺さぶる別の視点を受け入れる必要があるとはっきり述べている。彼は、これはよいことだと思っている。これによってわれわれは、「あらゆる道の軸」（道枢《どうすう》）を追求するいっそう高い視点を得るよう駆り立てられるからだ。この視点を会得すれば、自由な精神において制約なく何にでも反応できるし、「あれ―これ」パラダイムの認識論的束縛から逃れられる。この「道枢」の視点を通じて、人びとは「明かりを用いることに及ぶものはない」（莫若以明）と気づく。

荘子によれば、それぞれの存在は、あらゆるものを網羅する広大な地平線上に、それぞれ生得的に独自の居場所を確保しており、それぞれの視点は、獲得されるべき固有の権利を有している。荘子の議論の力は、世界の森羅万象のひとつひとつの独自性を評価しようとする衝動にある。人間の判断や懸念の状況ごとの調節を呼びかけることによって、われわれがあらゆるものの独自性に気づくようにしようというのだ。いったん気づけば、われわれはすべての市民のためのよりよい社会的な空間を創造する責任を引き受け、異質なものや自分以外のすべてのものとの微妙な違いを理解することを受け入れられる。すべての視点は、それ自体の状況や話し手にとって特別のものだからだ。荘子はよく懐疑論者だと非難されるが、単独の人間の単独の視点が保有する、真理に関する固定的見解といったものは存在せず、人間は善悪の二元論の制約から脱却すべきだという彼の主張は一理ある。

複数の視点を持てば、人間の心は高揚し、さらなる高みへとたどり着く（これが「道樞」だ）。荘子はこう書いている。「賢者はつかみどころがなく難解な存在であり、太陽と月と隣り合わせで立ち、時空をすくいあげて、それをぎゅっとひとまとめにし、混ぜ合わせて、滑りやすいままにしておく。そうすると、奴隷状態もまた崇高な状態となる。賢者はそこで、多種多様な収穫物の多様性に参加しているが、彼はそれぞれの収穫物で、まったく同一の完全に成熟した純粋というものを味わっている[33]」

こうした姿勢がメタ視点へとつながり、柔軟であること、寛容であること、豊かな人生を送るための無際限の方法に気づくことに道が開《ひら》ける。これには、心を開く必要がある。そうすれば、「あれ—これ」パラダイムの周辺にまとまっている盲点を避けられる。

「道」に基づく（「道樞」）人生の視野は、個人的で一方的な視野を捨て、現実を見るさまざまな方法を認め、称えさえする。これらの方法は、違い、代替となる機能、さらには個人的な好みまでも考慮に入れている。「道」の視点からものごとを見るというのは、実に難問だ。多様化した視点を認める能力と、世界のパターンを大所高所から見る能力の両方が問われる。荘子は「真の人間」（「真人」）の壮大な視野に関して論評することで、これを伝えようとする。リヴィア・コーンは「真人は観察する。ものごとを独自の視点で見て、彼独特の視点は何かを理解する。真人は目撃する。現実の流れを離れたところから眺めている。真人は検証する。ものごとの関係を見抜き、つながりの隠れた糸を見つける。そして真人は理解する。自分自身を開放し、統合的な知の完全なる明断さと明るさに身を任せる」とまとめている。[34]

サンデルの問いと中国哲学の答え

善生の概念を公的言説に取り込もうというサンデルの議論――この議論には当然ながら正義と公正の概念も含まれる――を検討すると、さらなる問いを発せずにいられない。最も善い生き方について意見が相違する多元的な社会で、われわれはどのように善生を議論すればいいのだろう。サンデルの言い方ではこうだ――「それならば、どうすればコミュニティの道徳的な重みを認めつつ、人間の自由をも実現できるだろうか[35]」。

陰陽マトリックスは、サンデルの公正な社会の概念と伝統的な中国思想をつなぐ環の役割を果たしている。そこでもう一度、サンデルの問いに答えを出すために、陰陽マトリックスに目を向けてみよう――とりわけ、体の概念化を可能とする方法について。

伝統的な中国哲学が注目すべきものである理由のひとつに、中国哲学が存在に関する究極の問いに思いをめぐらせるときは、人間の体を通じて考えている場合が多く、自然界や社会でさえ、人間の有機的な体という観点から理解されることが通例であるという点が挙げられる。この思考方式の主な特徴は、どんな理解も天、地、森羅万象と同一の分類構造（相類）を共有しているという想定に依拠していると考えることだ。人間の体の価値は、西洋哲学で語られているように、人間の幸せの価値とそう変わらない。人間の体が、すべての社会問題の根底にあり、究極的な原因ということだ。調和のとれた政治秩序と正義にかなう社会について考えるには、依然として調和のとれた健康な人体という立ち位置から理性を働かせなければならない。人体は往々にして、単純に量的・直線的な説明では片づけられない、構造的にも機能的にも複雑なシステムだと理解されている。人間の社会もまさにそうだ。人体も社会も、ふたつの部分が相互依存している複雑なしくみを理解する人間の心の能力に基づく、有機的で相互に関係のある統一体だ、と当然のように受け止められている。その一方で、体の比喩はより根源的であると同時により本質的だ。伝統的な中国思想は、体の基本的な動きは、陽の興奮と陰の抑制によって必然的にそうなっていると考えている。

さらに、伝統的な中国思想では、人体と同じく人間の社会も、陰陽の相互作用と活動からなる巨大なネットワークで構成されている。この巨大なネットワークが提供する構造において、社会の慣習のあらゆる側面が生起する。こう理解すると、社会の共通善と個人の自由のあいだに存在する複雑なつながりと絶えざる変化を理解するすべが得られる。

どの社会の進歩にも当てはまる陰と陽の相互作用とよく似ているのだが、共通善と個人の自由は、それら独自の相互関係、相互作用、相互統合（もしくはその欠如や失敗――独裁政治や圧政も、人間の歴史の否定しがたい特徴だ）で計測可能だ。陰陽固有の相互関係のように、共通善は個人の自由なしでは存在し得ないし、個人の自由は共通善なしでは十二分に表現できない。個人の自由がつつがなく定着したら、共通善も着実に拡大するし、理想的な世界、すなわち哲学の発祥以来、中国の思想家も欧米の思想家もともに思い描いてきた世界では、共通善も個人の自由も、相互依存しているつながりを維持するときに、自然と他方の状態を整える。共通善も個人の自由も、それ単独では存在しない。相互作用している動的な領域に存在しているのだ。

伝統的な中国思想は、調和（「和」）の厳密な観点から、共通善の最高の理解を構築してきた。それは、古代から現在に至るまで、人間の生活のあらゆる側面に当てはまる特徴的な中国の価値観を示している。伝統的な中国思想では、調和（「和」）は直接的に共通善を指すが、それは同一や一致（「同」）では決してない。たとえば、紀元前四世紀の哲学書である『国語』の文章には、この例が多々見受けられる。「鄭語」の章では、大臣の史伯（前五七一～前四七五）は、次のように発言したと記録されている。

和（調和）はものごとを生み出すが、同（同一・一致）は複製にしかならない。あるもののバランスをとるのに別のものを使うことが和であり、そのようにして、ものごとは同時に生じて繁栄する。だが、もし同に同を適用したら、ものごとは必ず消滅する。したがって、古の王は土を金属、木、水、火と合わせ、多種多様なものを生み出した。また、彼らは五種の香辛料を調和させて、食べものの味を調整した。彼らは四肢を鍛えて身体を守った。彼らは六音音階を調和させて、耳を慣らした。彼らは七つの臓器を強化して、心／精神の役に立つようにした。彼らは八つの体の部位のバランスをとって、人を完成させた。彼らは九つの規則を定めて純粋な徳を確立した。彼らは一〇の局を設立して、群衆を規制した……古の王は、最高の状態で調和（和）をなしとげた。[36]

だが、大臣である史伯はそこで終わらせず、調和についての記録のなかでも最古の議論のひとつであるこの論を、風味と音の調和という観点から、中国の伝統全体のなかに位置づけた。「音がひとつでは音楽ではないし、色がひとつでは美しい模様にならないし、味がひとつではおいしい料理にならない。つまり、ものごとはひとつでは調和を生み出すことはできない」[37]。李晨陽は次のように述べている。史伯の概念から生じた、けっして「同一」と混同してはならない異種混交性は、多様性を混ぜ合わせ、調和させる能力を備えた古の王の叡智によってなしとげられた調和の中心的な特徴なのだと[38]。古の王同様に、腕のいい料理人、熟練した音楽家、創造力豊かな芸術家は、みな等しくあふれんばかりの才能・能力を有している。まったく異なる正反対の要素を混ぜ、バランスをとり、調和させて、有機的な全体にまとめあげる才能・能力だ。

実生活では、こうした認識は、(中国でもアメリカでも)現代のジェンダーの問題をとりまく社会的・個人的議論のための空間(必要不可欠だと思っている人もいるだろう)を維持したいというわれわれの意欲を高めるはずだ。男性と女性は、それぞれ特定の社会的・文化的アイデンティティの持ち主として、自分たちをとりまく環境にアプローチする。これが、われわれの生活に独自の特殊性をもたらすもののひとつだ。そしてまた、無視すべきでないジェンダーもある。ジェンダー的考慮を陰陽マトリックスに適用することは、たとえわれわれが補完性の基準にのっとってマトリックスを機能させるつもりでも、必ずしも男女のパートナーシップの平等性を保証するとは限らない違いを特定し、認識するということだ。言い換えれば、補完的な関係は平等な関係を保証するとは限らない。したがって、陰陽マトリックスは誤った使い方をされがちで、依然として要素のいかなる機械的区分よりも、はるかに複雑である。というのも、関係の特定の枠組み、すなわち補完性の枠組みを必要とするからだ。理想を言えば、陰陽マトリックスで説明されるジェンダー・ダイナミクスは、そのマトリックスが示すあらゆるものにおける多様性と創造性に対応できなければならない。これは、生身の体がバランスのとれた生き方をする意味を理解することと、密接に関連している。

中国の女性は、次のような自然権を手にするために交渉する十二分な資格を持っている。すなわち、自分自身の空間に居住して（そこが男性とは別であれ、男性と一緒であれ）、その空間を確保し、女性ならではの価値体系を通じて強力な影響力を発揮するという自然権だ。しかし、われわれは以下のことを認識しなければならない。社会正義を促進するため、論争をしかけたり反対意見を述べたりする自由がなかったら、さらにはさまざまな違いの境界線を超えて活動する自由がなかったら、どんな社会構造の内部であれ、どんな社会構造を通じてであれ、個々の女性（もしくは男性）が成功を収めることはないのである。

陰陽マトリックスという観点からすれば、また、それによって人間の体を理解することに関して言えば、ジェンダーは男女間の相互作用と変容において、絶えず変化する力を持っている。そのおかげで、人は男性でもあり、女性でもあり、その両方でもあり、そのどちらでもない。つまり、陰イコール女性という単純な公式でも、陽イコール男性という単純な公式でもないのだ。男には男の陰と陽があるが、その両方において男は「男性」のままだ。同様に、女も陰と陽の両方でずっと「女性」のままである。陰陽マトリックスがジェンダー構造の理解になし得る貢献のうちで、最も価値ある独自のものは、ジェンダーとはつねに活動的で流動的だということだ。もう「女性」とはこういうもの、「男性」とはこういうもの、という期待に応えなくてもいい。夫と妻は、ジェンダーへの凝り固まった期待に縛られることなく、調和のとれた全体性の関係に参画してよいのだ。

ジェンダーを理解するうえでの陰陽マトリックスの本当の重要性は、ジェンダーを動的なものとして尊重する構成的な能力にある。すなわち、ジェンダーとは、有機的な全体の内側で、それぞれの部分（パートナー）がふるう影響力にさらされる存在であり、それが機能しているあいだはいつでも変化と変容を受け入れる存在なのである。

陰陽マトリックスは、男性の欲求と経験の多様性だけでなく、女性の欲求と経験の多様性も認めている。そこにバイアスはない。陰陽マトリックスは、解決策は一種類しかないとも、理想の女性像は一種類しかないとも主張しない。伝統的な儒教のイデオロギーがこうした理想像を助長したのかもしれない。このイデオロギーは、どんな場合でも受けのいい「良妻賢母」に重点を置きがちだ。いくつかの重要な点で、陰陽マトリックスは、解釈の地平というハンス＝ゲオルク・ガダマーの概念に似ている。ガダマーによれば、われわれは解釈の地平を利用して、世界に関する生の経験、世界への反応、世界についての思考を照らし出すのだという。陰陽マトリックスもガダマーの概念も、われわれが生の経験を知覚し、理解するときに用いる、どうしようもなく硬直して型にはまった想定を説明しようとする努力を示している。

われわれは、いかにして「真人」になるかについて荘子から何かを学ぶ。ここで荘子は、「獨」という概念（「孤独」、「独り」さらには「独特」の意味もあり）を、われわれの生活に取り入れられるべき非常に重要な要素として注目している。「天下」の章では、こう書いている。「今では墨子独りきりであり、人生に歌はもはやない」、そして「魂のようなものと知性とともに個人の個性の孤独のなかで」と続き、「私は世界の芥《あくた》を受け取るだろう。人間全体では完全さを選ぶが、ひとりでは虚しさを選ぶ……人間全体では幸せを求めるが、ひとりでは不完全な状況で満ち足りていると感じる」。そしてついに最後は「彼はもっぱら、天地の魂のような作用に自分自身を没頭させることに専念していた」[39]。

この一連の文章で、荘子は、男性であれ、女性であれ、人間はみな型にはまった役割に縛られない自分自身というものの理解に到達できるという考えを保証している。「社《やしろ》」の木の物語で、荘子は、とある木が他者から与えられた社会的な役割（ここでは社の木）を受け入れつつも、この与えられた役割だけに自分のアイデンティティを限定させない様子を描いている。木自身は、社として見られるがままでいる。それだけだ。木でいるだけで幸せなのだ。木に課せられた社会的な役割は、木が自分をどう見ているかということにまで影響を及ぼさないし、木が実際にどう生きるかについては、なおさらだ。この話は、人間は従来の役割の制約を受ける必要はなく、ましてや決まった行動の制約を受ける必要などないという意見を促す荘子の普遍的なアプローチと一致している。受け入れる姿勢のひとつとして、「獨」は必ずしも社会的な役割、さらには社会の価値の否定を意味するものではない。「獨」は、それらをきちんと沈思黙考する機会を与えてくれるものなのだ。[40]

「獨」という姿勢は、自分自身を、従来の社会的な役割の外側から、切り離された立場で見つめ直す機会を授け、日常の文化的な制約を超越する活路を開く。世界のいたるところにいる、あまり積極的ではないフェミニスト及び被抑圧民族にとって、これは非常に役に立つ姿勢だろう（とくに現代中国ではそうだ）。だが、この姿勢は、『列女伝』で見てきたような類いの自己犠牲を求めるものではない。実際には、この「獨」という姿勢は人びとに発破をかける。たとえば、公開討論の場で、自分の権利のために立ち上がって論陣を張るよう促す。荘子にとって、「獨」は自己憐憫などでは決してない。「獨」は、存在しているという事実のみによって、世界でわれわれひとりひとりが、さらには森羅万象のひとつひとつが顕《あらわ》にする違いと完全に合致する従来の役割などないと知らしめて楽にしてくれる。

陰陽ダイナミクスをジェンダーの観点からとらえるその他の見方に、男性であれ女性であれ、陰は自分自身であり、陽はその個人が相対しなければならない社会構造である、というものもある。陰である自己は、陽である社会的な力の内部に、自由な空間を創造し、仕上げなければならない[41]。

男性と女性を分けているジェンダー区別の内的なマトリックスの代わりに、健全な社会構造には、人びとが生物学的な性と社会的・文化的なジェンダーの制約から解き放たれ、各人がなりたいものになる空間が必要だ。そうすれば、フラストレーションも問題も減る。たとえば、幼い少女が人形で遊ぶか車のおもちゃで遊ぶか自由に選べれば、その子は社会規範に縛られていると感じずにすみ、一定の制約に苛だちを覚えることもない。荘子の精神では、ジェンダーを自由に選択できると、驚き、驚かされるのをオープンに楽しめるつねに前向きな姿勢が特徴の、生き生きとしたおおらかな状態に至る。ここで肝心なのは認識だ。人間はつねに可能性の多元性、視点の重層性、変化の継続性、状況の複雑性に対して注意を怠ってはならない。そうすれば、適正な意思決定を下せ、どんな環境でも、学習し、訓練し、自分を完全な状態にもっていくことができるのだ。

私はこの小論で、サンデルの作品に刺激を受けて、公正な社会についての彼の考えによって拓かれた道を追いかけるべく、中国の古典をあらためて取り上げる冒険に繰り出した。ただし、サンデルを驚かすかもしれないというロードマップと一緒に。このロードマップは、女性の徳に関する儒教の考え方、公共の不一致の認識論的価値に関する道教の考え方、そして発祥と陰陽マトリックスに関するより伝統的な中国の考え方へとわれわれを導いた。

陰陽マトリックスをサンデルの考え方に当てはめ、議論していくと、違いに遭遇したとき――

―たとえ、道徳的不一致という厳格な条件によって違いを分類したいだけだとしても――寛容な姿勢をとることの価値を認識することになる。サンデルがまとめたように、寛容な姿勢は、健全で、しっかりとしていて、さらには必要不可欠な倫理観に呼応する。この倫理観は、違いを受け入れるだけでなく、称えもする。これぞまさに、劉向と荘子の両者が、われわれにそうなって欲しいと願ったあり方だった。

この意味で、オープンな姿勢というのは、あらかじめ定まった考えをもたずに、森羅万象の発祥というプロセスに関わっていくための存在論的必要条件なのだ。このような存在に対し、われわれの目と心、われわれの感覚と認識をオープンにすることは、手のつけようがないもつれ、緊張をはらんだ同盟関係、オープンでなければ受け入れられない曖昧な境界線という目に見える形になった経験を受け入れるということだ。このオープンな姿勢が、われわれを興味津々な状態の子どもでいさせてくれる。正直で、遊び心があって、世界の森羅万象に喜びを覚える。

陰陽マトリックスは、動的で流動的で、陰と陽の相互作用のように、公共善と個人の自由の相互作用を称える。相互作用は、それが陰陽間であれ、公共善と個人の自由間であれ、フォークとナイフの代わりに箸を使うようなものだ。フォークとナイフには両手が要るが、片手で二本の箸を動かすのは一種の行動の調和だ。フォークとナイフは両方とも食べ物を刺す。箸は食べ物を無傷のまま扱う。箸は食べ物を口に運ぶときに補助的な役割しか担っておらず、おまけに二本で協力して動かなければならない。食べ物を目的の場所に持っていく限り、唯一絶対正しい使い方というのは決まっておらず、無事食べ物を目的の場所に運ぶことができてはじめて、箸はリズミカルな動きをしながらも互いに正しい位置にあることが明らかになる。箸は一本ずつ見ると、まったく同じに見えるが、それぞれ使い方は異なる。一本はまっすぐに、もう一本が人差し指や手のひらによって、動いたり元に戻ったりする。だが、この役割を交代してもいい。そうするとまっすぐだった方が動く方になる。両方が調和がとれた状態で作用する限り、どちらがどちらになっても問題はない。荘子の幸せな魚の有名な台詞を言い換えれば、これこそが箸の幸せではないだろうか?

最後に、サンデル(と彼の意見)は中国の女性を幸せにするだろう、という結論で締めることとしよう!

第七章
満足、真のそぶり、完全さ
――サンデルの『完全な人間を目指さなくてもよい理由』と道家思想

ポール・ダンブロージョ

この物を物として捉えよ。物によって物とされてはいけない。

――『荘子』第二〇第一章

『完全な人間を目指さなくてもよい理由』[1]で、サンデルは生物工学と遺伝子操作への哲学的批判を展開した。同書はそれらの技術を頭から否定するものではまったくなく、人間強化《エンハンスメント》の目的でそうした技術が利用される際に生じがちなさまざまな姿勢について、読者に考えさせる。サンデルは特に、そうした遺伝学革命によって「プロメテウス的欲動」がかき立てられて「行き過ぎ」と「支配」へ向かうことを懸念する。その欲動によって、人間の才能と限界の「被贈与性」の承認が蝕《むしば》まれると信じるからだ。それだけでなく、こんにち使われている技術によってわれわれの倫理的実相の一部、ことに謙虚さ、責任、連帯に関わる側面が損なわれていることはすでに証明されていると、サンデルは説く。そして、そうした悪影響は、遺伝子的強化の利用を規制せず野放しにすれば、さらに広く深くなると警告する。

フランシス・フクヤマをはじめとして、サンデルの幅広い懸念の多くに共感する人びとは、「技術発展の速度と範囲を抑制する」ための具体的規制の実施を提唱してきた。[2] この点で、民主主義や市場や正義に関する研究と一貫性のあるサンデルの目標が、フクヤマのような思想家が提起する直観的な議論に補足と知見を加えている。彼の主な目標はささやかなもので、フクヤマに比べれば控えめだ。サンデルの主張によれば、こんにち、科学の進歩は道徳的理解を超える場合がある。そのせいで、人びとは自らの情動を表すのに苦心し、倫理的な理論づけを求めるが、それでも自分の反応について十分に説明できない。彼は、議論の的となっている道徳的問題を絞り込み、われわれの道徳的直観とそれに伴う道徳的論理づけについて柔軟に解説することによって、公共の議論に刺激を与えることを目指す（そして、多くの場合、すでに成功している）。最終的な目標は、より豊かな知見に基づいた議論の空間を作り出すことだ。[3]

サンデルは『完全な人間を目指さなくてもよい理由』において、こんにち的な哲学的考察の枠組みづくりを助けるために、二種類の倫理を提案している。1．人間の適性と弱みは自らの計画や意志や希望の産物であるだけではないという認識をわれわれに促す「被贈与性の倫理」。2．「人間の能力の被贈与的性格」を支配し克服しようとする欲動を、被贈与性の承認によって抑えるようわれわれに求める「抑制の倫理」。[4] その後、サンデルは二〇一六年に発表された対談で、バイオテクノロジーが社会的不平等の是正に利用できるかもしれないという意見に対し、自身の批判のいくつかの面をさらに先鋭化させた。[5] 彼は、バイオテクノロジーが人間を社会によりよく適応させることを目指す限り、われわれは根源的な事柄から遠ざけられてしまうと指摘する。遺伝子的強化だけでなく昨今の医薬品ですら、社会の一体性への欲求に応えることによって、現状——不平等創出の原因である制度と基準そのもの——の適正さを暗に再肯定している。つまり、われわれは中国哲学で言う「本末倒置」、すなわち「[問題の]根と枝葉を取り違えている」のだ。

　サンデルの哲学と儒家思想の類似点については、本書も含め、既に多くの場で語られてきた。范瑞平[6]、陳祖為[7]、李澤厚[8]は特に『完全な人間を目指さなくてもよい理由』について、儒家思想の観点からコメントしている。いっぽう、学界全般が軽視してきたのは、道家思想の理論の伝統的理解が明らかにサンデルの理論と異なるにもかかわらず、同書とその後のインタビューでの彼の主張に、意外にも伝統的道家思想の観点と共通する傾向がうかがえることだ。[9]私はこの論文で、中国伝統思想の「はみ出しもの」である道家思想とサンデルとの対話を可能にする方法を探りたい。実際、生物工学と遺伝子操作における科学の進歩が提起する哲学的・道徳的問いかけのいくつかに関しては、儒家にもまして道家の考え方が、サンデルの主張に資するところが多いかもしれない。

　表面上は、サンデルの批判と道家思想のあいだにはつながりがなさそうに見える。サンデルは筋金入りの道徳家で、その哲学が人間のコミュニティの大切さを何よりも重視するのに対し、『老子（道徳経）』と『荘子』の道家哲学は社会制度にあまりにも懐疑的で、明らかに人間中心主義に反し、反道徳的である。それでも、「被贈与性の倫理」と「抑制の倫理」への深い考察と、社会組織の道徳的地位への批判的考察を求めるサンデルの思想には、道家思想と共鳴する面があるように思われる。

　道家思想の主な概念のなかに、サンデルの主張に直接関係し、新たな光を当てることができそうなものが三つある。一つ目は、社会的役割、効能、利益という功利主義的構想と伝統的に結びつけられてきた類いの、手続きとしての計算の拒絶である。この計算高い考え方は古代中国思想の競合する学派をまとめた（そしておそらく読み誤った）ことから生じたと考えられ、後に要約して「機械的思考」、直訳すれば「機械的な心（機心）」とされた。広く知られた道家思想の理想である「ありのまま」を表す「自然《じねん》」と、積極的行動も干渉もしない「無為」は、この「機心」に代わる原初的選択肢と見ることができるかもしれない。「無為自然」という概念はわれわれに、他者や物や自然との関わり方について考え、その関わりによって育まれる姿勢についても考えることを求める。

二つ目は、「満足を知る」「充足とは何かを知る」つまり「満足の支配（知足）」[10]だ。これは「機心」への批判の重要な基盤の一部であると同時に、それ自体が「機心」に代わる別の選択肢でもある。「満足を知る」は、特に『老子』では耽溺への戒めとして説かれる。今現在必要なものは何かを考えること、過剰は期待を止めどなく高まらせるだけで、その結果、目指すものが満足感から底なしの欲望にすり替わってしまうと気づくことを、われわれに求める。

三つ目の概念が、『荘子』が描く「真人＝聖人」像である。[11]古代および現代中国の解説を綿密にたどって、この語を私なりに解釈し、真人とは何かを突き詰めると、「真のそぶり」という道家思想が見えてくる。[12]この概念は、社会の規範と規則を実践しつつ、それらから批判的距離を保つ能力をいい、単なるそぶりと混同してはいけない。それは多くの面で、「自然」「無為」「知足」の、社会的領域における実存主義的適用である。

この論文で私が目指すのは、人間強化を目的とする遺伝子工学の利用に対するサンデルの反対意見に、『老子』『荘子』の道家哲学が与え得る新たな視点を明らかにすることだ。矛盾するようだが、道家思想の非道徳性と人間の重要性の軽視こそが、大いに役に立つ。まず、サンデルの著書『完全な人間を目指さなくてもよい理由』とビデオシリーズ『The Perfect Human

Being（完全な人間）』[13]に収録された彼のインタビューに基づき、人間強化のための生物工学に対する彼の批判を概観することから始めよう。それから、「機心」、「知足」、真のそぶりの道家哲学について論じ、サンデルの「理由」が道家思想に沿うこと、道家思想によってさらに強化されることを示して、そうした観点を論議に加えたい。

サンデル：被贈与性の倫理、抑制の倫理、社会的直観

サンデルは『完全な人間を目指さなくてもよい理由』の冒頭で、クローン作成と遺伝子工学に対するリベラル派の一般的反論の一部を退けている。サンデルはまず、「クローン作成は、子供の自律の権利を侵害するから間違っている」という「自律に基づく反論」に対し、「遺伝子操作をする親がいなければ、子供たちは自らの身体特徴を自由に選べるとするのは、間違っている」と述べる。[14]次に、サンデルは「公平さ」の観念に基づく反論を扱う。人間の能力を強化する薬やテクノロジーを一部の人びとだけが利用できる場合、彼らだけが恵まれていて不公平だと訴える人が出てくるかもしれない。だが、この論理づけにも瑕疵《かし》がある。生まれながらに普通よりも才能に恵まれた人たちは常にいるという事実を、無視しているからだ。サンデルはこう記している。「公平さの観点からは、強化された遺伝子の差異が生来の差異よりも悪いわけではない」[15]。この二種類の反論についてよく考えれば、欠点がすぐに見えてくるし、どちらも、遺伝子的強化についてわれわれが感じる道徳的戸惑いを適切に説明することができない。

上記のような反論は、考え抜かれた論議の結論というより、情緒的不満に合理的論拠をこじつけようとする悪戦苦闘の産物である場合が多い。それで、サンデルはそうした懸念の代わり

に、もっと道徳的に重大な問題を持ち出して、公共の議論を活気づけようとする。強化の実践が人間の尊厳にもたらす脅威を論じることで、検証していこうとするのだ。彼の基本的な問いはこうだ。「［強化技術により］脅かされるのは、人間の自由や豊かさのどの側面か？」[16]

この脅威が持つ道徳的力を発見するには、「遺伝子的強化を目指す人びとにわれわれが感じる道徳的戸惑い」[17]の根源を深く探らなくてはいけない。したがって、まず分析すべきなのは（純粋に）理性的な不快感ではなく、情緒的不快感だ。実際、批判的考察の具体的出発点として、サンデルの哲学はほぼすべての面で、ありふれた日常的決断から社会における喫緊の道徳的問題に至るまで、あらゆることに関してわれわれが抱く感情や、重視する取り組みや、無意識に陥る矛盾などに真剣な眼差しを向ける。[18]人間をあくまでも合理的な計算機と見なせば、そうした要因を無視したり脇に置いたりするだろうが、サンデルの哲学は逆に、そのような情緒的要素こそ道徳的論理づけの決定的要因だと示唆する。[19]つまり、遺伝子的強化にわれわれが感じる「道徳的戸惑い」あるいは「不安」は、哲学的論争の重要な要素として扱われるべきなのである。[20]サンデルの目的は、バイオテクノロジーによる強化に対して懸念を抱く背景にどんな道徳的問題があるかを説明することだ。

サンデルの分析を支える主な枠組みは、彼のアリストテレス哲学的手法に直接的に由来する。彼の記述によれば、「強化の倫理をめぐる議論は常に、少なくとも部分的には目的因についての議論である」[21]。スポーツから具体例を引いてみよう。サンデルによれば、われわれがスポーツの問題について熟議するときに目を向けるのは「問題となっているスポーツの目的と、その種目に関連する美徳」[22]である。したがって、スポーツにおける強化薬物の違法な使用に人びとがあれほど動揺する原因を考える際、重要なのは、まずスポーツの目的因を決めることだ。それが、人びとの情動の背景にある理由を明確にし、それから問題を特定するのに役立つ。しかし、サンデルは（彼自身が公然と認めるように）人間の本性や人間の生について、何らかの定まった目的因がわかっているわけではないと言う。彼は人間と人間の生について、もっと動的に解釈し、単一の目的因に限る必要はないと理解している。

サンデルが問うのは、遺伝子操作が人間の本性やその目的因を侵害するかどうかや、侵害の程度（人間の本性の定義を必要とするような問い）ではない。その技術が自身の身体、他者、社会、自然との関係をどう変えるかを、ことにその技術が暗黙のうちに育む姿勢の観点から追究する。彼が認める戸惑い、提示する主張は、人間の本性そのものより、人間の本性の扱い方に関係する。このように、彼の議論は生まれか育ちかをめぐる論争についてはあまり触れないため、両極端な立場（たとえば生物学的決定論とマルクス主義）の双方と理論上は矛盾しない見方が示される。

サンデルは人間の本性や人間の生の目的因について明確に述べていないものの、「被贈与性の承認」に関する発言が、彼の論理づけの方向を示している。胚性遺伝子の同定と操作、いわゆる「デザイナーチャイルド」について、サンデルはこう書いている。「子供を贈られたものとして承認することは、子供を親の設計の対象や、意志の産物や、野心の道具としてではなく、ありのままの姿で受け入れることである」[23]。そして、この承認は、もっと幅広い文脈でも有効だ。運動能力から創造力に至るまで、われわれの持つ才能は、われわれ自身が選んだものではない。遺伝子をはじめ、社会経済的・政治的・歴史的環境に至るまで、あらゆるものが人間の能力の成長と発達を形作る。「被贈与性の承認」とは、われわれの生の多くの面が自由に選ばれたものではないという事実を認めることをいう。自分のため、あるいは他者のために、望ましいと感じられる特定の属性や才能や能力を選ぼうとするとき、われわれは支配の姿勢に向かう。サンデルはそのような支配を抑えようとして、「抑制の倫理」を「被贈与性の倫理」に加えることを促す。

抑制の奨励は、バイオテクノロジーを通じて自分自身や他人を制御したいという欲動に歯止めをかける一つの方法だ。だが、それは、生物工学が人間の行為主体性を損なうと見る「自律に基づく反論」と混同されるべきではない。被贈与性の概念を進んで手放すとき、われわれは人間の生を、おそらく本性もろとも、冷徹な一連の計算と見るようになる。つまり、自律に基づく反論が主張しているのは、「人間の行為についてのまったく機械論的な理解」は完全に「人間の自由と道徳的責任に反する」ということだ。[24] しかし、サンデルにとって、問題はもっと複雑だ。彼が懸念するのは「機械論への接近ではなく支配への欲動」だ。[25] 生を強化するためにバイオテクノロジーを利用するとき、助長されるのは傲慢さである。いっぽう、そのような行為を控え、人間の本性は完全に支配できないことを受け入れれば、それが道徳的理性の重要な面によい作用をもたらし、遺伝子工学の問題よりもずっと大きな影響を及ぼす。

サンデルは謙虚さ、責任、連帯を「われわれの道徳的実相を形作る三大要素」とみなし、自身の才能を自由自在に操れるわけではないという自覚によってそれらが変容するとしている。[26] 被贈与性を無視するとき、われわれは謙虚さを過小評価し、傲慢さや、支配や、自分の生や他者（子供やチームメイトなど）の生を制御したいという衝動へと向かう。そして、まったく新しい多くの問題の責任を負うことになる。子供たちにふさわしい遺伝子の選択、大事な試合のためにドーピングするか否かの決断などだ。また、こうした義務を怠って蔑《さげす》まれるおそれもある。サンデルはこれを「道徳的責務」に伴う「責任の激増」と呼ぶ。[27] そして、わかりやすい例を挙げる。「現在なら、バスケットボール選手がリバウンドボールを取り損ねれば、コーチは選手がポジションから外れていたことを咎めるだろう。将来は、選手の身長が低すぎることを咎めるかもしれない」[28]。この問題は逆方向にも作用しうる。自分の身長があまり高くないとか、容姿が今ひとつだとか、頭がよくないと感じている子供たちは、そうした欠点について親を咎めるようになるかもしれない。このような考え方が広まれば、より大きな集団内の連帯も弱まるばかりだろう。

サンデルは、民主主義、市場、正義についての研究で、連帯が決定的役割を果たすと述べている（それは彼がコミュニタリアンとされてきた理由の一つでもある）ことを反映し、以下のように、被贈与性を承認しないことが連帯に与える影響は広範かつ深刻だと考える。

> 遺伝子工学のおかげで、遺伝子のいたずらの結果を克服し、偶然を選択に取って代えることができるとすれば、人間の力と功績の持つ被贈与的性格が薄まり、それに伴って、自分たちを同じ運命共同体の成員とみなす力も弱まるかもしれない。成功者は今以上に自負と自己満足を増し、もっぱら自力で成功したと思うようになる。社会の底辺にいる人びとは不遇ゆえに保障を受ける資格があるとは見られなくなり、単なる不適格者とみなされて、優生学的矯正が必要だとされる。偶然に左右されることが減って、能力主義はより厳格に、容赦なくなるだろう……。完璧な遺伝子制御が可能になれば、現存する連帯は蝕まれていく。連帯は、人びとが才能と運の偶然性を考慮することから生じるからだ[29]。（傍点筆者）

別の言い方をすれば、支配への欲動は、社会の道徳的絆をすでに解体しつつある。才能はもっぱら偶然の産物というわけではないとする見方にはさらなる価値の軽視が含まれ、それが絆をより激しく引き裂くだろう。行き過ぎと支配へ向かう傾向に抗《あらが》って自己を抑制すれば、ゲノムだけを強化するのではなく、謙虚さと責任と連帯を強化できる。

サンデルは、「被贈与性の承認」と「抑制の倫理」は「あまりに宗教的」だと反論されかねないことを見越して、自身の主張はまったく世俗的な観点から受け入れられると述べている。人間は神などの超自然的な力への恩義を感じなくても、自身の生や本性を構成するさまざまな偶然性に気づき、感謝することができる。自分の能力は自ら作り上げたものではないことを尊重するよう心に決め、同時に、自ら作り上げるべきでないことを尊重すれば、未知の領域を承認する余地ができる。サンデルはいつものように日常的体験から例を引き、説得力ある主張をする。「われわれはよく、スポーツ選手や音楽家の才能のことを話題にするが、それが神によって与えられたものなのかどうかを前提として話すわけではない。ただ、その才能はもっぱら選手や音楽家自身が作ったわけではないと言いたいのだ。本人が自然、運、神のどれかに感謝しようがしまいが、それは本人の意志を超えた天賦の才である」[30]。われわれは普通、自分の考え方、感じ方、行動の仕方や自然環境のすべてを知っているとは思わない。自分自身とこの世界についてもっと理解しようと努力するのはいいが、いい加減なやり方ではいけない。インターネット上のフォーラム「ビッグ・シンク（Big Think）」で、サンデルは、人間社会におけるバイオテクノロジー的強化の役割を考える際、考慮すべき基本的な問いをいくつか提示している。「与えられた世界に対し、人間はどんな態度で臨むのが適切か？　人間と自然の関係をどう理解すべきか？　道徳的・政治的考察と生物学の間にはどんな関係があるのか？」と彼は問う[31]。われわれは宗教に頼らなくとも、それらの問いについて考え、被贈与性と抑制の倫理の承認に至ることができる。[32]

サンデルが想定する二つ目の反論は、結果主義的なものだ。費用便益の面からは、ここまで述べてきたような考察は必ずしも説得力があるとは言えない。サンデルの主張に真っ向から反対する人も含め、多くの遺伝子的強化擁護論者の主張は、結果主義的な論理づけを根拠とする。しかし、サンデルはその主張をそのまま受けて立とうとはせず、もっと深い部分まで見通そうとする。彼がとりわけ追究するのは、結果主義的な論理づけの背後にある考え方と、その種の考え方が育む姿勢だ。サンデルは自身の中心的な（かつ見過ごされがちな）持論の中で、こう抗弁している。

> 私は、単に社会的コストが利益よりも大きくなりそうだから、遺伝子工学に反対すべきだと言いたいのではない。また、子供や自分自身に生物工学を利用するすべての人の動機が支配欲であるとも、その動機はどんなすばらしい成果によっても償いきれない罪であるとも、言っていない。私が言いたいのは、強化論争で問題にされる道徳的問題は、自律と権利というおなじみの分類によっても、費用便益の計算によっても、捉えきれないということだ。私が強化を懸念するのは、個人の悪徳としてではなく、考え方、生き方としてである。[33]（傍点筆者）

道徳的情動と道徳的理性の双方に関連して、サンデルは遺伝子工学が育む姿勢を懸念する。そして、その姿勢や生き方が、生と世界の被贈与性を軽んじ、自身の遺伝子のめぐり合わせを支配したがるプロメテウス的欲動に火を注ぎ、自分自身（と完全さ）についての理解を構築する社会的・道徳的制度の浅はかな受容を促すことに対し、警告を発している。

サンデルはその後のインタビューで、完全さの理解や、強化、改良、「善」についての理解さえ、社会的制度の浅薄な受容によって形成されることを詳述している。言い換えれば、われわれは、自分自身や他者についての考え方に役割や規範がどれだけ深く影響するかを、完全に理解しきれていない。サンデルはこう説明する。「こうした遺伝子的強化の根本的目標は、われわれを自身の社会的役割に適合させることである」。「役割と報酬のシステムを正しく設計できているかを問うことも論じることもせずに、バイオテクノロジーを通じて自分を変え、この世界と自分たちが作り出した社会的役割に合うようにする」のはまずいと、サンデルは考える[34]。強化の実践によって育まれる姿勢についての主張と同様に、強化が「公平な土台を作る」ために利用できるかもしれないという主張も、サンデルは表面的だとして退ける。実際、まさにこの種の論理づけによって、われわれは本質的な議論に踏み込むのをためらう。サンデルによれば、「バイオテクノロジーを不平等や不遇や貧困の特効薬と見ることが危険な理由の一つは、それによって、社会と経済を構築してきたわれわれのやり方について批判的に考えることを避け、敗者を単に不適格者として扱うようになるからだ[35]」（傍点筆者）。

社会的役割に順応せよという圧力はここ数十年、増すばかりだ。サンデルは、こんにちの薬物の利用がこの傾向を反映していると見る。「六〇年代と七〇年代の薬物とは異なり、リタリンとアンフェタミン［いずれも精神刺激薬］は検査ではなく仕事に打ち込むための薬だ。世界を眺めて受け入れるためではなく、世界の型に合わせてはまり込むための薬なのだ。われわれはかつて、医療用ではない薬の使用を『レクリエーション用』と称していた。その言葉はもはや当てはまらない。強化論争に登場するステロイド剤と精神刺激薬はレクリエーションの源ではなく、服従の手段であり、業績の向上と資質の完成を求める競争社会の需要に応える方法だ」[36]。完全さを目指す奮闘の実例として、リタリンとアンフェタミンほどふさわしいものはない。いずれも、覚醒を保ち、目下の仕事に集中するために使われる薬である。勉強したり、テストで好成績を挙げたりする能力を強化するのみならず、哲学の論文の執筆にさえ効果が期待できるらしい。要するに、より完全な服従と遂行、社会制度へのよりよい適応のための手段だ。しかし、子供を分別して半数に処方薬を与えたり、平均身長以下の子供全員に成長ホルモンを処方したりするまえに、われわれが暗黙のうちに奨励している仕組みそのものについて真剣に考えることを、サンデルは勧める。

被贈与性の承認、抑制の倫理の維持、われわれの社会的役割と制度に関する批判的考察は、人間強化のためのバイオテクノロジーの利用に人びとが感じる戸惑いへの対応として補完し合う行為である。そして、どうすればそれらの技術を規制できるかを社会全体で決めるために、公に論議すべき問題だ。サンデルの問いかけは単独でも有効だが、中国哲学との対話、ことに、完全な人間を目指さなくていいという彼の持論と重なり、その補強にもなり得る道家思想の概念のいくつかとの対話によって、より強力に、さらに幅広くなるはずだ。

道家思想：自然さ、満足、真のそぶり

初期道家の経典『老子』『荘子』が書かれたのは、おそらく儒家思想の原点である『論語』（孔子語録）に対する反応であり、人間、社会的役割、倫理に関する儒学的構想の制度化に対する反応という意味合いが最も大きかったのではないだろうか。儒家（の少なくとも一部の

派）と、墨子などの有力な思想学派に対する道家の反論は、おおむね「機心（機械的な心）」という軽蔑的な語に要約できる。この表現は『老子』にはまったく見られず、『荘子』のいわゆる「外篇」（内篇よりも「正統性」で劣るとする従来の見方は、こんにちの学界ではもはや一般的でない）に一度登場するだけであるが、それらの経典が反対する独特の考え方をひじょうに正確かつ簡潔に表している。ことに、後代の道家はこの語を、道家の伝統的思想の特色である「自然《じねん》」および「無為」の理想とは対極にある考え方を表す語として使うことが多い。「自然」や「無為」の行為は実際のところ、何らかの具体的実践というより、他者や物とつきあう際の姿勢のあり方をいう。[37]古典的道家思想では、状況に対処する際、事前の計画や、固定観念や、「既存の決意」（成心）を持たないのが最善とされる。人がこの世で最も効果的に行動できるのは、「明白さによる」（以明）、「現状に沿う」（因是）、「自然の道理に従う」（以乎天理）のすべて、あるいはいずれかを実践したときである。「機心」は、道家の説く自然な姿勢への一種のアンチテーゼを表す。機心とは、利益と評判に配慮し過ぎることだ。機心によってそうした世俗的なことのための計算が強いられ、最終的にそれらが心に刻まれてしまう。

『荘子』の「機心」批判は、おおむねハイデッガーによる「計算的思考」への批判と同じで、なぜ機械を使うか、機械の使用が思考と姿勢にどのように影響するかを真剣に熟議するよう、われわれに求める。[38]人間は機械と計算に夢中になると、機械のように機能し始める傾向がある。ひたすら数量的目標へ向かって努力し、質的な面を考えなくなる。あるいは『荘子』が詩的な言葉で警告するように、「物とされる」のだ[39]（『荘子』第二〇第一章）。かくして「機心」は、圧倒的に功利主義的な、利益や評判や形ある物への考慮と結びつく。

『荘子』において「機心」について述べられているのは、道士の老農夫と子貢《しこう》（『論語』にも登場する孔子の弟子の一人）との対話の中だ。その場面は、畑に甕《かめ》で水を運ぶ老道士に、子貢が出し抜けに近づいていくところから始まる。わずか数リットルの水を畑に持っていくために老人が多大な労力を費やしているのを見て、子貢は、同じ労力でもっと多くの水を汲むことのできる装置があると、得意げに老人に教える。そして、一日に一〇〇区画もの畑に水がやれますよ、と得々と説く。老人はむっとしたものの、すぐに表情を和らげ、笑いながら彼の提案を退ける。機械のような道具を使えば、心が機械のようになるだけだと、老人は言う。そして、自分は立派に野良仕事ができているのだから、そんなに多くの水はいらないのだと言い放った。より多くの水があれば、より多くの作物ができるだろう。そうすれば確かに利益は上がるだろうし、評判も多少高まるだろうが、そのいずれにも、ただ興味がないだけだ、と老人は語る（『荘子』第一二第一一章）。

重要なのは、子貢の助言そのものには問題がないことだ。老人の唯一の反論は、手続き的で目的論的な特殊な思考に対する反論だ。その思考は、ただ利益そのもののために利益を追求し、当面の仕事とその質的価値について深く考えようとしない。つまり、老人は子貢の機心を嘲っている。彼の機心は、得られそうな利益だけを、農夫の現実の望みあるいは必要（子貢はそれらを知らない）から切り離し、さらに重要なこととして、畑仕事という行為そのものからも切り離している。実際、その巧妙な装置についての子貢の描写がすでに、彼の機心を反映している。彼は、そもそも老人がなぜ畑仕事をしているか知らなくても、その汲み上げ装置は大いに老人の役に立つと思い込んでいる。老人自身の反応から、われわれは、老人がもっと多くの作物を栽培したいと思わないのは、その作物を市場で売って得る余分な収入を望まないか必要としないからか、あるいは、単に畑仕事という行為を楽しんでいるだけだからか、あるいはその両方だと結論づけるかもしれない。明らかなのは、この道家の老農夫にとって、利益を得るために作物を売るのは、まったく異なる活動だということだ。したがって、子貢の誤りは、この農夫が当然、利益のための売買に携わりたがっているはずだというひどく的外れな思い込みをしたことにある。畑仕事の目的、意味、「善」は、それが純粋な楽しみでなく、ある目的のための単なる手段となったとき、抜本的に変わってしまう。その変容こそ、冷徹な計算をする機心について批判的に考察する際、われわれの注意を引きつける点だ[40]。老道士は、現実に必要なものは何かを考え、必要を満たし、より多くを求めて奮闘し続けるのをやめるよう、われわれに言外に問いかけている（これから見ていくように、その問いは社会全般にも広く当てはまる）。

必要と欲求を満たすことについての懸念は、道家思想の正典にごく早い時期に登場し、「機心」についての懐疑的な見方を予示している。満足を知ることを意味する「知足」という語は『老子』で四回、『荘子』で一回使われている。『荘子』によれば、「満足を知る」人は、倦むまで利益を追求し続けることはしない。つまり機心を持たない（『荘子』第二八第一一章）。『老子』では、知足はとりわけ「止めるときを知る」を意味する「知止」に結びつけられる。もっと詩的に解釈すれば、知止は「停止の支配」とも読める。同様に知足は「満足の支配」とも言い換えられる。いずれの観念も根源的には、より多くを求め続ける止めどない渇望を抑えることにより、持てるものを承認することをいう。この意味での満足の度合いは、欲望を満たすための所有によって量ることはできない。知足つまり満足の支配は、耽溺の対極にある。自らの望みを、現実に必要とするものだけでなく、自分の具体的状況に合わせることである。

『老子』第一二章は耽溺を戒め、「満足の支配」について簡潔に描写している。

五色は目を見えなくする
五音は耳を聞こえなくする
五味は口を鈍感にする
乗馬と狩猟は心を狂わせる
得難い財宝は行ないを妨げる
そのため、聖人は眼ではなく腹を満たす
つまり、片方を捨て、片方を取るのだ

ここで『老子』は、過剰は人の望みが果てしなく増すのを助長するだけだと説く。たとえば、辛い食べ物を好む人が、より強い辛味を求め続ければ、その人の辛味への許容度は増すばかりだ。そのうちに、同じ量の香辛料では足りないと感じ、その結果、その人にとっての辛さの基準は上がり続ける。美味であるはずの他の味に対して「無感覚」になってしまうおそれさえある。辛くないもの、辛さが十分でないものはもう楽しめなくなるのだ。[41] 満足すべきとき、香辛料を加えるのを止めるべきときを知ることで、より幅広い選択肢を享受できる。いっぽう、欲望を満たすのは、人の感覚の鈍化を助長するだけだ。

『老子』によれば、聖人はこの状況を避ける達人だ。目ではなく腹を満たすからだ。この類推から引き出せるのは、腹は簡単に満たされるが、目のほうは、放っておけばいつまでも視線がさまよい続けるという事実だ。評判と利益しか考えない子貢の機心と同様に、目の欲求は完全に満足することがない。けれども、空腹は、『老子』によれば、道士の農夫と同じく簡単に満たされる。そのうえ、さまよい続ける目の止めどない欲求を満たそうとすれば、腹を満たすことのようなもっと大切な事柄から、心がたやすく離れてしまう。そのせいで、子貢の機心は、道士の農夫が畑仕事の際に心にかけていることにまったく思い至らない。質についての考慮をまったく忘れているのだ。この場合、聖人はこの農夫と同じく、自分の欲に対し、恬淡とした「実際的」姿勢をとる。目指すのは、欲を満たし、少なくとも一時的にその欲が存在しなくなることである。そのような道士は必要な物を手に入れてしまえば、前に進むだけだ。聖人は駿馬にも、心躍る狩りにも、贅沢な財宝にも心を奪われないと『老子』は言う。

『老子』の「聖人」に、『荘子』は新たな名を与える。「真人」だ。『荘子』の真人は、自らの欲望に惑わされないのみならず、その姿勢を社会的領域にまで広げる。社会的役割と人間関係を通じて「自我」の陶冶を目指す儒家の聖人すなわち模範に対する直接的な反応として、真人は社会的影響に流されるのを警戒する。[42] 老子の聖人が自らの欲望に向き合いはしても執着しないのと同様に、真人は、社会的規範、役割、関係に関わりはするが、その程度は限られている。この理想的人格の描写を始めるにあたり、『荘子』はまず、社会的レンズを通して自己を見る人を警戒するよう説く。

したがって、ある人の知見がある仕事に役立ったり、行為がある村の模範となったり、技能がある支配者に好まれたりすれば、その人はその土地では成功するかもしれない。その人は自分をそのように（他人が見るのと同じく、特定の仕事か役割に適していると）見るだろう。だが、宋栄子《そうえいし》なら、そんな人のことは一笑に付しただろう。たとえ全世界に称賛されても、宋はその評価を信じないし、全世界に蔑まれても、たじろがない。宋は内と外の区別をはっきりと定め、名誉と不面目の場所を区別していたからだ。それだけで十分である。宋は世俗の物事に患わされず、沈着冷静だった。けれども、まだしっかりと根を下ろしているわけではなかった。[43]（『荘子』第一第三章）

『荘子』によれば、人は仕事に誇りを持ち過ぎてはいけない。ある地位に就くかどうかは、周囲の状況の偶然に大きく左右される。ある種の特性や知識を得る能力を持つことにより、それぞれの仕事で成功できるかもしれないし、身体上の適性や好ましさが社会で功績を上げるのに大きく影響するかもしれない。けれども、自らの役割、地位、立場を根拠として、自分が特別優れているという慢心や、特別劣っているという卑下にとらわれてはいけない。

そして、『荘子』は宋栄子を、真人に至る道の第一段階として描く。宋は自分の社会的立場に無頓着な人だ。他者が自分を見る目が、自分自身に対する理解に影響することはない。名誉と不面目は主に社会的環境によって決まることを知っており、自らの役割と評判を、『老子』の聖人が自身の欲望を扱うのと同じように扱う。満足が何かを知り、慢心や卑下に陥るのを避ける達人となり、機心で計算しないことにより、宋は自分の内なる自然と外部の評価との間に一線を画すことができる。『荘子』の他の箇所で述べられているように、「古の真人は……人間の作為によって自然の働きを補うことをしない」（『荘子』第六第一章）。

宋栄子のくだりの続きを読むと、真人へ向かう次の段階が示される。風に乗ることができたため、歩く必要がなくなった列子《れっし》が一例として挙げられている。「歩行」と「風に乗る」から類推されるのは、列子が規範と風習への対処に練達していることだ。その練達ゆえに、列子は宋栄子よりも真人に近い。ここでは「歩行」という語は「行」と同じで、引用部分の前半（「行為がある村の模範となったり」）に述べられている「行為」のことだ。明らかに、『荘子』は「行」の複数の意味を利用して、列子を外部の評価にさらに無頓着な人として描写している。「風」という語も、規範や風習という意味を含む。したがって、列子は社会的偶然性にさらに執着しないために、宋よりもずっと巧みにそれらを扱う人として描かれている。それでも、列子はまだ至高の域には至っていない。『荘子』は彼を何か（風）に「依存している（待）」として批判している。

このように段階的に「真人」とは何かを明らかにしていき、ついにこの書物のとりわけ名高い一節に至る。「したがって、至人には自己がなく、神人には功績がなく、聖人には名がないと言われる[44]」。伝統的な道教の教えや、仏教の注釈者や、現代の学者はこの一節を文字どおりに捉え、無我で深遠な人物像を提唱することもあった。しかし、この節全体の文脈の中で、ことに『荘子』の哲学的、歴史的位置に照らして読めば、もっと平凡な人物像と解釈することもできる。自己も功績も名も持たないということは、現実には、自己と功績と名に対して、依存も愛着も自己同一視もする必要がないということだ[45]。より重要なのは、そうした面を、歴史的儒家思想を背景として解釈すべきだということである。『荘子』の一部は、儒家思想への反応として書かれたからだ。儒学における「自己」を構成するのは——エイムズおよびローズモントが読み解くように全面的にではないにせよ、杜維明が認めるように、少なくとも大部分は——その人の社会的役割と、人間関係と、それらに伴う責任が織りなすネットワークだ。したがって、「功績」はやはり、人の社会的立場に結びついた成功や成果ということになる。また、「名」はその人の評判も意味する。つまり、自己も功績も名も持たないことは、公的役割にも社会的立場にも無頓着でいられる真人の特性を述べるときにも使える。『老子』の聖人が満足し、それゆえに欲望にとらわれないのと同様に、『荘子』の真人は、社会的規範と期待を自分自身と同一視しない。真人は自らの役割を、計算とは無縁の自然な方法で扱い、その結果、それらに従って行動する（あるいは行動を控える）ことができる。「成心（既存の決意）」あるいは機心がないため、彼らは「明白さにより」、「現状に沿い」、「自然の道理に従って」、この世界で生きる。彼らがすることは何であれ、儒家思想で言う「非人為的（不人）」かつ「非人間的（不仁）」である。一時的なやり方で行動し、自己に関して定まった観念を育まないからだ。『荘子』はその点を挑発的にあぶり出すために、儒家思想が中心に据える二つの徳を援用する。「古の聖人は［儒家思想の］人間らしさ（仁）を借り、義務（義）に投宿した」（『荘子』第一四第五章）。ただし、重要なのは、道家の聖人は一時的に借りた宿でも真正なままでいることだ。

逆説的なようだが、真人が真正でいられるのは、まさに、定まった考えや自己が何もないからだ。真人の内なる思考と感情は、一時的にではあるが完全に、真人のあらゆる行為と合致し得る。「本質」と対立するものは何もない。なぜなら、真人は自己にも、功績にも、名声にも執着しないからだ。コミュニティにおける役割、他者との関係、道徳的規範に応じて自己を陶冶すべきだとする儒家思想の見方では、真人は、そぶりをする人ということになる。儒者は、人が誠実だと見なされるためには、内面の心理と外面の振る舞いの両方が規範や徳に一致しなくてはならないと力説する。[46] 道家の聖人は役割と道徳をただ「借り」たり「仮の宿」としたりするだけだから、その行為は欺瞞的だと見なす。けれども、道家の見方では、儒者の指弾する「そぶり」は、むしろ子供が熱中する遊びに近い。[47] 老子の聖人が欲望に熱中しながらそれらによって定義されないのと同様に、荘子の真人は役割を果たしながら、それにこだわり過ぎることがない。真人は子供のように無邪気そのもので、欺瞞的な意図も道を外れた目的もまったく持たずに別人を演じることができる。したがって、「真のそぶり」という言葉は、道家の聖人が、規範、役割をはじめとするさまざまな社会的期待から批判的距離を保ちつつ、社会と関わる方法を述べる際に使うことができる。

サンデルと道家思想：自然の承認

「機心」すなわち「人間の行為のまったく機械論的な理解」は道家にとってもサンデルにとっても目障りなものではあるが、それに関連した支配への欲動のほうが、はるかに切実な問題だ。サンデルは、われわれの才能や、性質や、世界を贈与物として承認することを訴えて、自らの遺伝子と生態を制御したがる人間の衝動に反論する。彼の目的は謙虚さを育むことだ。謙虚さによって、自分の能力に全面的に責任を負うことの圧力が減り、連帯が促される。そうした議論にサンデルはさほど積極的でなく、その種の姿勢が実践においてどう見えるかについて、より建設的な対話の余地を残している。この点に関しては、伝統的道家思想がかなり役立ちそうだ。『老子』と『荘子』には、「自然」あるいは「無為」な自発的行為が多数描かれ、被贈与性の承認が実践においてどう見えるかが説明されている。

自然さを重視すること、ことに『荘子』がさらに定義しているように「明白さにより」、「現状に沿い」、「自然の道理に従う」ことは、この世のさまざまな関係の道理に合わせることにより、人間の行為主体性の重要性（の前提）を軽くする手段だ。つまり、自然な行動は、あらゆる傲慢さ、支配への「プロメテウス的欲動」に対する強い抵抗を意味する。「自然さ」を旨とする道家は、自らの意志を世界に押しつけず、代わりに「既存の現状」に自分の意図を組み入れる方法を見つける。『荘子』の最も有名な説話の一つ、料理人の丁《てい》の話にそれが活写されている。

料理人の丁が、梁《りょう》の恵王《けいおう》のために牛を解体していた。丁の手が触れるところ、肩をもたせかけるところ、足が踏むところ、膝が押さえつけるところのすべてから、皮と骨と肉が切り離される音が響き、牛刀を振るうリズムは実に規則正しく、あたかも「桑林《そうりん》の舞」の舞曲か「経首《けいしゅ》」という楽章の歌に合わせているかのようであった。

梁の恵王は感嘆した。「見事だ！　素晴らしい！　技もここまで完璧の域に達するものか？」

料理人の丁は牛刀を脇に置いて言った。「私が好むのは『道』であり、それは技以上のものです。牛の解体を始めた頃、私には牛がきちんと見えていませんでした。三年後、牛の全体が見えなくなっていました。今では、見るときに目に頼ってはいませんし、牛の精神が見えるようになりました。感覚から得た知覚は停止し、精神が動きを司ります。「体の」自然の配置に頼り、大きな穴に刃を刺し込み、広い隙間に沿って切り分けます。あるがままの形に沿って行なうのです。関節はけっして切り分けませんし、大きな骨はなおさらです！　腕のいい料理人は一年ごとに牛刀を替えます。切るからです。たいがいの料理人は毎月牛刀を替えます。切り裂くからです。私はこの牛刀をもう一九年使い、何千頭もの牛を解体してきましたが、刃の鋭さは、この牛刀が作られた日のままです。関節の間には空間があり、刃の端はごく薄い。空間がある所にごく薄い刃を入れるのですから、遊びが多く、余分な空間まであります！　そのおかげで、私の牛刀は一九年間を経ても少しも鈍っておりません。ただ、ときに難しい部分に当たると、緊張して用心深くなり、「目で」見るのをやめ、動きは遅くなります。牛刀をそろりそろりと動かしていると、気がつけば仕事はもう済み、牛は解体され、山のような土砂よろしく地面の上にあります。私は牛刀を持ち上げて辺りを見回し、何が起きたか考え、すっかり感心し、牛刀を拭い、しまいます。

梁の恵王は答えた。「見事だ！　料理人の丁の話を聴いたおかげで、生を養う道がわかったぞ！」

ここで重要なのは、自らの技について問われたとき、料理人の丁がほとんど牛刀のことだけを語っていた点に留意することだ。彼の説明の中で、彼自身の意志、つまり行為主体性は、ささやかな役割しか果たしていない。牛の解体に携わるとき、彼は確かに特定の目的をもってその状況に関わるものの、務めを果たすためにするのは、牛刀と屍と自分自身の間に調和のとれた関係を打ち立てることだ。彼自身が認めるように、「あるがままの形に沿う」ことによって「自然の配置に頼る」こと以外、ほとんど何もしない。難しい局面では、苛立ったり計算に頼ったりせず、ただ速度を緩め、牛刀が牛の体内の空間に沿って動くままにする。料理人の丁は、自分と物と環境の関係を調和させる「技」に長けており、その技は自身の意志の主張を控える能力から生まれる。それが、恵王が受け取ったメッセージだ。

料理人の丁の話は、サンデルが提唱する被贈与性の倫理に二つの面で関連する。まず、高度な技を持つにもかかわらず、丁が謙虚さを保っていることだ。彼は自分の能力に自負も責任も持たない。実際、自分のしていることは自身の技とは関係がないと断言している。「『道』を好む」ことは「道理を好む」「自然を好む」とも解釈できる。それによって、料理人の丁は肉を解体する技術において完璧の域に達する。次に、「道」すなわち道理または自然は、この文脈では、サンデルの唱える被贈与性と密接に結びつく。それは説明しがたい世の「道理」で、それによって事物は能力または「本性（性）」と共に、資質と才能（徳）を得る。さらに、道家の経典に関してよく知られているのは、完全に世俗的でありながら「道」の神秘性を尊重する点だ。たとえば、広く読まれている『老子』の冒頭の章には「道と名づけられるような道は、恒常的な道ではない……暗いうえにも暗く、無数の神秘の門である」とある。

道とは、人間がそれに沿おうと努めるものであるが、その全容はけっして現されない。つねに固有であり、文脈に左右される。料理人の丁はこの屍をこの牛刀でうまく捌《さば》いた。しかし、別の刃を使っていたら、肉の別の空間を追うことになるし、別の牛には、その牛なりの空間があるだろう。同様に、別の解体人はまったく別の線に沿って肉を切り分ける（あるいは叩き切る）かもしれない。そうした観点から世界を見ることは、ある意味で神秘的な世界に大いに敬意を表すのみならず、それを支配しようという誘惑に自ずと抵抗することでもある。料理人の丁は自身と牛刀と牛の関係の中に自分の場所を見つけることに心を砕きながら、その関係を制御しようとはしない。「生を養う」方法としてこのような姿勢を育むことは、人間と事物、他者、自然界のつき合い方に大きな影響を及ぼすだろう。また、人間の能力に対して非宗教的な尊敬の念を培うことにもつながる。このように、道家思想は被贈与性の倫理がどんなものかをより具体的に、神性に訴えることなく説明する。

サンデルと道家思想：抑制と満足

サンデルの主張によれば、人は自分の可能性と能力を支配できないという事実を尊重することが「傲慢へ向かう傾向を抑制する」[48]。言い換えれば、われわれは自らの生物的発達を形作り方向づけようとする誘惑に抵抗すべきだということだ。「満足の支配」と「停止の支配」という道家の観念をこの文脈に当てはめると、少々異なる見方ができる。道家の説くところによれば、欲望を退けるよりも効果的なのは、欲望を正しく満たす方法と止める時期を知ることだ。それらの方法を用いて「傲慢へ向かう傾向」や「支配への欲動」に対応すれば、被贈与性および満足をもっと承認する姿勢を促す一助となるかもしれない。

道家にとっては、「道」の神秘を敬うことと、自分の欲望を満たすことは、一種の恒常的フィードバック・ループとして働く。自分の本性と可能性だけでなく、欲望と衝動も「道」から生じることを意識すればするほど、自分の傾向を操ろうとしなくなる。そして、より謙虚なやり方を編み出すようになる。料理人の丁が、自らの意志を無理矢理貫かないことによって自分と牛刀と牛との関係をうまく調整したように、道家は自分の欲望の克服よりも抑制を目指す。

役割に基づく道徳的要素の一部を除外するという、欲望の巧妙な処理を象徴する例が、儒学の経典『孟子』に述べられている[49]。その例では、斉《せい》の宣王《せんおう》が孟子に対して、自分はあまりに色を好む（好色）せいで、道徳的統治が行なえないと打ち明ける。しかしながら、孟子は、罪深い欲望や性格の欠点について、王を責めることはしない。孟子にとって主な問題は、王であることの意味を宣王が誤解している点だ。よい統治をするために王が認識すべきなのは、誰しも色を好むが、その嗜好は愛、結婚、子供を持つという形で実践するのが最善であることだ(『孟子』梁恵王章句下　第五章)。宣王には、個人として悪い点は何もない。性的欲動を抑えるための精神療法も薬も必要ない。孟子によれば、誰もが生来、同じ欲望を持つ。問題が生じるのは、その欲望が正しく育たず、いびつに発達する場合だ。王は、自分の「逸脱」が不健全な社会習慣に基づくことに気づきさえすれば、思考と感情と行動を自ら正し、より適切なやり方で他者と関わる方法を見出し、道徳的統治を行なうことができる。

これは儒家思想の話ではあるが、いくつかの要素に、満足と停止の支配という道家の観念が表れている。欲望を抑えるよりも正しい方向へ向けることを王に提言するとき、孟子が言うのは、満足と停止によって欲望を支配することだ。宣王は自らの好色を受容し、欲望を満たし、ただ前へ進めばいい。そうすれば、好色によって心が迷うことがない。正しい好色のあり方さえわかれば、性的な満足を得ながら、同時によりよい統治者になれる。それはまさに、『老子』が欲望について伝えるメッセージだ。『老子』は第三三章でこう述べている。「[〔]分をわきまえて」満足する術を知る人は富む」

被贈与性を承認したうえで、自分自身の生態を制御する傾向に対してこのような姿勢をとるのは、その傾向の存在を認め、抑えるよりも満足させるよう心がけるということだ。サンデルは人間のプロメテウス的衝動に歯止めをかけることのほうに関心があるが、道家のアプローチからは、その欲動を満たすと共に牽制《けんせい》する方法が得られるかもしれない。

サンデルと道家思想：距離を保つ

道家思想は社会制度の再編や改善には特に熱心でないものの、『荘子』の真人（「真のそぶりをする人」）が社会的規範、役割、期待に対処するやり方は、それらの問題について批判的に考える際に役立ちそうな姿勢を示唆している。自分がすること、求められていることに一時的な愛着しか持たないことによって「真のそぶりをする人」が生み出す空間は、サンデルの懸念に照らせば、一つのモデルを提供してくれる。そのモデルによって、「われわれが役割と報酬のシステムを設計したやり方は正しかったかどうかを問い、論じる」ことができる。[50]

中国で二〇〇〇万人以上が（sina.comをはじめとするウェブサイトで）オンライン視聴した名高い講義「正義」において、サンデルは学生たちの道徳観の核心に挑む。彼らの道徳観に代わる「本当の」道徳的信条を提示するのではなく、実際の状況と、賛否両論あるケースに基づく議論を通じて、彼らが自身の道徳的論理づけを批判的に考察する空間を作り出した。サンデルは一日目の講義を締めくくるにあたり、こんな注意をした。

「哲学を」自己を知る訓練と解釈するのには、ある種のリスクが伴う。それは個人的かつ政治的リスクだ……そのリスクは、哲学が、すでに知っていることをわれわれに突きつけて学ばせ、不安にさせるという事実から生じる。皮肉なことに、この講義の難しさは、君たちがすでに知っていることを教えるという点にある。疑問の余地のないおなじみの前提を取り上げ、見慣れないものに変えることで、それが可能になる……哲学は新たな情報を提供するのではなく、新たなものの見方を誘い、与えることによって、われわれをなじんだものから引き離す。[51]

サンデルが学生たちに注意を促すそれらの「リスク」こそ、彼の「完全な人間を目指さなくていい理由」の核心部分だ。遺伝子的強化について、その主目的が「自分の社会的役割に自分自身を合わせる」ことだと信じるゆえに懐疑的であるということは、われわれの「役割と報酬のシステム」に懐疑的であるということだ。しかし、社会制度を問い、論じるためには、社会制度からのみならず自分自身からも「切り離される」ことが必要である。[52]ある種の特徴を自動的に「善」と見るかぎり、また、サンデルが主張するように、われわれが一般に自らの属するコミュニティによって大きな負荷を負うかぎり、そうした信条について徹底的に問い、論じるためには、その信条（あるいはわれわれ「自身」）との一体化を、少なくとも一時的にやめることが必要だ。

『完全な人間を目指さなくてもよい理由』で使われた二つの例を挙げれば、背が高いことと頭がいいことは、考える余地なく「善」と見なされることが多い。ところが、体操選手にとっては身長が低めのほうが有利である場合が少なくないし、「頭のよさが災いする」ことがあり得るのも確かだ。[53]身長が平均よりも低いことや「まぬけ」であることの利点を承認するためには、普通の考え方から自分自身を切り離す必要がある。[54]サンデルは学生と読者を実に巧みに誘導し、善についての彼らの先入観に外側からも内側からも疑問が呈される空間へ連れていく。真のそぶりという道家の哲学が、その空間をさらに広げる。そこでは通念が剝がれ落ち、現状についてより充実した考察をする余地が生まれる。

「人間世《じんかんせい》（人間社会）」と題された『荘子』第四では、「善」、より正確には古代中国の「有用」という一般的観念について、真のそぶりをする人がどう考えるかが語られる。その話は、石《せき》という大工が弟子を供に旅をする場面から始まる。ある日、二人がある村を通りかかると、櫟《くぬぎ》の巨木が社《やしろ》に神木として祀られていた。この大木を使えば、いくつもの舟や棺桶や道具が易々と作れそうであったが、石は目もくれず、弟子にこの木材は役に立たないと教えた。「これは能なしで価値のない木だ。まさに『無用』であるがゆえに、こうなるまで長らえたわけだ」[55]。その夜、大工の石の夢の中で、その巨木が話しかけてきた。

> わしを何と比べたいのかね？　「栽培された」木々と？　山査子《さんざし》、梨、蜜柑……どれも実が熟すと、もがれてしまう。それはひどい侮辱だよ。そうやって、能あるゆえに、辛い目に遭う。だから天寿を全うできずに早死にするのさ。世間の卑しい習わしに痛めつけられている――この世のあらゆる生きものも同じだ。わしはな、長年、役立たずでいるよう努めてきた。そのせいで命を落としかけたが、結局、どうにか持ちこたえた――役立たずでいることが、わしにとっては役に立ったのさ！　もし使い道のある木だったら、ここまでの大木に育つことができたと思うかね？　そもそも、あんたもわしも、しょせんは（同じ部類の）生きものだ。互いに等級づけしたり値踏みしたりできる立場かね？[56]（『荘子』第四第五章）

ここで大工の石は目覚め、弟子にこの夢の話を語って聞かせる。弟子はこう答えた。「木は役立たずでいようと努めているのに、一体どうして、神木として崇められているのでしょう？」[57]（『荘子』第四第五章）。大工の石は弟子をこうたしなめた。

> 口を慎め！　そんなことを言うものではない！　あの人たちが自ら進んで、あの神木にす

がりに来ているのだ。実際、何もわかっていない群衆に囲まれて、木は迷惑がっている。あの木を神木に祀り上げていなかったら、逆に、切り倒して木材にしようとした可能性も、大いにある。あの木の価値観と人間の価値観は違うのだ。「木がしているのは立場上必要なことか否か」とか「木がたまたま果たしている役割は何か」といったことで木の価値を決めるのは、馬鹿げているのではないか?[58]（『荘子』第四第五章）

宋栄子と同様に、木は他者の目を通じて自らを見てはいない。神木としての役割を演じることに異存はないが、その役割と自分を同一視してはいない。[59]だが、より重要なのは、木が「善」や「有用」と広く見なされているものに対してどっちつかずの姿勢を貫きながらも、「神木」に祀り上げられていることだ。栽培されて実をつけたり重宝な木材になったりする木は、「卑しい習わし」の期待に応える木だ。そのために乱用され、「天寿」を全うする前に切り倒されてしまう。あの巨木は真のそぶりの哲学を体得しているから、期待から批判的距離を保ち、サンデルの表現を借りれば、自らの「心の習慣と存在のあり方」を尊重することができた。しかし、大工も指摘しているように、木の真のそぶりの哲学には「多少のリスクも伴う」。人びとがこの「無用な」木を切り倒した可能性も大いにある。

われわれがよく考えもせずに「みずからの社会的役割に自分を合わせ」ようとするかもしれないというサンデルの懸念と組み合わせることで、真のそぶりの哲学は、習わしや、期待や、いわゆる「善」と見なされているものについて、もっと深く考えさせてくれる。

ロジャー・エイムズと李澤厚の双方が――おそらくそれぞれ独自に――指摘したように、中国と西洋の主流派伝統思想の哲学的背景の根本的な違いは、「単世界論」形而上学と「双世界論」形而上学の違いに帰せられるだろう。[60]（西洋の）双世界論においては、この世界から独立した別の世界がある。それはプラトンのイデアか、キリスト教の神か、ひょっとしたらカントの物自体の世界かもしれない。現実世界は、その別世界を映すか真似るかしているだけだ。（中国の）単世界論は、そのような仮定をせず、代わりに形而上学的一元論と完全な内在性を取り入れる。この基盤は、「道」と「神」などの一般的な哲学上の事柄を区別するための説明として使うことができるが、もっと日常的な現象の理解にも役立つだろう。たとえば、英語の「perfect（完全）」という語は現実の具体物を形容するのにはあまり用いられないし、最上級や比較級にはならない（「more perfect（より完全）」とか「perfecter（もっと完全）」とは言わない）。いっぽう、標準中国語では、「完全」にあたる語――完美（または完善）――は、英語のperfectよりも頻繁に使われ、修飾語がつけられることも少なくない。こんにちの中国では、「これはとても完全だ」（很完美／挺完美）とか「こちらのほうが完全だ」（更完美／比較完美）という表現をよく耳にする。このような単世界的な意味では、われわれは道士と共に、この世界は完全だと言える――問題がないからでなく、（『老子』『荘子』が示唆するように）問題があっても満足でき、物事をありのままに承認するようになるからだ。エイムズとホールが使う進行形の語彙を借りれば、世界は「完全になりつつある（perfect-ing）」と言えるかもしれない。[61]

とはいえ、それは変化を拒むという意味ではない。『老子』も『荘子』も変化と変容を世の定めとして称えている。すると、世界は完全だと理解することは、すなわち、世界の「完全さ」を承認し、健全な（計算的でない）姿勢で変化に参加することを意味する。特に『荘子』

は、物事のありようを承認すること、それと同時に変容を楽しむことの両方を強調する。

> 子輿《しょ》が急病になった。……彼は井戸までよろよろと歩いていき、自分の姿を映して見た。「おお！　造物主は私の体を何ととんでもない形にしたものよ！」
> 子祀《しし》がたずねる。「君はその姿が嫌かね？」
> 子輿は答えた。「いいや、まったく。嫌なところなどあるものか。造物主はこの左腕を鶏に変えるかもしれない。そうなれば、私は夜明けを告げよう。この右腕を石弓の弾に変えるかもしれない。そうなれば、フクロウを狙って炙り焼きにしよう。尻を車輪に、精神を馬に変えるかもしれない。そうなれば、それに乗って行こうではないか」[62]（『荘子』第六第五章）

これは多くの点で、サンデルが「被贈与性の倫理」と「抑制の倫理」と共に奨励する心の持ちように通じる。道家思想もサンデルも、支配への欲望を抑え、社会的規範と役割や、「完全」という固定観念から哲学的距離を保つことにより、世界と人間の生を承認することを奨励する。

もちろん、両者の間には決定的な違いもある。道家思想の解釈では、支配欲の抑制はサンデルの想定する範囲をはるかに超えて、社会的・政治的領域にまで及ぶと読む場合が多い。道家思想の広範に及ぶ静寂主義的傾向を、サンデルが共有しているとは考えにくい。同様に、サンデルの「被贈与性」の観念は、少なくともいささか宗教的な負荷を帯びているという点で、道家が承認する「道」について考える際には的外れかもしれない。それでも、それら（をはじめとする多く）の相違にもかかわらず、道家思想とサンデル哲学の間からは重要なつながりをいくつも引き出すことができる。[63] こんにちの最も切迫した哲学的問題と道徳上の事柄に関し、両者は手を携えて取り組み、成果を上げることができるだろう。

バイオテクノロジー、遺伝子工学、トランスヒューマニズム（超人間主義）は新興の分野であり、今後、注目度を増すいっぽうだろう。サンデルの提起する道徳的問いの一部には、将来起こりうる問題への懸念も含まれる。つまり、われわれは、そのような技術の発達に先立って、あるいはそれと同時に、公共の議論においてこれらの問題に取り組むという希有な立場に置かれているのだ。ただし、議論が国や宗教や文化の境界を超えて行なわれるならば、西洋以外の視点も取り入れる必要がある。それは単なる比較を通じてではなく、さまざまな伝統思想がそれぞれの見方を提示するような協働を通じて行なわれるべきだ。フクヤマの示唆によれば、新たなバイオテクノロジーを管理する国際的な規制を取り決め、制度を設けるためには、この種のアプローチが特に必要だ。また、（ことに現代の問題に関しては）儒家思想が哲学的言説で優勢になりがちではあるものの、とりわけこの分野で喫緊かつ不可避の議論を今後、世界規模で形成していくうえで、西洋人による道家哲学への取り組みがきわめて大きな意味を持つだろう。

IV

人間の概念——サンデルと儒教的伝統

第八章　儒教倫理における「人間」を理論化する

ロジャー・T・エイムズ

G・W・F・ヘーゲルは『小論理学』のまえがきで、よく知られているように、哲学研究においてきわめて難しい問題の一つはどこから始めるべきかという問いだと述べている。この問題意識はマイケル・サンデルも共有している。サンデルは初期の著作である『リベラリズムと正義の限界』以降、カント＝ロールズ的な義務論的個人概念の出発点となる孤立した自我を強く批判してきた。サンデルはロールズ主義者の義務論的自我を次のように説明している。

ロールズ主義者の自我は所有の主体であるばかりでなく、前もって個別化された主体であり、それが有する利害関係から常に一定の距離をとっていることを思い起こせば、この個人主義の位置を突き止め、それが締め出す善の概念を特定することができる。こうして距離をとることの一つの帰結は、自我を経験の埒外に置いて安全を確保し、そのアイデンティティをしっかりと固定することだ。[1]

さらにサンデルは、こうした個人のアイデンティティの貧弱な概念から出発し、それを信奉することの目に見える限界と帰結をはっきりと理解している。

しかし、ここまで徹底して独立した自我は、構成的な意味において所有と結びついた善の（あるいは悪の）いかなる概念をも排除してしまう。われわれのアイデンティティそのものを固定する価値観や感情を超えうる愛着（あるいは執着）の可能性を排除してしまう。良かれ悪しかれ、関係者の利害はもちろんアイデンティティがかかっている公的生活の可能性を排除してしまう。さらに、共通の目的や目標が多かれ少なかれ自己理解の拡大を引き起こし、構成的意味におけるコミュニティ、つまり、共有された願望の対象だけでなく主体をも説明するコミュニティを定義する可能性を排除してしまう。[2]

サンデルは、ロールズの立場ではそれとなく排除されているのが明らかな、「内主観的」ではないとしても「間主観的」なもう一つの自我の概念の特徴を述べている。

他方、内主観的概念においては以下のことが認められる。特定の目的のために道徳的主体を適切に描写すれば、一人の人間の内部に存在する複数の自我に言及することになるのだ。たとえば、競合するアイデンティティの強みに関する内的熟議を、あるいは閉塞した自己認識に関する内省の瞬間を説明するとき、また、ある人物から「彼」が改宗以前に抱いていた異端の信念への責任を免除するときなどだ。[3]

サンデルが、この内主観的な人間概念のほうが義務論的自我より生産的になりうると考えているのは明らかだ。しかし、彼は依然としてこう懸念しつづけてもいる。つまり、その概念があまりにも無力になり、選択、統一、アイデンティティなどの十分に強い感覚が失われる危険があるのではないか、と。サンデルは長年にわたり、アリストテレスからヘーゲルに至るさまざまな哲学者に、また最近ではユダヤ教の伝統に訴えることによって、ほどよく内主観的な人間概念を練り上げようとしている。それは、アイデンティティが共同体によって構成されることを想定する一方で、十分に強い人間の統一感と自律感を維持する概念だ。

サンデルの挑戦——内主観的人間を理論化する

このプロジェクトにおいて、サンデルはさまざまなやり方で現代の哲学的課題を受け入れてきた。ほぼ一世紀前、ジョン・デューイは自著『古い個人主義、新しい個人主義』のなかで、独自の個人性——アメリカ人のエマソン的精神が実現する真の可能性と期待を示すもの——が、異論の多い利己的な個人主義のイデオロギーへと堕落したことを嘆いている。それは勝者と敗者というゼロサム文化を生み出すイデオロギーだ。「機会均等、結社の自由、相互コミュニケーションといったわが国の伝統の精神的要素は輝きを奪われ、締め出されてしまう。それが予言した個人性の発展が進む代わりに、金銭的文化の慣行に合わせるために個人主義の理想全体が曲解されている。こうした金銭的文化が不平等や弾圧の源泉かつ弁明となってきたのだ[4]」。デューイは続けて、哲学者たちに次のように——勧告とは言わないまでも——奨励している。つまり、彼の民主主義の概念と調和する新たな「個人性」を明確にするという難題に取り組むように、と。彼の民主主義の概念においては、人間の実現とコミュニティの実現が重なり合い、お互いを必要とし合っている。「われわれが生きる客観的状況と調和する新たな個人性を構築するという問題は、現代における最も切実な問題だ」[5]

この論文において私は、ジョン・デューイやマイケル・サンデルと手を組んで共通の目的を追求する。ヨーロッパ的なものはもちろんアジア的なものも含めてわれわれの文化的資源を最大限活用するよう推奨し、内主観的人間の妥当な概念を定式化するのだ。われわれは、リベラルな人間概念の大半において既定路線となってきた、個別的、排他的、基本的な個人主義に代わるものを見つけ出そうとするこの継続的な探求において、孔子および彼の合理的に構成された人間概念に出番を与えたいと思う。

とはいえ、最新文献における孔子は一つの存在ではない。ほとんどではないにしても多くの儒教倫理学者が、この伝統を徳倫理学の一種に分類したがるのに対し、私と共同研究者——とりわけヘンリー・ローズモント——は次のように主張してきた。つまり、孔子はわれわれに独特の役割倫理を提示していることを認めてはじめて、現代の倫理的言説に対する儒教倫理の重要な貢献を正しく理解できるのだと。[6] とりわけ「内主観的人間」という課題に関して、儒教倫理を役割倫理と徳倫理学のどちらに分類するのが妥当かは、古典的中国哲学の解釈の文脈のなかで前提とされる人間概念によってほぼ決まるというのがわれわれの主張だ。[7] われわれの目標が、儒教的伝統をわれわれ自身の文化において重要とみなされるもので上書きすることなく、それ自身の言葉で受け入れ、それ自身の声で語らせることだとすれば、まずは儒教倫理の出発点として儒教の人間概念を自覚的・批判的に理論化することから始めなければならない。そうした後でようやく、この人間概念を現代の議論に導入できるのだ。

責任をもって比較する――「過去に向かってしか働かないとは、何とも貧弱な記憶ですこと」

西洋的な分類を用いて儒教哲学を理論化するというこのお定まりの問題は、古くから続く物語だ。信廣來は最近、文化を比較する際のこうした非対称性を重視している。「比較研究には、西洋哲学の議論で見出された枠組み、概念、論点を参考に、西洋哲学の視点から中国の思想に接近する傾向がある。こうした傾向は英語で出版される著作だけでなく、中国語で出版される著作にもある。一方、現代の文献において、中国哲学の議論のなかで見出された枠組み、概念、論点を参考に、西洋の哲学思想に接近しようとする試みはめったに見られない[8]」

おそらく、この問題の身近な例は、中国倫理学にきわめて大きな影響力を持つ研究者――たとえば馮友蘭や郭斉勇――の大半が、この伝統に関して原則に基づく解釈を早くから提示していたという事実だろう。だが、エリザベス・アンスコムが「現代の道徳哲学」という一九五八年の論文で、義務論や功利主義は法律に固執しすぎていたり道徳心理学を欠いていたりするとして批判し[9]、アラスデア・マッキンタイアの『美徳なき時代』（一九八一）などの出版に伴って西洋の倫理言説において修正主義者的な趨勢を加速させると、中国倫理学に関するわれわれの解釈も変わった。つまり、アンスコムの批判によって引き起こされた、西洋の規範理論における原則に基づく倫理学から徳倫理学へのわれわれ自身の転回は、儒教的な倫理思想を読む際の解釈の転回の物語でもあるのだ。こうして、われわれもまた、この古来からの伝統の最も適切な読み方として、徳倫理学を受け入れるようになった。別の言い方をすれば、『鏡の国のアリス』に出てくる白の女王の「過去に向かってしか働かないとは、何とも貧弱な記憶ですこと」というつぶやきが思い起こされる。というのも、西洋の倫理説と次々に出会うことによってこうして「思い出される」儒教の倫理思想は、一般には「より良い」と見なされるこの種の記憶の好例かもしれないからだ。

だが現代では、個人主義が古代ギリシャ哲学の物語に深く根付いており、イデオロギーとは言わないまでも、標準的で常識的な前提となっている。つまり、ポストマルクス主義・ポスト集産主義のわれわれの時代において、個人主義のイデオロギーは、対抗する本格的な代替思想がないまま、人間の意識において独占的地位を獲得してきた。私は次のように主張したい。広く理解された徳倫理という言葉は、主体、行為、包括的美徳、性格特性、自律、動機、理性、選択、自由、原則、結果といった語彙に訴えることで、この根本的個人主義を出発点として想定する区別を導入するのだと。

さらに、儒教倫理は対照的に経験全体から始まり、焦点領域がまったく異なる一群の言葉と区別に訴えることによって定式化されるのだと主張したい。そこに伴っているのは根本的に異なる想定である。この想定は、個人のアイデンティティがわれわれ人間の物語のなかにどう現れるか、われわれを構成するようになる役割と人間関係において、獲得される妙技としての道徳能力がどう表現されるかにかかわっている。私が個々の人間「であるもの」(human "beings")と呼ぶものと、相関的に構成された「人間になるもの」("humane becomings")とを区別できないとすれば、それは次のことを意味するだろう。つまり、われわれは現代的で間違いなくなじみのない人格概念を、探求が始まりもしないうちから行き当たりばったりに取り込んでいたのである。

アンガス・グレアム――儒教的人間の理論化に際して存在論と目的論を放棄する

「古典的な儒教哲学においては人間が個人でないとすれば、人間とは何なのだろうか?」。これは、最初に取り上げるべき当然にして重要な疑問に思える。だが、果たしてそうだろうか? アンガス・グレアムはまず、独自の概念構造は異なる文化的伝統に起因するとする、ソシュールの「ラング(言語体系)」と「パロール(運用言語)」の区別を踏襲する。多くの人と同じように、彼は異なる文化は思考や生活の異なるカテゴリーに訴えると信じている。「別の文化を持つ人びとは別のカテゴリーで考えるという発想はおなじみであり、ありふれていると言ってもいいが、有意義な議論のトピックとするのは非常に難しい[10]」

ソシュールと同じくニーチェも、ある特定の世界観がインド・ヨーロッパ語族の言語とその体系的な概念構造のなかに沈殿しており、その結果として、いくつかの哲学的可能性は促進され、それ以外のものは抑制されると考えている。「インド、ギリシャ、ドイツなどのあらゆる哲学的思索の奇妙な家族的類似性を説明するのは簡単なことだ。言語に類似性がある場合、文法に関する共通の哲学のおかげで――つまり、類似した文法機能による無意識の支配と誘導のおかげで――哲学体系の似たような発展と帰結のためのあらゆるお膳立てが最初から整っているのは間違いない。これでは、世界を解釈する別のいくつかの可能性は排除されることになりそうだ[11]」

グレアムは、ニーチェやソシュールと同じく言語が解き明かすものに注目している。われわれが疑問を定式化する――たとえば「人間とは何か?」と問う――方法がすでに特定の種類の答えを促していると認識することによって、「別のカテゴリーで考える」文化の問題に取り組むためだ。つまり、問いの形に文化間で違いがあるとすれば、そこに立ち戻ることで、重要な概念的相違（ことによると異なる人間概念）を識別できるかもしれない。グレアムはこう述べている。「哲学のあらゆる答えは疑問を提起することによって形成されるから、われわれの思考の枠組みであるカテゴリーは、問いを立てるための言語において利用可能な基本的語彙に対応していると考えていいかもしれない……疑問詞を利用すれば、中国と西洋のカテゴリーの違いを突き止められるだろうか？」[12]

グレアムは、次のような場合に危険な曖昧表現が現れると広くわれわれに警告する。つまり「それ自体で存在するもの」とそれに伴う二元論に特権的地位を与える古代ギリシャの存在論的仮定（こうした仮定は中国の生産的な古典的宇宙論とは相容れない。この宇宙論が特権的地位を与えるのは「何かになるもの」だ）と、プロセスについて語るために必要なエネルギッシュで相互依存的な陰陽のカテゴリーとの区別を無視する場合だ。「中国の宇宙論では、あらゆる物事が相互に依存しており、すべてを説明する超越的原理やすべての元になる超越的起源は存在しない……私に強い印象を与えるこの立場の新しさは、『天』や『道』といった概念はわれわれ自身の究極原理の超越性を有しているはずだという西洋の解釈者の先入観を露わにするところにある。『道』さえも人間と相互に依存しあっていることをわれわれが理解するのは難しい」[13]

特に、古代の儒者が人間や人間の経験をどう理解していたかに探求の目が向けられるとき、目的論や形相因を中国の宇宙論に取り入れることにグレアムが慎重なのにはどんな意味があるのだろうか？　サンデルは、われわれ自身の常識に浸透している観念論や目的論の重みを強調している。「人間の本性について語ることは、往々にして古典的目的論の考え方を提示することだ。この考え方は、時と場所を超えて変わらない普遍的な人間の本質という概念と結びついている」[14]。グレアムが次のように述べているのが格好の例だ。すなわち、孟子の人間概念に対するこうした異質な目的論的仮定の押し付けは、まさにわれわれが「人間の本性」について孟子を読む際に抱えてきた問題であり、その際に「『性』を『nature』と訳すと、超越的起源のことだと誤解されやすいし、それは孟子の教えにおいて超越的目的でもあるのだろうと思われかねない」[15]。

対照的に、人間に「なるもの」という儒教の伝統における創造的で制約のない概念は、展開していく物語の文脈内で進化する個人のアイデンティティがいかにして足並みをそろえて現れるかを理解するよう求める。つまり、個人と物語は同じ境界内にあって相互に包含しあう、途中から始まる物語のプロセスなのだ。特定の個人にも種としての人類にも、個々の始まりや最終的な目標は存在しない。グレアムはこう述べている。「本性は、起源や目標ではなくある方向への自然発生的な発展という観点で捉えられる……物事の発展の『完了（成）』――人間の場合は『完全性（誠）』――は、目標の達成というより、一体化しつつある相互依存「の状況」を意味する」[16]。グレアムがここで強く意識しているのは、閉鎖と開示の根本的な対比だ。つまり、目的論に従う本質的な人間「であるもの」の可能性と実現を一方とし、物語的に重なり合った人間「になるもの」の永続的な出現をもう一方とする対比である。後者は祖先が子孫のなかで生きつづける連続したプロセスなのだ。

当を得た問いを立てる

ヘーゲルのはるか以前、アリストテレスもまた、どこから始めるべきかに関心を抱いていた。『範疇論』は『オックスフォード・アリストテレス全集（Oxford Complete Works of Aristotle）』として訳出された権威ある『アリストテレス全集（Corpus Aristotelicum）』の第一分冊であり、その最初の一番重要な問いは「人間とは何か？」という存在論的な問いだ。アリストテレスは述語付けをいくつか定式化しつつ、「主体」を徹底的に説明するために提起しなければならない問いを叙述している。その際に彼が挙げるこうした主体の具体例は、「市場における人間」だ。アリストテレスはまず、主体の本質や実体（ギリシャ語ではousia、ラテン語ではsubstantia）——人がそれで「ある」もの——を、その人物のさまざまな偶然的属性に対立するものとして明確にすることで存在論的差異を導入する。「大まかな考え方を示すと、実体の例は人間や馬、量の例は四フィートや五フィート、性質の例は白や文法的、相対語の例は二倍や半分やより大きい、場所の例はリュケイオン［アリストテレスがアテネに開いた学校］や市場、時の例は昨日や去年、姿勢の例は横たわっているや座っている、出で立ちの例は靴をはいているや鎧を着ている、することの例は切るや焼く、されることの例は切られるや焼かれる」[17]。さらに、アリストテレスにとって「……とは何か」という問いの最も重要な点は、われわれに基本的な述語を与えてくれることだ。述語とは、その人間は何で*ある*かという基本的実体を確定する主体に「ついて」言えることである。残っている二次的条件とそれら——つまり、量、性質、関係、場所、時、位置、状態、作用、影響——を引き出す問いは、主体の「なか」にあるすべての属性を、この主体なくしては存在しえない偶然的・条件的述語としてわれわれに提供してくれる。アリストテレスの問いが「いかに」や「なぜ」を含んでいないことに注意してほしい。アリストテレスは、記述が完結したあとで説明とは別に問いを立てられると想定していた。のちに見るように、この想定は中国のプロセス的宇宙論においては支持されない。

アリストテレスの完全な記述に向けての戦略と、それが彼の言う範疇について明らかにすることを考察すべく、グレアムはこう述べている。「アリストテレスのやり方は、あることをほかのことから切り離すというものであり、他動詞（「切る」「焼く」）でさえ無目的語として扱い、相対語（「半分」「より大きい」）ですら二つのことを関係づけているのではなく、ほかのことを参照する一つのものについて語るとされる」[18]。孤立した個々の主体に特権的地位を与えるアリストテレスの存在論の常識的帰結の一つは、次のようになる。個々の主体が経験する世界を満たしているのは、われわれから距離を置くことでわれわれを「拒絶する」ばらばらの物事や対象であると。この実体存在論の二つ目の帰結は、外的関係について想定される教理だ。つまり、こうしたさまざまな対象は、それぞれ独自の本質的完全性を有しており、別々の物事として一次的なものであるのに対し、それらを結合するいかなる関係も、そうした物事がのちに結ぶ二次的かつ偶然の関係なのである。グレアムは、アリストテレスの答えを形成する問いの形式と、この実体存在論が単純な位置や別々の個体という概念を受け入れ、出来事としての人間という概念を暗に除外する手法について検討している。「アリストテレスの考えの中心には名詞がある。彼は人間として特定された実体からスタートする。『である（いる）』以外の動詞を導入する以前、『彼はいつ市場にいたか？』とか『彼は昨日どこにいたか？』とは問えるが、『どこから？』とか『どこへ？』とは問えない」[19]

内的・構成的関係の教理

グレアムは、個別にして実体的な個人に関するこうした常識的理解を、中国の古典的なプロセス的宇宙論と明らかな対照をなすものと見ている。プロセス的宇宙論においては、世界は「物事（より適切には『出来事』）」の相互依存を特徴とするため、それを記述するには本質的で構成的な関係の教理が必要になる。「中国思想においてはむしろ、物事は独立しているのではなく、相互に依存しているように思われる……物事を相互に切り離す問いより、それらを結びつける問いのほうが重要なのだ[20]」

グレアムにとって、ダイナミックな動名詞的概念としての人間（human being）は、適切に育まれ、妨害を受けなければ、自然発生的で連続的な発展のプロセスに沿ってそれ自身の可能性を実現するものだ。しかし、初期の儒教的宇宙論に関するグレアムの理解の前提が、個々の独立した物事を結合するだけの外的関係ではなく、推定上の「物事」で構成される内的関係の教理であることを考えると、「それ自身の可能性」に関するグレアムの解釈は、個別の人間に秘められた内的な資質や能力として前もって用意されているというより、個別主義者にとって潜在的、創発的、系統的だということになるだろう。グレアムは、こうした中国の宇宙論にかかわる「関係」の本質を解明するなかで、この区別を厳密に導入する。「『関係性』について言えば、中国思想を解説するにあたって関係が不可欠な概念であるのは疑いない。このことは、西洋人に対し、物事の質よりも物事のあいだの関係に関心が寄せられているという印象を与えるのが普通だ。しかしその関心は、物事から抽象された関係よりもむしろ具体的なパターンに向けられている[21]」

ピーター・ハーショックは、われわれの御しがたい習慣から生じる問題を診断し、内的・構成的関係についてかなり明確で議論の余地のない説明を提示している。その習慣とは、世界は前もって存在する個別の「物事」から構成され、それらの物事がのちに相互に外的関係を築くと考えるというものだ。「自律的な主体と客体というのは、結局のところ抽象化による仮構にすぎない……われわれが『物事』と呼んでいるものは——それが山であれ、人間であれ、歴史のような複雑な現象であれ——価値や関連性（『物事』）について相対的に一定の視野を確立したことの経験的な帰結にすぎない。常識が言うような自然に生じる現実、つまり「物事」ではないのだ。実際、われわれが自分自身とは独立して存在している客体と見なすものは、現実には、関係という習慣的パターンの相関的要素にすぎない」[22]。ハーショックは続けて、「物事」は一次的なものであるという、われわれを文化的に束縛している通常の想定からの知的な救済策を提案しており、そのおかげでわれわれは「関係とは、前もって存在している行為者に依存する二次的な現実であるという考え」の正体を見破ることができる。内部関係の教説がわれわれに要求するのは異なる常識だ。「それが到達するのは存在論的なゲシュタルトシフトだ。つまり、自立していたり依存していたりする行為者を一次的な現実、それらのあいだの関係を二次的な現実と見なすことから、関係性を一次的な（あるいは究極の）現実とし、個々の行為者はすべて（慣習的に）それらの関係から抽象・演繹されるという考えに移行するのである」[23]

異なる問いを立てる——「どこから？」と「どこへ？」

したがって、中国の古典的宇宙論における世界は、ずらりと並んだ個々の「物事」としてよりも、相互に浸透する「出来事」という観点からのほうが説明しやすい。こうした世界においては、時の流れとともにある出来事を評価する「どこから」や「どこへ」は一番重要な問いになる。一方時や場所における点としての「どこ」や「いつ」は、実はわれわれの経験において連続的で多事であるものからの抽象概念にすぎなかったり、場合によってはその歪曲でさえあったりする。人間のアイデンティティにとって不可欠な他動詞性や接続詞のすべてに加え、物語的、過程的、生成的な人間理解に訴えることで、儒教的人間は、壺のなかのビー玉や引き出しのなかのスプーンではなく、歴史上の出来事になぞらえられるべきものとなる。

　さらに、こうした歴史上の出来事――たとえば南北戦争――についてたずねる場合、われわれは南北戦争とは「何か」ではなく、「南北戦争はどうやって起こったのか？」とか「結果はどうだったのか？」と問う。つまり、その出来事に関する物語的視点からの「どこから」や「どこへ」だ。しかも、こうした出来事について十分に描写するために、説明のための「なぜ」と「どのように」という問いは直接関係している。実際、出来事について言えば、「とは何か？」という問いがもたらす答えは満足のいくものからは程遠いはずだ。というのも、出来事に先行する歴史とそれ以降の歴史がすべて出来事の内に含まれているというジェイムズ的な意味で、それ自体が全体論的で経験的な時間的・空間的な出来事の成立を阻み、限界を設けてしまうからだ。

　人間に「なるもの」を名詞としてより動詞として理解するグレアムは、ホログラフィックな世界を提示する。その世界では、そもそもそこに位置づけられた人間が、彼らの継続する物語の一時性や不安定な舞台から解放されることはない。

　一方、行為からスタートするなら、継続時間と方向はすでに動詞に内在している。つまり、行為は「……において」なされるのと同様「……から」や「……へ」なされるのであり、場所と同様、物事や人間「へ」、「から」、「において」なされるのである（傍点筆者）……こうした非対称性を中国の言語と思想の動詞中心性に結びつけてもいい……中国の思想家が、人が「偶然に出くわす（『遇』）」状況や、「時宜を得た（『時』の動詞的用法）」行為に特別な関心を払っていることははっきりしている。問いの形式から生じる範疇の区別は、場所と時の区別ではなく、人が立っていたり、やってきたり、通っていったりする道と、その道で出会う時の区別であるように思える。[24]

このプロセスにおいて、宇宙論、時間、場所は、個別化された物事の個々の瞬間や単純な位置として分析できるばらばらの要素ではない。そうではなく、つねに独特な人間経験の絶え間ない流れの内にあって分離できない「様相」なのだ。われわれは同じ現象について語るための、異なってはいるが相互に包含する方法を見いだしているという想定から出発するため、この世界の出来事を叙述する際に要求される時間的・空間的な用語は、「相［開始や継続といった、動詞が表す動作や状態の時間的な局面］」にかかわっている。[25] これが意味するのは、人、場所、時は、進展している同じ出来事、同一にして独特の人間経験に関する多くの視点のうちの三つにすぎないということである。

グレアムは、中国の思想家が「時」の進行中に「偶然に出くわす」ものへ抱く関心に言及したが、ここでわれわれは、人間の旅路で予想される偶然性に対して一つの補助的修正を加えたいと思うかもしれない。この修正の根拠となるのは、生涯を通じて「道を広げ、延ばす（弘道）」われわれの能力に伴うべき慎重な決断の想定される重要性であり、この共有される道程を調和的で完全に自分自身のものとする（中和）のに必要な活動を時宜にかなったものにしたいという切望である。[26] こうした儒教的人間にとって、道を進むことは慎重かつ音楽的に生きることなのだ。

グレアムが提示するのは、「人間性」の「物語的」理解とでも言うべきものだ。人間と世界は動的・対位法的関係においてともに進化するというのである。人間のアイデンティティの基盤が、家族、コミュニティ、周囲との関係の内部における生まれながらの出発点にあるのは明らかだ。これらのものは、育成され、喪失や侵害から守られる必要がある。だが、こうしたアイデンティティは、これらの関係が生涯にわたって促進され、養成され、完成される際に重い決断がなされるプロセスを通じてのみ姿を見せる。その潜在能力は決して所与のものではなく、実のところ、世界のなかで送られる生活を構成する絶えず相互作用する出来事のなかで対位法的に現れるものなのである。

つまり、人間になる「潜在能力」として登録されている重要な条件が最初から存在することは確かだが、こうした条件は観念論者の「出発点」や目的論的な「到達点」ではない——背景事情や家族関係を除いた人間の「内部」にある生まれつきの何かでもなければ、何らかのあらかじめ定められた目的が不可避的に実現されたものでもない。まず第一に、この自然の宇宙にこうした根なし草的な人間は存在しない。人間は皮膚の内側に存在するのではなく、関係性のなかにだけ存在する。物語のなかの物語という入れ子に入っている人間は、さまざまな出来事を含みながら進化していく関係によって構成されているので、人間の「潜在能力」と実現されたアイデンティティは、実際、彼らの生活の具体的で偶然の相互作用から足並みをそろえて現れる。したがって、ここで「潜在能力」に関する最善の理解は次のようになる。潜在能力とは、一連の所与の条件として完全に先行しているわけではなく、将来的なものでもあるし、絶えず変化する状況のなかで進化していくものだ。包括的で普遍的であるというより、こうした具体的で相関的な人間の経歴につねに特有のものだ。そして、単に生来の決定的な資質として存在するわけではなく、特定の物語が進展したあとで事後にのみ知られうるものなのだ。

「人間であるもの」それとも「人間になるもの」？

人間（である）とは何か？　これはギリシャ人が繰り返してきた問いであり、プラトンの『パイドン』でもアリストテレスの『霊魂論』でも問われている。そして、ピタゴラスの時代からの最も揺るぎない回答は、存在論的なものだった。つまり、人間（human being）の「本質（being）」は、永遠にして既製の、自足できる魂だというのだ。「汝自身を知れ」というソクラテスのおなじみの忠告は、この魂を知るということだ。われわれ一人ひとりが人間であり、その概念からして、人間であることについて欠けているところはまったくないのだ。

役割を負っている人間は、いかにして（すなわち「道」）申し分なく人間的（仁）になるのだろうか？　これは儒教において繰り返されてきた問いであり、四書（『大学』、『論語』、『孟子』、『中庸』）のすべてで明確に提起されている。孔子の時代からこの方、その答えは道徳的、審美的、究極的には宗教的なものだった。人間たち（必然的に複数形）は、濃密で本質的な関係を育むことで人間的な存在になる。この関係とは、人間の初期条件を構成し、家族、コミュニティ、宇宙の内部で人生の物語の軌道——「どこから」と「どこへ」——を決定するものだ。[27]「自らの身を修めよ（修身）」というのは儒教の経典においておなじみの忠告であり、人間として完全（仁）になるという儒教的プロジェクトの土台である。つまり、われわれが生きる家族、コミュニティ、宇宙的な役割や関係を通じて表現されるものとして、われわれの行ないをたゆみなく高めていくということだ。こうした儒教的伝統においては、われわれは人間になるためにお互いを必要としているという意味で、「私」とは掛け値なしに「私たち」なのだ。つまり、人間が一人しかいなければ、人間たちは存在しないのである。[28] 行ないを完全なものとする（仁）とは、われわれが行なう何かであり、われわれがともに行なうか、さもなくばまったく行なわない何かである。

ここで問題になっているのは、われわれにとって最も基本的で重要な哲学的問い、つまり、完全な人間になることの意味をどう理解すべきか、に対する答えかもしれない。人間（であるもの）の誕生、生活、成長をどう説明するか――反復的な因果的説明（赤ん坊は既製の大人である）によって？　目的論的説明（赤ん坊は既存の理想へと向かう前の準備的存在にすぎない）によって？　あるいは、人間的に「なるもの」という観点から？　三つ目の選択肢は状況的・物語的説明に訴えるものだが、これを選べるのは意図的な個人的行為の現象学を通じてのことだ。人間（であるもの）であるということの意味をどう定義するか？　生来の分離可能な要因、つまり、生活を営む際の役割や関係の外側に人間を位置づけるものに関する思弁的想定によって？　あるいはそうではなく、人間的に「なる」ものとして？　この場合、人間がしっかりと埋め込まれている当初の生まれつきの条件や背景を考慮に入れ、その後、彼らの人生の物語が展開するにつれて結果として生じる意図的行為の集積全体を分析することになる。

すでに述べたように、われわれの世界では根本的な「個人主義」がイデオロギーとなっており、確固たる代替案は存在しない。われわれが問うべきなのは、個々の人間（であるもの）に関するわれわれ自身の常識的想定（これは一見したところ既定のものと思える）の適用範囲が、儒教的プロジェクトと矛盾がないかどうかだ――このプロジェクトが、個人的成長の背景条件としてこうした伝統に資する自然プロセス的宇宙論の内部に位置づけられ、発展させられた場合に。

儒教的プロジェクト――完成された関係の妙技としての人間

この儒教的プロジェクトが重要な理論的含意を持っているのは間違いないが、それについて注目すべきなのは、人間の実際の経験についての比較的明快な説明からスタートしている点だ。存在論的仮定や超自然的思索に訴える代わりに、日常の出来事の改善を通じて、いまここでわれわれの手に入る個人的価値の向上の可能性に焦点を当てるという意味で、それはプラグマティックな自然主義である。孫に対する祖母の愛情は実にありふれたものであると同時に、きわめて驚くべきものでもあるのだ。

人間の日常的経験という最も基本的で永続性のある局面――つまり、家族やコミュニティにおける役割、家族の尊重、他者への敬意、友情、羞恥心の涵養、教育、コミュニティ、人間中心の信仰心など――に関する見識を深めることによって、孔子はそうした見識の妥当性が永続するものであることを保証した。永遠の課題に焦点を合わせることに加え、孔子自身の言葉のなかに確かに存在し、この生ける伝統のなかで孔子の教えを大いに復元力あるものとしているもう一つの儒教の特質は、彼の教えの浸透性と適応性だ。孔子の貢献は、当時の文化的遺産をすべて自分のものとし、過去の英知を彼自身の時代の歴史的瞬間に当てはめ、後世の人びとにも同じことをしつづけるよう勧める努力をしていることだ。[29]

『論語』に記録されている孔子の人物像は、万人が生きるうえで従うべき一般公式を提示するというものではない。そうではなく、『論語』は一人の特別な人物の物語を思い起こさせる。たとえば、その人物は他人との関係のなかでいかにしてみずからの人間性を育んだか、周囲の人びとに称賛されるほど充実した人生をいかにして送ったかなどだ。実際、『論語』を読むと、人びととの関係によって構成された孔子が、多くの役割に最善を尽くしながら人生を生き抜く姿に出会う――つまり、面倒見のいい家族の一員として、厳格な教師にしてメンターとして、実直で高潔な文官として、気遣いのある隣人にしてコミュニティのメンバーとして、常に批判的な政治コンサルタントとして、先祖に感謝する子孫として、特定の文化遺産の熱心な継承者として、さらに、沂水《ぎすい》で楽しい一日を過ごしたあとでの帰路、うれしそうな少年や男たちとともに歌を歌う一人として（『論語』先進篇二六）。孔子は弟子を教える際、原理よりも歴史上のモデル、理論よりも比喩、命令よりも勧告を好んだ。孔子の見識の力と永続的な価値は、次のような事実にある。つまり、私が示そうと務めるように、こうした考え方は直観的な説得力を持ち、われわれ自身を含めて後の世代が直面する状況に容易に応用できるのである。

実際、儒教を経験論よりもさらに経験主義的にしているもの、つまり儒教を過激な経験論にしているものは、次のような事実である。それが将来に影響を及ぼすのは、特定のもの――この場合、模範的な人生を送った一人の特別な人物、すなわち孔子の格別の物語――の無類性を尊重するからなのだ。普遍的な原理を提示したり、厳密なアイデンティティの概念に基づく自然種の分類を想定したりするのではなく、儒教はアナロジーとつねに暫定的な一般論から出発する。この一般論は、歴史上に見られる成功した生き方の特定の事例や、孔子自身を格好の例とする物語で語られる特定の出来事から引き出されたものだ。伝統のなかの一つの模範として、孔子が「集団をつくっている」と言えるのは、後続の世代がみずからの人生を送る際にこのモデルに従いつづけるためなのだ。

儒教の役割倫理と人間の物語的理解

われわれが儒教の役割倫理と呼んでいるものは、きわめて重要な関係性、つまり生きるうえでの役割と人間関係を最上位に置くことから始まる。簡単に言えば、他者との共同生活というありのままの事実を前提としているのだ。人であれ物であれ、独力では何もできないというのがその主張である。あらゆる肉体的・意識的活動は、共同的・相互交流的なものだ。しかし、共同が分類にすぎない場合、役割は規範的なものになる。ある人の特定の役割——娘、祖父、教師、隣人、小売店主、恋人など——は単に規定された結びつきにすぎず、それらの特性において明らかに規範的な色合いを帯びることになる。つまり、私は良い娘だろうか？　私は良い教師だろうか？　といった具合だ。

役割倫理は間違いなく「動名詞的」で全体論的なものであり、一見したところ標準的な想定に反対するこの伝統を焦点領域の点から解釈したものだ。標準的な想定とは、別々の実体としての個人は物語から引き出される二次的な抽象概念ではなく具体的な実在であり、こうした個人は背景となる状況（何よりも彼らによる他人の扱い方）から切り離して、正確に叙述、分析、評価できるというものだ。役割倫理は次のような想定から始まる。つまり、いかなる興味深い道徳的・政治的意味においても、人間を交流する他人と切り離して理解することはできないし、実際、こうした他人とのやりとりのなかで人間の行為を導く特定の役割という観点を取ることで、人間は最もよく叙述され、評価されるという想定である。簡単に言えば、道徳的なものとは、他人とともに生きる際の役割や人間関係の成長と繁栄につながる行為であり、不道徳なものとはその反対の行為なのだ。

徳倫理学とは、行為主体、行為、一般的美徳、性格特性、自律、意欲、理由、選択、自由、原理、結果といった言葉に訴えるものであり、個々の人間を出発点と見なす。対照的に、儒教の役割倫理はもっと全体論的で出来事に満ちた、人間の物語的理解に基づいている。デイヴィッド・B・ワン（黄百鋭）は次のように述べている。「したがって『論語』に登場するグループにおいては、中心にいる孔子が道徳の涵養に携わっている。それぞれ異なる長所と短所を持つメンバーは、それらについて理論を立てたり哲学的に正当化したりするわけではなく、互いの交流を通じて、中国哲学の伝統を担う孔子の後継者によるその後の理論化や正当化に基盤やインスピレーションを与えている」[30]。だとすれば、儒教の役割倫理は代替となる「道徳論」ではなく、もっと大きな包容力を持っている。『論語』などの初期文献に見られる人間経験をめぐる比較的簡単な説明から始まり、最終的にそこに根拠を求める道徳的生活の独特の展望なのだ。私の主張は、役割倫理の規範性は全体としての人生を生きたいと切望する全体的人間から生じるというものだ。儒教の役割倫理の射程に関するこの議論を、同じ道を歩む何人かの人たち——デイヴィッド・ワン、カリン・レイ、スティーヴ・アングル——に応答することで進めたいと思う。彼らは歓迎できるコメントを述べてきたし、われわれが首尾一貫した説明をするための言葉を探しつづけているときには、儒教の役割倫理のいくつかの特徴について解明するよう求めてきた。

中国の古典的経典において「役割倫理」はいかなる言葉で表されているか

ヘンリー・ローズモントと私は、儒教のこうした立場を明確に説明することに取り組んだ。[31] われわれにとっての出発点は仁という哲学上のキーワードにしつこくつきまとう曖昧性だ。この言葉が最初に現れ、その後展開されていったのは、孔子の『論語』においてのことだ。[32] 仁が「とは何か」という問いによって解明されるとは思えない。『論語』に現れる一〇〇を超える仁の用例においては、少なくとも部分的には英語の文法と語尾変化によって保証された、なじみ深くとても有用な一連の区別が繰り返し無視されているようだ。明瞭さや厳密さを支えるこうした区別の機能は、ひとまとまりの具体的経験から人間の一つ以上の特徴を抽出し、分離することにある。たとえば、外部世界から内なる自我を、行為から行為主体を、他者から自己を、多くの自我から唯一の自我を、目的から手段を、肉体から精神を、人間全体から人格を、模範的生き方から高潔な性格特性を、心理的傾向によって特徴づけられる行為から心理的傾向を、一般的・特徴的な習慣から特定の妙技を、抽象的概念が引き出される具体的物語から抽象的概念そのものを、具体的な行為に基づく高次の一般化から行為の特定の事例を。

個人の経験の連続性を分解するこの重なり合う言語的区別は、そのすべてではないにしても大半が、われわれにとっては理解できるものだ。というのも、われわれは人間を個人として相互に切り離し、さらには行為からも人間を切り離す傾向を持っているからだ。これまで見てきたように、こうした思考の習慣はわれわれの哲学的物語の存在論に深く根ざしている。人間と行為のこうした孤立は、儒教は中国的特徴を備えた徳倫理学を提示していると主張する者にとって根強く盲目的な想定だ——つまり、初期の儒教においてギリシャ語の「アレテー（美徳）」

に相当する言葉は徳であり、したがって、初期の儒教における倫理的著作に見られる中核的な専門用語は、アレテーに関連する語彙で表現できるというのだ。

しかし、仁という言葉について調べてみると、『論語』では個人としての人間のあいだの、また人間と行為のあいだの厳格な区別が避けられているように思える。誰も独力では仁になれないし、一般的で反復可能な仁的行為をしても仁にはなれない。仁の重要性は人や状況に応じて異なるだけでなく、ある場合には仁として勧められることの正反対の行為が、別の場合には奨励されるケースさえある。

たとえば、ワンの挙げる事例の一つを取り上げ、顔回の問い――「顔淵、仁を問う」（『論語』顔淵篇一）――に対する孔子の答えを、仲弓（顔淵篇二）、司馬牛（顔淵篇三および四）、樊遅（顔淵篇二二）、子貢（衛霊公篇一〇）らが発した同様の問い――仁とは何を意味するのか――に対する答えと比較してみよう。弟子たちが手にした答えは大きく異なっていた。しかし、孔子は顔回やほかの弟子たちを大きく異なる者と見ているのであり、孔子の答えはこうした認識の違いを反映しているのだ。別の例では、冉有《せんゆう》と子路が同じ質問――「聞くままにこれ行なわんや（何かを聞いたらすぐにそれを行ないましょうか）」（『論語』先進篇二二）――をしたとき、孔子は冉有には「そうしなさい」、子路には「そうしてはいけない」と、正反対の答えを与えた。二人の弟子に相反する助言をした理由を問われると、自分の答えは質問者のよく知られた能力にふさわしいものだと語った。「冉有は遠慮がちだから励ましたが、子路は二人分の活力があるから手綱を締めたのだ」。仁は状況や人に固有のものであり、生活するうえでの役割を果たす際の高度な技術を指すようだ。実際、仁の意味をこうした全体論的、具体的、規範的、物語的なものとすることで、われわれはこう主張できる。つまり、古典的儒教において役割倫理を指しているのは、まさにこの仁という言葉にほかならないと。

さらに、『論語』をはじめとする古典を読む際に異なる解釈の文脈をもたらすものとして初期中国の宇宙論――すなわち、実体ではなくきわめて重要な関係性を最上位のものとする宇宙論――に従うなら、個人としての人間とその行為に関するわれわれ自身の常識的区別の妥当性を疑わざるをえない。というのも、そうした区別は、われわれが関係性を最上位のものとするところから始める際に生じる経験の根本的統一性を破壊しかねないからだ。言い換えれば、儒教哲学においてあらゆる倫理的言説に物語的基盤があるとすれば、行為主体と行為のあいだのこうした区別は、関連する行為の具体的で連続的なエピソードから生じるつねに事後的な抽象概念ということになる。かつての「個人」とその「高潔な行為」、あるいは「概念」とその「物語的な源泉や応用」としてわれわれが区別しがちなものは、分離も分析もできない同じ経験の特徴として現実のなかに現れるのである。

儒教の役割倫理と道徳の技能

カリン・レイは「Ren 仁: An Exemplary Life」という論文[33]で、ことによると同様の主張をしているのかもしれない。というのも、仁は行為に関する包括的でつねに文脈に固有の特質として理解されるべきだと論じているからだ。こうした特質は、道徳的に模範的な生活、つまり共通して他人の福利に深く関与し、したがってさまざまな関係の成長を促すような生活のなかに見いだされる。こうした人間は、まず家庭環境と結びつけられ、次いでより広くコミュニティへと拡大するさまざまな役割や振る舞いにおいて、行為のこうした特質を発展させ、伝記風に表現するようになる。レイが主張するのは根本的全体論である。それは、みずからの行為において明示されるような人間の多種多様な能力に統一性をもたらす。レイはこうした有機的、状況的、動的な仁の解釈を、杜維明《といめい》のより分析的、理論的、抽象的な理解と対比させている。杜維明にとって仁は「より高次の概念」であり「内面の道徳」だ。レイはこう主張する。そうした分割的な区別を呼び起こす、杜維明による仁の還元主義的説明は、還元できないほど具体的で、それゆえつねに特定の、充実した生活の特質とレイが考えるものを個別化し、理論化し、心理学的に分析する傾向があると。

仁についてのレイの理解は次のように要求する。つまり、こうした模範的な生活を最終的に評価するには、特定の原則、善の計算、一般的美徳の涵養に訴えるような、行為に関する抽象的で還元主義的な基準を持ち出すより、全体論的、包括的、美的な基準に訴えるべきだと。たとえば、われわれが模範的な教師について回想するとき、誠実さとか勇気といった面白味に欠ける性格特性より、特定の状況や出来事をその教師の優れた技能の象徴として思い起こすことが多い。「アンガス先生が大好きだった。先生はとても温厚だったから」という思いが頭に浮かぶことはなさそうだ（とりわけアンガス先生については）。一方、「アンガス先生が……してくれたことを覚えているかい？」というのは実によく聞く台詞だ。

儒教の役割倫理における役割を評価する

スティーヴ・アングルは、ローズモントと私が提起した議論――儒教の役割倫理は実に独特であり、西洋の既存の道徳論に呑み込まれてしまうことはない――について、公平で寛容ながら批判的な評価を下した。アングルの推測する通り、われわれが西洋の道徳論と儒教の役割倫理の違いを強調する一つの理由は、儒教倫理と西洋の道徳論の比較を歪曲しつづけている重大な非対称性にある。われわれは、儒教の役割倫理と西洋の道徳論との比較的最近の出会いが決定的瞬間だったとは考えられないと強く言いたい。アングルはわれわれの基本的前提、つまり儒教の文献を読むにあたっては解釈の文脈が尊重されるべきだという考え方への二次文献における批判を引用しているが、アングル自身は最終的にわれわれに賛成しているように思える。というのも『論語』の道徳論をめぐる自身の論考を、われわれの意見によく似た警告によって締めくくっているからだ。彼自身の考えを言えば、アングルはこう断言している。「古代の文献と現代の理論の有意義な比較を行なうには（多くの）障害」が存在するが、その障害が生じるのは、われわれが「文献そのものが複雑な社会的、概念的、歴史的文脈を持っていること」を忘れてしまうときだと[34]。

　われわれ自身のプロジェクトは、儒教の経典の読者に、解釈の文脈にまつわるこうした一般的問題を認識してもらうことだ。だがさらに具体的に言えば、すでに指摘したように、儒教倫理における人間の概念がわれわれにとって最もなじみ深い区別の一部と相いれないことも明らかだ。したがって、信頼できる文化的比較を損ないかねないと懸念されるこれら多くの障害のうちでも突出した脅威は、人間について選択肢となるこうした焦点領域的概念と、内なる自我と外部の世界の関係のホログラフィックな理解を正しく認識できないことだ。

　アングルは、ローズモントと私が儒教の役割倫理は道徳生活に関する独特の見方であると主張するとき、「儒教の役割倫理は西洋の道徳論と同じ基準では考えられないと言っているわけではない」としている点を認める。われわれが明確にしようと試みているのは、比較哲学において非対称性を引き起こしてきた、異なる宇宙論的想定の大変な深みと見なされるものだ——その第一のものが、儒教の役割倫理の土台をなすまったく異なる人間概念である。だが、こうした取り組みが西洋の道徳論との「生産的で相互啓発的な対話」を妨げると考えるべきではない。[35]実際、ローズモントと私は、発表した著作でまさにこうした対話が必要であることをはっきり述べている。[36]さらに、われわれの著作だけでなく、教え子の大学院生たちが次世代の比較哲学者の一員として、儒教の役割倫理、フェミニスト的なケアの倫理、デューイ的な社会倫理、さらに、その他のより主流の道徳論を生産的に比較する学位論文を書きつづけている。

儒教の役割倫理に関するわれわれの立場について、アングルが表明している最も本質的な哲学的懸念は次のようなものだろう。「『論語』において明確に理解されているのは、役割が特定の人物によって担われていることを批判的に評価する必要があるということだ。『儒教の役割倫理』は、こうした評価のための批判的手がかりを十分に与えているだろうか?……善い親と悪い親について語れることが必要なら……問題はそうした善さをどのような言葉で判断したり明確に述べたりするかということになる」[37]

どうやらアングルにとっては、ある人が規範的に正当な方法で特定の役割を果たしているかどうかをわれわれが判定しようとすれば、その際の基準は役割そのものに先立ち、なおかつその外側になければならないということらしい。「善」は単なる「善い親」よりも何らかの高次の価値を持つ必要がある。「私は善い親だ」と言い張るだけでは、その人が善い親だと確証することはできない——その主張の真実性を確証するには、さらなる正当化が求められる。たとえば、アングルは儒教の役割倫理に関するA・T・ニュイエンの主張を引用し、次のような見方を認めるものだとしている。「役割の善い担い手と悪い担い手の違いは、特定の個人が与えられた役割に結びついた義務をどれだけうまく果たしているかで決まる」——つまり、基準としての義務は役割そのものとはおそらく独立に存在しているのだ[38]。

アングルの考えでは、われわれが同じような主張をするなら、つまり、先立って存在する基準としての相互依存性や関係性という一般的展望に規範的にかかわっているとするなら、最終的には「徳倫理学」と対立する「妙技倫理学」に至るはずだという。この立場では、親密さや相互依存の質が特定の美徳の働きをすることになるが、実は少しも役割依存的なものではなく、徳倫理学と生産的な対話ができるかもしれないという。だが、われわれの主張は、儒教の役割倫理においてはあらゆる人間関係が究極的に役割に基づいており、こうした関係の発展——つまり人間の繁栄——に貢献する行為が道徳性の実体であるということだ。樂——初期の儒教の経典では「幸福」よりも「繁栄」と理解されていたかもしれない——の中心的役割は見逃されることが多い。われわれの議論は、役割そのものの非還元主義的繁栄は、それに付随するすべての複雑性とともに、判決の適切な基準であるというものだ。親がどのくらい「善い」親であると見なされるかは、つねに特定の状況におけるつねに特定の子供たちとの関係の質によって判定されるべきだ。「……に関して善い」、「……にとって善い」、「……について善い」、「……に対して善い」、「……おいて善い」等々は、いかなる派生的評価にも先立つものだ。関係性の特定の基盤——格好の例が親であるという役割——の大半を生み出す道徳的技量と美的達成はそれ自体で規範的である。

別の言い方をすれば、アングルは「美徳」と役割の分離を主張し、続いて、こうした美徳を役割の評価と正当化に利用できる、より高次の基準として扱っているのだ。他方でわれわれは、妙技と役割は分離できないと強く主張する。繰り返して言うと、関係とその質が一次的なものであるのに対し、抽象化された「対象」――美徳や推定上の個人――は二次的なものである。美徳、価値、原則の内容は、生活のなかでの役割を構成する具体的な行為から抽象され、次いで、今度はそうした役割がこの流動的な抽象概念によって導かれるようになる。だが、重要なのは、われわれの役割が変化するにつれて、道徳のカテゴリーの内容も一緒に変化していくということだ。言説に対する役割倫理の一つの重要な貢献は、われわれの道徳的語彙の個別主義的、プロセス的、暫定的、修正主義的立場への関心を呼び覚ますことにある。

　実際、われわれは古典中国語で「善」を意味する好という言葉を発見的方法として利用することで、次の二つの点について議論できる。すなわち「善い」ことを表現する際には関係が優先されるという想定と、われわれが担う役割において「善い」が意味することの進化的定義である。占いに使われた甲骨や青銅では、この文字は当初、母子の特定の関係を表現していたが、時とともに生産の役割を表すよう意味が拡張され、やがてそもそもの母子との関連は失われることになる。たとえば青銅器に書かれた文字を見ると、勇敢で屈強な男は「好漢」とされ、目の覚めるような美女は「好女」と呼ばれる。道徳についての語彙の内容――ここでは「善」――は一つではない。それは、人間の物語のなかで変化する多くの役割と相互関係を通じて時とともに進化し、そこから生じてくるのだ。

　だとすれば、生活のなかで担われる役割をじっくり評価するにはどうすればいいだろうか。われわれが人間的繁栄の一般的特徴を経験則として明記できるのは確かである。しかし、究極的には特定の役割そのもの――たとえば私と特定の学生との込み入った関係――の発展こそが最も重要であり、こうした「繁栄」の内容にあたるものに必要な具体性を与える。善い教師を生み出す方法を提示できないのは、芸術作品を生み出す方法を提示できないのと同じことだ。

誰にでも善い教師がいるものだが、教師と学生の関係を決める一連の一般的特性がこの現象を十全に解明できると思う者はいないだろう。実際、こうした関係のあいだには山のように違いがある。この教師とこの学生のあいだに存在する役割自体が、われわれの一般的還元にあらがう規範的な力を持っている。善い教師が役に立つのは模範的なモデルとしてであり、明確で従われるべき原則としてではない。すでに述べたように、彼らはエピソードによって思い起こされるのが普通であり、一般的な性格特性に訴えることによってではない。「私は彼女の教師だ」という表現はそれ自体が具体的な模範や自分自身の経験に注意を向けさせる規範的な命令であり、次に何をなすべきかを決める際には、こうした命令は抽象的な美徳のいかなるリスト——正義、勇気、慎重さなど——よりも役に立つ。「彼女は私の教え子なので」という表現は、私の行為を強く正当化するものとなる。

　ことによると、アングルが主張する独立した基準の必要性に応えるもう一つの方法は、こうした儒教文献では「生活における役割や関係のなかで実現される礼儀作法（礼）」という概念が最も重視されていると論じることかもしれない。そこでは、抽象的な法規範や刑罰の適用は必要な制度だと見なされる一方で、法に訴えることは共同体の失敗をはっきり認めることだと理解されている。たとえばこんな文章がある。「孔子が言われた。『行政的な命令によって人びとを導き、刑罰によって秩序を守らせるなら、彼らは罰を逃れて恥ずかしいとも思わないだろう。人びとを道徳的な技巧で導き、礼儀作法の遵守によって秩序を維持させるなら、彼らは羞恥心を身につけたうえに、自らを律するようになる』」（『論語』為政篇三）。これは、統治者の役割として道徳的技巧をどう発揮するかのモデルであり、批判的評価の基盤となる家族や共同体の礼儀にかなった人間関係において相応の羞恥心が適切に機能することを示すモデルでもある。「礼」を組み込まれた活力ある家族や共同体は独自の具体的な存在だ。抽象的な原則は指針として役立つとしても、せいぜい二次的な命令に過ぎないのである。

デューイと『直接的経験主義の仮定』――経験の全体性の復権について

私は、判決の原則は判断の対象に先立って別個に存在しなければならないとする「エウテュプロン問題」を退けたいと思う。ある物事は、それが結ぶ諸関係の要約として善と見なされるのではなく、それ自体が善でなければならない。善の理解を明確化し、それによって人間経験の複雑さ全体を正当に評価するために、ジョン・デューイの考えを援用したい。デューイは人間の経験とは何か、それは何を意味するのかを問うなかで、直接的経験主義の仮定なるものを導入している。つまり「直接的経験主義は、物事――『物事』という言葉の通常の、あるいは非専門的な使い方におけるありとあらゆるもの――とは、それらがそれとして経験されるものであると仮定する。もし何らかの経験があれば、それは確定的な経験である。この確定性が唯一にして妥当な統制の原理、つまり『客観性』である……主観的、客観的、身体的、知的、無限、精神的、原因、実体、目的、活動、悪、実在、属性――要するに哲学にかかわる用語――の意味を知りたければ、それらがどんなものとして経験されるかを経験し、理解するといい」[39]。

デューイの言う哲学的カテゴリーのリストに、「主観的」や「客観的」をはじめとする用語に並んで「善」を加えたい。デューイによれば、これらの用語を適切に定義するには、それが生活のなかでどう使われ、われわれがどんなものとして経験するかを考察しなければならないという。デューイにとって、こうした仮定はメンターであるウィリアム・ジェイムズが「根本的経験論」と称していたものをさらに洗練したものだった。「根本的であるためには、経験論はその構造のなかに直接経験されない要素が入ることを許してはいけないし、直接経験される要素を排除してもいけない。こうした哲学にとっては、経験を結びつける関係はそれ自体が経験される関係でなければならないし、経験されるいかなる種類の関係であれ、そのシステムのなかのほかのあらゆる要素と同じように『現実』と見なされなければならない[40]」

　さらに最近になって哲学へのプラグマティックなアプローチを提唱したヒラリー・パトナムは、この直接的経験主義の仮定をいっそう明確にしている。「どこでもない場所からの眺め」という客観主義を拒否するだけでなく、経験の主観的側面はつねに現にある世界の一部であるというさらに踏み込んだ主張をしたのだ。パトナムはこう強調する。「われわれが『言葉』や『心』などと呼ぶ要素は、われわれが『現実』と称するものに非常に深く浸透しているので、われわれ自身を『言葉から独立した』何かの『地図製作者』として描こうとするプロジェクトは、最初から致命的な傷を負っている。相対主義と同じく、だが異なるあり方で、実在論はどこでもない場所から世界を見ようとする不可能な企てなのだ[41]」。パトナムは、人間の関与を切り離し、現にあるものとしての世界の経験を受け入れないものを、現実世界の理解とは認めないだろう。つまり「プラグマティズムの核心は――パースは違うとしても、ジェイムズやデューイのプラグマティズムの核心は――行為者の視点を最上位に置く点にあるように思える。われわれが、その最も広い意味での実際の活動に携わる際、何らかの観点を取り、ある『概念体系』を使わねばならないことに気づいたら、それは『物事それ自体のあり方』ではないという主張を同時にしてはならない[42]」。

　経験そのものの実在性を肯定的に論じるなかで、これら新旧のプラグマティストは、「古典的な認識論――「絶対者の自ら光を放つ像としての現実[43]」――に根拠を与えてきた知識と実在のあいだのおなじみの等式を、根本的・永続的な誤りと捉えている。簡単に言えば、経験はあるがままのものであり、そのすべてが現実なのだ。

「抽象化の危険」を退ける

よく知られているように、バーナード・ウィリアムズは「濃密で」「世界を導く」道徳概念を探求するなかで、何が正しく、何が間違いで、何をすべきかを示す道徳論の力を疑っていた。たとえば『道徳的運』という論文の序文で、ウィリアムズはこう宣言している。「道徳とは何かについての、非常に興味深く、整然とした、あるいは自己充足した理論はありえない。また、現在の一部実務家の精力的な活動にもかかわらず、哲学的構造という意味での道徳論もありえない。ここで言う哲学的構造とは、何らかの経験的事実とあいまって道徳的推論の決定手順を生み出すもののことだ[44]」。この含意は、経験自体が意図的な道徳的行為の基礎を与えるということだ。

アルフレッド・ノース・ホワイトヘッドは「われわれは一般論で考え、具体論で生きる」と述べたとしてしばしば言及される。彼もまた、曖昧で暫定的な実践の世界を犠牲にして、抽象的理論の直示的な明瞭さにわれわれを依存させる根強い不均衡の弊害を懸念していた。ホワイトヘッドは哲学史を詳述するなかで、知識を閉ざし、完結させる「抽象化の危険に気づいていない」として、エピクロス、プラトン、アリストテレスを非難している。ホワイトヘッドによれば、彼がこうした偉人と結びつける「思想の歴史は、活気あふれる開示とうんざりするような閉鎖の悲惨な混合物だ。完結した知識の確実性によって洞察の感覚は失われる。こうした独断主義は学ぶことに対する反キリスト的な敵である。物事の完全に具体的なつながりにおいては、つなげられた物事の性質はそれらを結びつける連結性の一部になる……友人関係のあらゆる事例は二人の友人の特定の性質を示している。別の二人はその完璧に定義された友人関係と一貫性を持っていない[45]」。

ここで注意を払うべきなのは、知識の確実性に関する仮定によって抑え込まれ、損なわれる「洞察の感覚」を説明するためにホワイトヘッドが挙げる例だ。ホワイトヘッドにとって、友人関係はわれわれの生活における創造的な前進であり、つねに比類のない二人の人間が継続的な形の生産的関係を実現・強化できる場合に生じる。いかなる継続的な友情関係においても二人の人間そのものは代替不能であり、ホワイトヘッド自身の言葉によれば、ほかの誰もがその関係と「一貫性を持っていない」。だが、彼にとっては、無二の友人と彼らの連結性を含む友情そのもののプロセスの継続的性質こそが、現に実在するものだ。推定上の「個人」としての二人の人間や、義務のような固定的特性に訴える二人の関係の評価は、われわれが生きる現実からの抽象概念にすぎないのである。

実際、ホワイトヘッドにとっては宇宙論のレベルにおいて、別々の個人といったものが存在するという仮定こそが、彼の言う「単純な位置づけの誤謬」――物事を単純な項目として孤立させ、状況から切り離し、分析することが、われわれの経験内容を理解するための最善の方法だというおなじみだが誤った仮定――の最も重要で代表的な例なのだ。ホワイトヘッドは経験からの抽象概念としての「客体」の世界を拒否し、経験と自然そのものの両方からなる基本的実在は、単純化できないほど拡張された動的な出来事と考えるのが最もよいと主張する。ホワイトヘッドにとっては、人間についてのリベラルな理論の多くで想定されている別々の個人という概念は、哲学者の専門家的歪みの具体的で根強い事例であり、彼が別の場所で「見当外れの具体性」の誤謬と呼んでいるものの一目瞭然の例である。密接な関連のあるこの第二の誤謬は、単純な位置を持つと想定される抽象化された実体を、人間の経験の真の内容を構成するあらゆる乱雑な推移と結合を伴う動的で拡張された関係の現場よりも「いっそう現実的」であると見なすものだ[46]。

チャールズ・ハーツホーンは、ホワイトヘッドのこうした懸念を詳しく論じ、他人との関係における人間相互の関わり合いと浸透を強調することによって、われわれの「内側」と「外側」という見せかけの領域に関する常識的理解を問題視している（もっとも、われわれの「全体性」の感覚はホワイトヘッドの言う「神」の働きをせざるをえないのだが）。「ホワイトヘッドがはっきりと理解しているように――個人は一般に互いの外側にいるだけではなく（『単純な位置づけ』の誤謬）、互いの内側にもいるのであり、神があらゆる物事を内包しているのは、社会的相互依存や個人の相互内在の極端な、あるいは最高の例であるにすぎない[47]」

ソア・ホーン・タンは、人間の行為は社会的・有機的なものであり単純化できないと論じるなかで、ジョン・デューイの「回顧的誤謬」を取り上げている。この概念は、人間をその物語が持つ連結性から抽象化するときに生じる、個人のアイデンティティの孤立的な反復への異議申し立てだという。「依然としてアイデンティティにとらわれている人びとは、デューイの見方は『自我なしに活動する自我』という見方だとして不平を漏らすことが多い。彼らが見落としているのは、伝統的な自我概念に対するデューイの抗議の論点だ。デューイにとって自我は、経験の外側、人間の行動や体験の外側には存在しえない。『自我』と行為の差異は『事後に』

現れる。統一性は経験における差異に先行する。そう考えないかぎり、『回顧的誤謬』を犯すことになる――あとで思い起こすことで経験に取り入れた区別を、経験のなかにもともとすべてあったものと勘違いしてしまうのだ……自我は結果として生じる機能であり、有機的で社会的な、複雑に入り組んだ相互作用とともに現れるのである[48]」

「行為者」と機能的に同等なものとしてのホログラフィックな「焦点」

実際、人間をばらばらの孤立した個人として分析することを阻むこの「物語的」理解は、デイヴィッド・ウォンの問いに答える糸口を与えてくれる。その問いとは、われわれが儒教的な役割倫理に帰属させてきた行為者――行為者の「焦点領域」的概念と呼んできたもの――にかかわっている。『論語』を共有された物語とするウォンの記述から明らかなのは、初期の儒教に関する彼の理解には、役割倫理をめぐるわれわれの考え方と一致するものがたくさんあるということだ。さらにウォンは、道徳的生活に関する儒教的視点の内部において、人間の繁栄とその正当化の美的・野心的基盤が中心的役割を果たすことを完全に認識しているようだ。それについては、スティーヴ・アングルに応答する形ですでに取り上げた。ウォンはこう述べている。「十分に善い生き方とはいかなるものかに関する儒教的な考え方には、現代の西洋の読者には奇妙でなじみがないように見えかねない美的側面がある……こうした様式的な行為は道徳美を持つと言えるかもしれない。この道徳美は、自然な敬意や思いやりとなっているものの優雅さや自発性のなかにある[49]」

だが、ウォンは儒教倫理の解釈において、他人との関係に対するばらばらの個人の優位性に

なお も依存しているようだ。ウォンはわれわれにこう問いかける。「私が自分の関係していることの総和だとすれば、それぞれの特定の関係のなかに立っている実体は誰、あるいは何なのだろうか」。ウォンにとっては、二つの「実体」（最初は「人間」というより生物有機体だとしても）が、それらのあいだの関係に先立って存在しなければならない。この問いに対してウォン自身が初期の研究で展開し、最新の著作でも維持している答えは「われわれは生物有機体として実際に生きはじめ、同類の他者と関係を結ぶことによって人間になる」というものだ。[50]

われわれならそうは答えない。もともとの経験には存在しなかった区別を取り入れる回顧的誤謬を避け、次のような主張を繰り返すだけだ。すなわち、われわれは関係そのものの総和であり、それによって構成されているのだと。私は、この息子、この兄弟、この教師、このカナダ人などである「私」以外の「私」であったことはない。われわれは自分自身の物語なのだ。これらの関係が帰属するはずの「実体」という先行物を措定することによって、この強烈で習慣的な関係の焦点あるいは中心を複製する必要はない。ウィリアム・ジェイムズは、こうした「実体」という考え方は名前を「物事」に変えるという「根深いごまかし」だとして批判する。「たとえば、今日温度計の数値が低いのは、『気候』と呼ばれる何かのせいだとされている。実際には、気候とはある数日間に対して付けられた名前にすぎない。ところが、あたかもその日の『背後に』潜んでいるかのように扱われ、それが一つの存在であるかのように、名前が表す事実の背後にその名前を付けられることが一般的だ。だが、物事の現象的特性は……いかなるものにも内在していない。そうした特性は、むしろ相互に付着し、結合している。われわれには近づけない実体という概念――セメントがモザイク画のピースを支えるように、そうした結合を支えることによってそれを生み出すとわれわれが考えているもの――は捨て去らねばならない。単なる結合そのものという事実が、実体という概念のすべてである。その事実の背後には何も存在しないのだ[51]」

儒教の役割倫理においては、活力ある関係の物語という事実の背後には何も存在しない。私が述べようとしているように、われわれは、浅く複雑な基盤から人生を始める。つまり、最初はほぼ肉体的なものだが、やがて家族的・共同体的な関係に進むものの基盤だ。こうした具体的な役割や関係を生きるなかで、焦点や解決策を実現することを通じてわれわれは徐々に進化し、つねに独特でいくらか一貫性のある個人的アイデンティティを獲得するのだ。

ウォンの問いに対するわれわれ自身の答えを明確にまとめるには、アンガス・グレアムがほのめかした外的関係と内的関係という対照的な教理の区別に戻る必要がある。実体存在論とその外的関係の教理は、われわれが共有する（しかし文化的に束縛された）常識となり、そうあり続けている。この存在論は、個別で独立した実体の優位性と完全性を保証するものだ。ウォンは、別々の有機体としてのわれわれは「自分と同類の他者と関係を結ぶことによって人間になる」と考えているようだ。

儒教の「内主観的」人間

内的関係の教理は、推定上の「物事」を構成する有機的連続性を最上位のものとすることから始まる。儒教的な役割倫理に背景を与える宇宙論におけるこのきわめて重要な関係性が最優先されることを考えると、具現化された生物的関係と社会的関係はともに、それらが同語源の相の用語である「體（体）」と「禮（礼）」――「生きられる身体」と「具現化された生き方」

——として捉えられているために、生きられている命の物語をつくりあげる動的、双方向的、相互浸透的な様式として有機的に拡散している。[52] こうした様式は当初は非常に脆弱かつ不安定なので、われわれは幼児を「生物有機体」として描きがちだが、これでは幼児をその背景状況から抜き取ることになる。幼児は最初から内主観的であり、その内部で彼らが進化していく家族やコミュニティとの関係の領域に収まり、それによって性格づけられる。こうした様式の特徴は意味の継続的な成長と深化にあるから、幼児はよく生きることを学ぶにつれてますます違いを示すようになる。

だが、はっきりさせておきたいことがある。幼児を構成するさまざまな関係の網の目から切り離された「生物有機体」としての幼児は存在しない。われわれは次のように主張する。この世に生まれる幼児は、生物的にも社会的にも個別あるいは既成の実体ではない、つまり、排他的生命体としてそれ自身の推定上の発端を持っているわけではない。そうではなく、幼児は、肉体的、社会的、文化的な栄養をへその緒を通じて取り入れつつ、物語のなかに収まる内主観的物語として、物語の途中へ生まれてくる。個別であったり孤立していたりするどころか、幼児は拡散しているが焦点を持つ、宇宙の果てまで広がる放射状の関係の肉体的、社会的、文化的な基盤あるいは領域なのだ。

もちろん、世界における活動としての歩行から脚を慎重に区別しなければならないように、われわれは心の働きと脳の違いを無視してはならない。幼児の世話をする肉親は、この有機体とコミュニケーションを取り、自らの成熟した文化を伝える。新たに出現した「目配りのきく」「真心を持った」子供が、個人としてのアイデンティティを形成する際の主要な資源として最初に役割を果たすのだ。幼年期という現象がわれわれに何かを教えてくれるとすれば、それが行為主体の独立性でないことは確かだ。それどころか、幼い頃を思い起こしてみると、「心」が人びとのあいだで共有される社会現象であることがわかる。単なる交流を活気ある家族やコミュニティに変貌させるべく、具現化された有機体がお互いに意思を伝え合うときに生じるからだ。幼年期が教えてくれるのは、われわれがまさに生存のために、また最終的には自分のアイデンティティを進化的に構成するために、さまざまな関係性に依存していることを正しく理解することだろう。

ジョン・デューイの挑戦――内主観的な最高傑作

私はこの論文の冒頭で、孔子の関係的な人間概念と耽美主義としての役割倫理が、サンデルのプロジェクトに何らかの貢献ができるかもしれないと示唆した。そのプロジェクトとは、非常にリベラルな考え方を基礎づける義務論的自我に代わるものとして、内主観的人間の妥当な概念を明確に示そうとするものだ。デューイは、われわれに切望してもらいたいと願う内主観的な「個人」に高いハードルを設定する。それはサンデルが置いた基準と一致するものであり、デューイは無類にして難攻不落のまさしく個人的最高傑作をわれわれ一人ひとりに要求する。すなわち「独特のあり方の感性、選抜、選択、反応、条件の活用」である。[53]

個性とは、最初は自然発生的なものであり形をなしていない。それは潜在能力であり、発展の可能性である……個性とは世界の影響を受け、その影響に応える際の優先バイアスを示す独自の感性のあり方であるから、実際の状況との相互作用を通じてのみ形成される。

個性がそれだけで完成しないのは、画家がチューブ入り絵の具を手にしてもカンバスに向き合わずには作品を完成できないのと同じことだ。芸術作品とはまさに個性的なものであり、画家の独自の展望と能力を媒体とした絵の具とカンバスの相互作用の帰結である……独創的で創造的な何かなのだ。ほかの物事を創造するまさにそのプロセスにおいて形成されるものなのである。[54]

第九章　道徳的主体なき道徳性についてどう考えるべきか

ヘンリー・ローズモント・ジュニア

私の友人にして共同研究者でもあるロジャー・エイムズは、本書への寄稿において、役割倫理という考え方をその源泉である古代中国の形而上学的文脈のなかに巧みに位置づけている。本稿で私は、役割倫理の概念をその中国的文脈から取り出してわれわれ自身の文脈のなかに直に位置づけたいと思う。その際、儒教的な観点をできるかぎり維持し、それについて詳しく論じていく。われわれの社会に影響を与えている多くの問題に取り組むうえで、儒教的な観点がなすと思われる貢献を明らかにできるよう願っている。

私見では、マイケル・サンデルほどこうした問題に向き合い、明確に分析してきた哲学者はまずいない。[1] アメリカの悲しむべき状況についてのわれわれ自身の嘆きは、サンデルのそれとまさに同じだ。つまり、道徳的価値の崩壊、事実上あらゆるもののコモディティ化、コミュニティへの関与の衰え、礼節の喪失、政府への不信など、挙げれば切りがない。[2] サンデルは、道徳哲学・政治哲学において優勢な西洋的パラダイムと決別し、「善」は「権利」に先立つべきだと主張する。[3] われわれは（孔子もそうだろうが）それに同意する。サンデルが同じく西洋的パラダイムと決別するのは、個人は完全に自由というわけではなく、自分が育ったコミュニティの道徳観を背負っていると主張するときだ。これが、サンデルによるロールズ批判の核心である。[4]サンデルは、正義にかなう社会の創造を完全な記憶喪失者に委ねることの信じがたさを実にうまく示している。サンデルはこう述べている。「[私の係累によって]次のことが認められる。つまり私は、正義が求め、あるいは許しさえするものより多くのものを、何かに負っているのである。その理由は、私がなした合意ではなく、ほぼ永続的な愛着や献身にある。こうした愛着や献身が一つにまとまって、私という人間を部分的に定義しているのだ……こうした構成的愛着を持てない人間を想像することは……申し分なく自由で理性的な主体を思い描くことではなく、品格も道徳的深みもまったくない人間を想像することだ」[5]（傍点筆者）

残念ながら、サンデルは自我、人間について、こうした愛着以上の定義をしていない。[6]だとすれば、私が最近詳細に論じたように、そして、われわれの脳についての知識が増加するにつれて神経科学者たちがますます頻繁に語っているように、サンデルは、そうした愛着を離れて定義されるべきものは、実際にはごく僅かか、ほとんどないと分かっていたのかもしれない。[7]しかし、ロジャーと私にとっては、いかなる種類であろうと根本的な個人主義は、資本主義市場経済やサンデルが他のところで正しく批判している、多くの哲学者のあいだで絶えず影響を及ぼしているイデオロギー的災いを正当化するものだ。そこには、合意した成人による人肉嗜食さえも正当化可能な、リバタリアン的な自己所有概念も含まれている。[8]その結果として、われわれが人間性を考える際、根本的個人主義がパラダイムのままであるかぎり、サンデルが最近の研究[9]で述べている商業主義をはじめとする脅威の現在の趨勢が阻止されることはないだろう。あるいは少なくとも、きわめて困難な状況においても「筋の通った議論」は有効であると主張すること以外、サンデルは、それを阻止するために何ができるかを示す手がかりをほとんど提供していない。[10]

ロジャーと私はサンデルのさらに先へと進み、負荷なき自我という構図のみならず、そもそも何らかの自我があるのかどうかを問いたい。われわれはそれをフィクションだと信じている――そのフィクションは、もはや無害であるどころか、耐え難いものになっていて、アメリカにおける富と機会のはなはだしい不平等を正当化するために使われている。[11] そして、われわれは人間であることについて、主観性／客観性、選択、自由、性格特性、自我意識、美徳などの標準的な用語や、個人主義的道徳や（サンデルのものを含めた）政治的論文などに採用される類似語を使うことなく、道徳や政治問題について議論する一つの代替概念を提案したい。

自分の仲間たちを個別の自我ではなく、十分な相互関係を持つ、役割を担う人間として想像するように努めるとすれば、そうした仲間たちとそれぞれ別々に対応することについて、どのように考えることになるだろうか？　そして、もし、コミュニティの喪失とそれを再興する方法を探すことに集中する代わりに、われわれ全員が今日取り組まなければならないと意見が一致する問題への適切な対処に必要とされる人間を生み出すための最良の基盤として、家族制度を促進するならば、何が起こるだろうか？

これらは私が本稿で語る問題だ。サンデルについては、一貫して、「最も誠実なお世辞は模倣」という諺《ことわざ》を進呈したい。私は、現代の問題に焦点を合わせ、時事的な例をたくさん提示し、規範性にひるむことなく、自分が知るところの公共哲学を試してみるつもりだ――このすべてはサンデルがすでにやったことだ。しかも、巧みに。私はいくつかの点で意見が異なることを懸念しているが、私見では、サンデルは手本となる哲学者だ。だから、本書でサンデルと対話できることを喜んでいる。

より大きな問題

すべての社会は、主流のイデオロギーをもたなければならない。このイデオロギーには、価値の順位付け、人間であることについての考え方、倫理観が含まれる。資源がつくり出され、分配され、人びとが互いに交流し合うやり方を正当化する首尾一貫した論理的根拠も含まれる。社会はたくさんのイデオロギーをもつことができる。しかし、もし、経済が円滑に運営されるべきであり、政府はしっかり統治すべきであり、人びとの文化的背景が画一的でないとすれば、それぞれの社会は、どれか一つのイデオロギーに最も高い地位を与えるだろう。たとえば、奴隷社会に属していることに誇りをもつためには、そこでのイデオロギーには、ある人びとは生まれながら他の人びとより劣っていると信じていること、そうした信念が広範に深く広がっていることが含まれていなければならない。あるいは、繰り返すが、物資の分配のはなはだしい不平等は一見して厄介《プライマ・フェイシィ》な事態だが、一部の人間には（中世社会の貴族階級のように）生まれながら、あるいは（産業資本主義の起業家のように）功績によって、当然その権利があると見なすことで、いくつかの場合には正当化されなければならない。主流のイデオロギーへの根本的異議申し立てが欠けているほぼすべての社会においては変化への慣性抵抗があることを前提にすれば、機能不全の生産力や社会慣行において、何らかの意味のある修正が行なわれるだろうとは考えにくい――それがいかに強く必要とされていようとも。

アメリカは数十年前に脱工業化時代に入った。そして、国民はいまや、グローバル化し、ハイテクで、多民族の、統合社会の中で暮らしている。天然資源の多くは、汚染されていたり、枯渇していたり、あるいは、それに近い状態にある。少なからぬ人びとがわれわれを憎んだり、恐れていたりしており（あるいはその両方）、われわれを破滅させる力をもつ者を含む七〇億の人びととわれわれはこの惑星を共有している。しかし、資本主義という主流のイデオロギーは、アメリカの人口が少なく、大規模な移民受け入れを経験し、広大な鉱業と林業を営み、農業の拡大があった時代から基本的に変わらないままでいる。これは後の大量生産社会の真っただ中にあっても同じだった――こうした状況は、豊かな汚されていない海岸線、きれいな空気、新鮮な真水に支えられていた。この環境では、自立、独立、創意工夫、そしてとりわけ、自分本位に自らの将来の幸運を追求する自由に焦点を合わせた「厳格な個人主義」というイデオロギーがとてもふさわしいように見えた。

　ちょっとした例をあげれば、一九世紀全般から二〇世紀初めにかけて、企業は補助を与えられ、利益があがるようにさまざまな方法で支援された。企業が資源をもとに、人びとが必要とし、欲しいと思う製品をつくり、きわめて多くの労働者に雇用を提供したからだ。しかし、企業活動は今日でも、われわれの社会の現在の問題の多くに大きな責任があるにもかかわらず、企業はいまだに、利益を最大にすることで評価され、称賛され続けている。以下のような問題で企業を責めるのは難しい。すなわち、税金回避、可能ならばいつでも労働者を一時解雇《レイオフ》すること、労働力がより安いところへの仕事の外注（アウトソーシング）、違法でないかぎり、浄化より低コストであれば環境を汚染すること、海外にこっそり富をため込むこと、金を使って立法者たちに言うことをきかせ、企業の利益だけに資する法制度を制定させ、民主主義を転覆させることなど。こうした活動のすべては、どう考えても道徳的に疑問だが、株主利益を増やすためにはきわめてよいことだ。

企業レベルのこうした活動への糾弾ではなく称賛は、個人レベルにも同じように効果を発揮する。つまり、富を探求し、自己利益を最大にし、絶対に払わなければならない以上の税金はびた一文払わない、太陽光発電パネルは、大気を汚染する化石燃料を燃やし続けるより相当程度安くならない限り購入しない。もし充分な金があれば、自分にちょっかいを出さず、税金引き下げを約束してくれる立法者の当選を助けるために、常識外れの多額の資金を提供することもいとわない。企業が競争すると考えられているならば、個人も同じことだ——受験、就職、配偶者、良い住まい、名声などのために。

　われわれはもはや、それほどひどいものではないにしても、競争と個人主義を中心に据えた資本主義のイデオロギーを進める余裕はない。資本主義のイデオロギーは（道徳的にも、形而上学的な胡散臭さからしても）まったく機能不全になってしまっている。多くの、そして大きくなりつつある欠陥の中で、競合している一つのイデオロギーを社会が基礎に据えることは、定義により、少数の勝者と多数の敗者を生むに違いない。敗者の数は時間とともに増加する一方であり、勝者はより少なくなり、より大きな権力を手にするようになる。地下資源の豊かさ——とくにアメリカにおける——のおかげで、われわれは一世紀以上にわたり単純な論理的事実を無視し、代わりに、より多く生産すれば敗者の数を実質的に減らせるから、富のより平等な分配を語る必要はもはやないと信じることができた。しかし、多くの資源は枯渇してしまい、美しい山並みの多くはもはや雄大さを失い、大平原の多くはほとんど実りを生まない。残っている資源をもっと利益がでるように開発すれば、はるかに高価なものになってしまう。そうした方法でしか飲み水を確保できないとすれば多くの人びとが、将来的に（地域によっては近い将来）渇きで死ぬことになるかもしれない。水がますます乏しくなってゆく以上、水はみんなで節約し、公平に分けなければならないのは明らかだ——少なくとも、私にはそう思える。しかし、他人を自分の利害だけで行動する競争相手としか見ないならば、自分が弟や妹の保護者だと考えることは、理性的な態度ではない——たとえ、「お人好しはババを引く」といういまいましいことわざに従って行動することに誇りを感じることはないとしても。

今日の現実に立ち向かうためのイデオロギー的選択肢は、ほかにあるだろうか？

価値とその順位付け

人はそれぞれ、人間のさまざまな資質や行動を（肉体的な面を含めて）評価する。評価の対象は非常に多く、多様性に富んでいるため、できあがったひとまとまりの評価は矛盾をはらんだものとなる。「老犬に新しい芸を仕込むことはできない」と「学ぶに遅すぎることはない」の両方を矛盾無しに主張することはできない。しかし、その矛盾は両方の言い回しを、同時に、同じ状況について使う場合にのみ生じる。われわれはそれぞれの言い回しが問題なく当てはまる状況のあることを、強く信じている。もしあなたの祖父が、フランクリン・デラノ・ローズヴェルトはアメリカ合衆国大統領の中でも最悪にして最も危険な大統領だったと昔から信じており、家族が集まるたびに不満をもらしているとすれば、ニューディール政策の有益な効果を指摘したところでほぼ間違いなく時間の無駄だろう。他方で、その祖父が仕事を引退した際、バイオリンを習うことに興味があると言ったとすれば、家族はお金を出し合ってバイオリンをプレゼントし、先生をつけてあげるのが当然だろう。この例がまさに示しているのは、老人に何かを教えることについて先に引用した格言のどちらも普遍的原理と考えるべきではなく、時により、両方を引き合いに出し、それに基づいて行動することが適切だということだ。換言すれば、われわれは他人の一定の資質や行動を、時と場所が異なれば、称賛（あるいは非難）に値すると考える傾向がある。道徳は普遍的でも相対的でもない。そうではなく、多元的なのである。それは間違いない。道徳に必要な普遍的原理は——もしあるとしても——ほとんどない。大いに必要とされるのは、個別主義的な妥当性なのだ。

　これが示唆するのは、今日の世界が人間を次のように理解するよう求めているということだ。すなわち、基本的に、競合者としてではなく協力者として、孤立的・自律的ではなく相互依存的・相互関連的であるとして、ひとりぼっちで他人に頼らないわけではなく、他人を援助したり他人から援助されたりする者として、自由（自分の好きなようにする）ではなく負荷を負う（自分の責任を果たす）者として。われわれは、こうした理解に従って自分たちの価値観を順位づけなければならない。こうして、人口が増加する一方で資源が減少しつつある世界では、「最もすぐれた者が勝ちますように」という願いは「重要なのは、勝つか負けるかではなく、どのように行動するかだ」というものに置き換えられるべきだ。子供たちにとって「誰にとっても家庭は城」という見方を学ぶよりは、「誰も周囲から隔絶した孤島ではない（人は持ちつ持たれつ）」という真実を感じ、理解するようになるほうが、いまやずっと重要だ。キリスト教徒である親たちは、とりわけ、「神は自ら助くる者を助く」という言葉を教える時間を減らし、「自らを愛するように汝の隣人を愛せ」という教えにもっと時間を当てるべきだ。

　本書の読者のすべてが、引用された言葉のそれぞれに「真実」があると認めるのではないだろうか——それらをひとまとめにすれば矛盾があるにもかかわらず。つまり、助け合うことの価値は、われわれが「愛すべき自由の大地」に暮らしている事実にもかかわらず、誰もが自分たちにとってなじみのないものではないことに同意するはずである。このことが強く示唆するのは、民族や文化が異なればまったく新しい価値観を身につけているはずだという視点で考えることを止めれば、新たな（あるいは、非常に古い）倫理的態度を発展させることも難しくなくなるということだ。次のように考えるのがいい（またより正確）かもしれない。すなわち、文化の異同にかかわらず、事実上すべての人がある程度抱いている、あるいは抱いていると推定される価値観を持っているが、その序列が異なっているのだと。こうした態度は、文化間・文化内において概念的な対話を進めるための道を開く。つまり、価値観の優劣のみならず、どの価値観が社会の物質的需要を最もよく反映しているか、また、ほかの価値観が社会にもたらしうるものは何かという観点からの対話である。そうでなければ、われわれは、愚かな相対主義に帰着する、にっちもさっちもいかない終わりなき言い争いに陥ることになるだろう——つまり、最もたくさんの機関銃を有するグループにより、「一つの真なる倫理観」が押し付けられるのだ。

それだけではない。アメリカの資本主義を補強しているイデオロギーは社会的機能不全を起こしている。そのイデオロギーは、自由、選択、合理性、個人的責任、自律、独立、競争、自己利益、自立、成功を重視する道徳的個人主義に基礎を置いていて、われわれはそのすべてが、まったく議論の余地なくきわめて良いことだと信じこまされている。これから論じるいくつかの項目は、ある点では良いものだが、そうしたイデオロギーは競争性を重視しているだけではない——浪費を高く評価し、あるいは少なくとも非難はせず、あらゆる人に富の追求を推奨し、独立と自由を最高の善として位置づけ、人びとがただ他人を無視することによって他人の権利を尊重することを可とする。もちろん、あなたは声に出して言う権利があるが、私に耳を傾けるよう強いる権利はない、というわけだ。[12] こうした価値の順位付けは資本主義の経済、政治、法律制度を正当化するが、もはやアメリカの新たな現実に沿っておらず、現実を動かし続けるためには、政府や企業による宣伝活動《プロパガンダ》がかつてないほど大量に必要になる。われわれの価値観を二〇一八年の世界に一致させるには、それをどのように順位付けることが最善なのか。この問いについて考えようとすれば、人間であるとはどういうことなのかについて、新たな視点からじっくり考えてみる必要がある。われわれはほんとうに心底から利己的で競争的な存在なのだろうか? われわれはほんとうに自律的で個別的な自己なのだろうか? 価値体系を再び順位付ける際、われわれは人間についてほかにどんな見方をすればいいのだろうか?

権利をもつ個人

個人主義者の立場を擁護するうえで、誰もが個人としての自己をもっていると言えて、そのあからさまな自己という概念は道徳的、政治的に揺るぎないものであるべきならば、それには具体的な肉づけがされなければならない。われわれは誰もが、関わり合う他人によって強く影響される社会的生物である。このことは昔からあらゆる面について受け入れられているが、道徳的、政治的（そして、形而上的）レベルで何らかの現実的重要性をもっていると考えられることはめったにない。この点について、サンデルは例外だ。[13] また、ほとんどの根本的個人主義者たちにとっては、われわれの社会的自我には抗しがたい値打ちもない。それは、われわれの具体的な状況のほとんどの部分が偶然的であり、その点で、われわれのコントロールが及ばないからだ――つまり、親が誰であるか、母語は何であるか、国籍はどこか、などだ。結果として、そうした意味で、人間が、それぞれの自我として、最も重要な値打ち、尊厳、完全性と価価値を与えなければならないものは――そして、すべてのうちで最も尊重しなければならないの――目的をもって行動し、自己統治と自己認識の力をもつための人間の能力だ。つまり、人人間は自律性をもたなければならない。そして、もちろん、自律的であるためには、人間は自由で、本能や感情に動かされるだけでなく、理性的でもなければならない。

この自由で、理性的で、自律的な個人として、道徳的・政治的・形而上的に肉付けされた自我の概念は、実質的にすべての近代および現代の西洋の道徳と政治理論の明確な基礎であり、それはホッブズ、ロック、カントからマルクス、ベンサム、ミルを通ってロールズやその支持者、批判者に至り、マイケル・サンデルを含む今日まで続いている[14]。もし、責務や義務を全うする自由がなければ、われわれはそれを語ることができない。われわれを責務に駆り立てるのがたんなる本能だけだとすれば、われわれは尊敬を勝ち取ることはできない（われわれは愛をかわす責務や排泄する義務を負っていると言っても、それはめったに意味をなさない）。われわれは、自分たちのやらなければならない責務を果たすだけではなく、他をも選択できなければならない。そうでなければ、自律的ではない。

もし誰もが、個別の自我という概念に結びついた、自由、良識、自律といった高く評価される特性を持っており、われわれがつねに尊重しなければならないのはそれらの特性だけだとすれば、細かい点はともかく、人びとの性的志向、年齢、民族性、宗教、肌の色などは、他者と道徳的・政治的にどう関わるかについてのわれわれの決定に、いかなる重要な役割も果たすべきではない。こうした特性はわれわれにとって偶然のものにすぎないだけではない。詳細はさておき、重要性もないのだ。こうしたわけで、すべての人につねに適用可能な道徳と政策原理を探すことは、われわれに課せられた義務であるように思える。さもなくば、集団間の争い、人種差別、性差別、同性愛嫌悪、自民族中心主義などのない平和な世界への希望が実現されることはおそらくないだろう。

これは素晴らしい見方で、その中で順位付けられた価値には優れた点がたくさんある。自由や自律を擁護したくない人がいるだろうか？　しかし、この個人主義的説明にはさまざまな欠陥がある。第一に、それはわれわれの日常生活にほとんど足がかりをもたない、かなり抽象的な人間性の解釈だ。さらに重要なことは、おそらく、われわれにあらゆる人に尊厳と尊重を認めるように要求させるのは、こうした個人の特性にすぎない。しかし、すべての個人の自我に要求されたその尊厳と敬意は、そうした自我が負担から解放されているという見方に基づいている。したがって、もし、個人の自我はそれが育てられた社会の価値と好みを反映して負担から解放されているというサンデルの主張——実質的にサンデルのすべての研究で言われている——を受け入れるならば、われわれは、すべての人間は尊厳と敬意を享受する権利をもっていると主張するために新たな論拠を必要とする。その論拠は何だろうか？　ある人びとに負担を負わせた社会がわれわれ自身の社会に対する脅威と見なされるときには、その疑問はさらなる鋭さを帯びる。非常に多くのアメリカ人と同じように、もし、私がロシア的なものすべてに不信感をもっているのならば、なぜ私はウラジーミル・プーチンの尊厳を認め、敬意を払わなければならないのか？

われわれは、資本主義という傘の下で二〇〇年にわたり、負担を取り除かれた個人というイデオロギーとともに生きてきている。その恩恵はその間に数千万人の人びとの生活を改善してきたが、また、資本主義は少なからぬ憎悪にも責任があった。奴隷制度、先住アメリカ人の虐殺、植民地化、搾取的労働、一九八四年のインド、ボパールでのユニオンカーバイト社工場からの有毒ガス漏洩事故、さらに、戦争絡みでは一九四五年のドイツ・ドレスデンへの連合国による無差別爆撃、広島へのアメリカの原爆投下、一九六八年ベトナム・ソンミ村ミライ部落における住民大量虐殺、二〇〇四年イラク・ファルージャでのアメリカ軍と武装勢力間の大規模戦闘など枚挙に遑《いとま》がない。資本主義の恩恵は安く手に入ったわけではない――そして、こうした憎悪はロシア人がわれわれを嫌悪し、不信感をいだくのももっともで、負荷を負わされたわれわれアメリカの自我に尊厳と敬意を認めようとしない理由を与えてきている。

マイケル・サンデルは、彼のいう自我が、負担を取り除かれた同胞たちとどの程度同じく尊厳と敬意を認められ得るかは述べていない。おそらく、サンデルはこれを説明できるだろし、あるいは、他の哲学者の誰かができるだろう。だが、誰かがそれをはっきり説明するまでは、ロジャーと私が両方の選択肢を退けることも許してもらいたい。われわれにとっては、問題は個人の自我に負担を負わせることや自我がないことではなく、もっと基本的には、個人の自我についての概念に関連している。ジョン・スチュアート・ミルは言った――「社会の再編が必要なときに、古い計画に基づいてそれをやることは無駄だ」[15]。今こそ、われわれは社会の再編にとりかかるべきだ。

役割を担う人たち

今日、資本主義全体を通じ道徳規範のための新たな価値の順位付けの探究を妨げている主要な要素は、自由で自律的な個人に唯一代替するのは、顔のない、集団的な共産主義者かファシストの一部分になるしかないという信念だ。しかし、当然のこととして不信をいだかれているこの立場は、人間であるとはどういうことなのかについての疑問へのあり得る答えすべてを網羅しきっているわけではない。今、私が採用したいと思っている答えは、役割を担っている人についてのもので、ロジャーと私はもともと孔子の『論語』講読と翻訳からそれを得た[16]。ロジャーは導師（孔子）の見方全体をみごとに要約した。

孔子およびその後に続いてきた何代もの中国人世代にとって、人間の基本単位《ユニット》はこの特定の家族におけるこの特定の人間であり、単独で個別の個人でも、等しく抽象的、一般的な家族の概念でもない。実際に、孔子を読んでも、われわれが本当に存在する場であり、家族やコミュニティとの関係といった特定の層を剝ぎとったあとも残る中核的人間存在への言及はない……だとすれば、生きることの目標は、われわれを独自の存在にする役割と人間関係のなかで最もふさわしく振る舞うことを通して、自分のためにも他人のためにも調和と喜びを実現することだ[17]。（傍点は原著者）

したがって、われわれは一方に普遍的（抽象的）な、もう一方に個別的（具体的）な個人をもっている。われわれの社会性を強調することにより、儒学者たちは同時にわれわれの相関性を強調している。つまり、私は抽象的個人ではなく、エイムズが強調するように、特定の息子、夫、父親、祖父、教師、生徒、同僚、隣人、友人である。こうした役割すべてにおいて、私はほとんど、自分とあれこれと関わり合う関係をはっきり特定された他人によって定義される。そして、その他人たちも抽象的、自律的な個人ではない。さらに、われわれはこうした役割を否定的に語る傾向があるから、役割を演じるのではなく、役割を実践する。そして、そうした役割がすべて特定され、相互の関係が明らかにされると、孔子から見れば、われわれは完全に個別化され、個人の自律的自我をつなぎ合わせるために何も残されていない。私が自分の担う役割の総和であるとすれば、成長するにつれ私の役割は変化し、その結果、私は文字通り別人になるに違いない。結婚は私を変える。そして父親になることも、後に祖父になることも私を変える。私と娘たちの関係は、彼女らが子供のときとティーンエイジャーのときとは異なり、彼女ら自らが成人して母親になったときにはさらに変化する。離婚したり妻と死別することは、私をさらに変えるだろう。これらすべてにおいて、私が変化するだけでなく、私が付き合いのある他の人びとの、私についての理解の仕方も変化する。そして、言うまでもなく、われわれが互いを変えることで、他の人びとはつねに変化し続ける。いまや、他の人びとも自身の子供たちをもっているから、私の娘たち（そして、妻）は、私を「パパ」として見るのと同じように「お祖父ちゃん」として見ている。それだけでなく、長年の親友や親戚の者が死ぬことは、私をふたたび変え、衰えさせるというのも、事実だ。

　しかし、この視点からわれわれの対人行動を述べることは、われわれが本当の自分であると、あるいはわれわれが「持っている」と考えたり感じたりするよう適応させられてきた本質的自我——人生の栄枯盛衰を通じて一定不変の何か——という考え方とはそりが合わない。儒教の考え方では、そうした本質的自我を探し求めることは、捕まえられない鬼火を追いかけるようなものに違いない。なぜなら、われわれは他人に囲まれたなかで担う役割によって構成されているからだ。われわれが「ほんとうは誰なのか」は、自分たちが誰と、いつ、どのような状況のもとにいるかに依存する関数だ。そして、同じことは、われわれと一緒にいる他の人びとにも当てはまる。われわれはそれぞれ独自の、しかし、つねに変化してやまないアイデンティティをもっている。もしこの真実についての孔子の教えに疑問が残り、自分はまちがいなく、自分を独自な自分自身たらしめている本質的自我をもっていると信じているならば、一切の他の誰かやその人たちとの間の関係に言及することなく、それを説明できるか試してみればいい。[18]

　この初期儒教の人間についての見方は、抽象的な自律的個人の概念——つまり、理性的で自由な、そして、道徳分析と今日の西洋の哲学的、法律的、政治的考えにおける政治理論の流れのほぼ疑いのない自己本位的中心とは、非常に異なっている。しかし、それはわれわれ自身から隔たっていると思われないことを、私は希望する。たとえば、友人、隣人、恋人であるためには、私は友人、隣人、恋人をもたねばならない。抽象的個人を考えているときに、友情や愛の結びつきを感じ、あるいは、想像することは非常に難しい。しかし、自分が妻や子供、友人たちと一緒のときには難しくはない。儒教の見方では、他の人びとは、可能な限り完璧な人間というゴールに向かう途上における、偶然なものでも、付随的なものでもない。つまり、他の人びとはそのための基礎だ。私の人生は私が他の人びととの意味ある生き方に貢献するときにだけ、意味をもち得るし、他の人びとも私の人生にとって同じだ。実際、他の人びとは私に人間性を与え、途切れなくそうし続ける。教師の役割を果たしている限り、学生は、私の人生にとって必要だ。それは人生の付随物ではない。この点において、儒教は基本的に宗教と見なされるべきなのに、修道僧、尼僧、男女の隠遁者、隠修士などはその伝統の中に見当たらないことは指摘されてよい。歩けば道はできるが、一人で歩いてもだめだ。[19]

　われわれの第一の、そして最も基本的で、生涯を通じて、きわめて大きくわれわれを規定する役割は、子供としての「孝」だ。エイムズと私はそれを「孝行心」ではなく「家族への畏敬の念」と解釈した。[20] それは、儒教においては、育成されるべき最も重要な思想と感情の統合したものの一つだ。われわれは親に対して揺るぎない忠誠心を負っていて、親に対する多様な義務は親の死で終わることもない。孔子は『論語』で次のように述べている。「生けるには、これに事《つか》うるに礼を以てし、死すればこれを葬るに礼を以てし、これを祭るに礼を以てす（両親が生きているあいだは、礼節にしたがって両親に仕え、両親が死んだあとは、礼節にしたがって両親を埋葬し、礼節にしたがって両親をまつる）」（為政篇二の五）。儒教の道徳認識論は次のようにわかりやすく述べている。すべては、一人一人の人間が息子として、娘として、人生を開始する家庭で始まる。われわれは母親や父親を尊重することで、忠実や従順を学ぶが、思うに、従順（肯定的）を従属（否定的）として見ることなく、早い時期から親に従うことを学ばせるには、親が叱ったり、あるいは、もっと厳しいやり方で要求したりするのではなく、親が自分の親、つまり子供にとっての祖父母に従う様子を子供たちに見せることで、子供たちは親に従うことを最も良く習得する。儒学者にとっては、尊敬の態度は――たとえば、寛容、誠実、思いやり、責任などと同じく――個人の成長のための基礎的構成要素であり、敬意を表する行動の成長のパターンは、われわれの役割の相互作用の質を高めるための他のあらゆる振舞いのパターンと同じように重要だ。したがって、自分自身をただ親に従っているとしてではなく、むしろ、親もさらに誰かに従っていると見なければならない。その点は重要だ。親や祖父母への敬意は、親や祖父母との相互の関わり合いが適切である子供たちには、かなり容易に身につく。親や祖父母から見ればあなたは頼りないが、親や祖父母は、惜しみなく、愛情をこめて、あなたを大切にする。つまり、敬意を表することは明らかに自然の反応だ（ただし、たいていの場合は、だが）。しかし、服従はまったく違う。力のある者がいかに尊敬や好意に値しないにしても、あなたは頭を垂れる、それが服従だ。

もし親が祖父母にたいし卑屈なら、それはあなたを卑屈にさせる強力な誘引だ。あなたは親に、親が彼らの親に敬意を表するように敬意を表し、その先代の親たちも自分たちの親に同じように敬意を表する。そして、親たちのそのまた親に対する忠実と従順の振る舞いは、同時に、子供のために親が行なったあらゆることに対する感謝の表現であり、世代を超えて続くと見なければならない。親や他の人びとが道を踏み外してしまったときには、忠実と家族への畏敬の念が——したがって、感謝の念も——服従によってではなく、諫言により最もよく表わされる。孔子はこうした行ないを時により義務的と考えた。主君への仕え方を問われた彼は答えた。「主君にものを言うときには、裏表があってはならない」（『論語』憲問篇二三）。そして、さらに厳しく「やるべきときに何もしないのは、臆病者である」と述べた（『論語』為政篇二四）。

われわれの息子や娘としてのまず初めの役割——そして、兄弟姉妹、気のおけない友人、生徒としての役割——から、われわれ自身も成熟して親になり、配偶者や恋人、隣人、仕事仲間、同僚、友人にもなる。これはすべて互恵関係であり、誕生とともに始まる。現代世界への適用可能性という観点では、このような互恵関係は恩恵を施す人とそれを享受する人の間で保持されていると言われる。若いときには、われわれはほとんど親からの恩恵を受ける立場だ。恩恵を施す人として、親はわれわれに愛情、保護、栄養、安全、教育などを与える。われわれは従順、愛情、忠実、親の懸念への気遣いで恩恵に応えることになる。役割はこのようにはっきりと階層的だがエリート主義的ではない。エリート主義では立場はほとんど変わらない。エリートと大衆はエリートと大衆のままだ。擁護者は擁護者のままでありがちであり、依頼者は依頼者のままだ。海軍提督が普通の水兵から命令されることは決してなく、貴族は一般平民に頭を下げることは絶対にない。

しかし、家族から始まる儒教の役割は明らかに伝統的でも階層的でもあるが、流動的だ。先ず、役割の互恵的本質はすべての相互作用のなかで両方向に動く。親は、恩恵を施す者として、われわれに愛情、保護、注意を向けるのにたいし、われわれもお返しに、親に忠実、思いやり、愛情、従順を与える。基本的に、親は恩恵を施す人ではあるが、ぼんやりした親や反抗的な子孫たちでさえもよくよく分かっているように、子供たちも取るに足りないとは言えない贈り物を与えることができる。子供たちは、親にとっては愛し、育てる力を精一杯つぎ込む中心であり、焦点だ。これらすべての中に、真の互恵がある。私は報復について述べているのではない。愛情のこもった相互の関わり合いについて語っているのだ。

第三に、われわれは成長するので、それぞれは恩恵を与える者から恩恵を受ける者に移ったり、そしてまた、戻ったりする。その相手は、われわれが誰と関係するか、それがいつであるか、どのような状況においてであるかにより、同じ人であったり、異なる人であったりする。私は母の息子であり、娘の父親だ。幼いときには、私はだいたいにおいて親から恩恵を受ける者であったし、親が老いて弱ってくれば、恩恵を与える者になった。それは私の子供たちについても同じだ。私は良い教師であろうとしてきたが、学生たちからも多くを学んだ。私は学生たちの何人かを変化させた。学生たちが私を変化させたことにも気づいている。友人が助けを必要とするときには、われわれは手を差し伸べ、われわれが助けを必要とするときには手を差し伸ばしてもらう。われわれが生きる多種多様な役割を総合すれば、われわれはそれぞれがユニークな人間だということになり、一生を通じて変化を続け、さまざまに結びついた生活におけるこうした関係を具体例を挙げて示すことは、尊厳や満足、生きることの意味を獲得し、創造的欲求に具体的な表現を与える手段だ。

役割の相互の関わり合いは、適切に実施されるときには、互いを強化し合う。理想的な儒教社会は、基本的に、家族およびコミュニティ志向で、習慣、伝統、日常のしきたりは、それに付随するたくさんの関係と責任を、あるいは、それらの間を、結びつける力としてはたらく。この点を完全に理解するためには、われわれは「日常的しきたりの礼儀正しさ」と訳される「礼」という言葉を理解しなければならない。それは、その言葉に宗教が強く匂うためだけでも、誕生、婚礼、ユダヤ人の女の子の一二歳の成人式であるバート・ミツバー、葬儀のような人生の里程標となる式典に言及しているためだけでもなく、日常的挨拶、食物の分かち合い、病人の世話、告別などで授受される地味な習慣や厚意にも等しく言及しているからだ。完全に社会的であるためには、儒者たちは、他の人たちとの関わり合いにおいて、つねに丁寧で礼儀正しくなければならない。こうした関わり合いは品位と喜びの両方をもって行なわれなければならない。われわれは誰でも、誰かから贈り物を受け取ったり、親切にしてもらったときには――ちょっとした礼儀――「ありがとう」と言うように教えられている。しかし、儒教の見方からは「ありがとう」と言うことは、相手に、自分の人生において、いかに些細であろうとも、良い状況を生んでくれたと伝える、ちょっとした贈り物、小さな思いやりを与えることでもある。

若者たちが、自分の親たちがしかるべきときに親に諌言しているのを見れば、彼らも教訓を得るだろう。中国王朝においては、宮廷や(とりわけ)家族内の諌言が、時とともに抑制され、服従がますます期待され、称賛されるようになった。それは、はるか昔からの中国社会についてわれわれがもつ固定観念で、儒教は保守的で性差別主義的、エリート主義的、行動規範は苦痛を感じさせるほど形式主義的だとして拒否する多くの西洋人を生むうえで少なからぬはたらきをしてきた。しかし、現在の事例では、他の大多数の事例と同じく、敬意を表する行ないと諫言の間の感情的、論理的バランスが、繰り返して教えられ、現代的感覚と元来の儒教の見方が混じりあっている完全な人間としての生き方の中で維持されない理由はない。

感謝は家族への畏敬の念を表わす不可欠な材料で、諫言とともに敬意、従順、忠実の適切な感覚を育てるために役に立つ。感謝する気持ちを育成すること（ふつうは、しきたりの助けを借りて）は、個人の啓発の重要な要素だ。感謝の気持ちで動機づけられる敬意が追従になりさがることは決してない。感謝は、たんに借りを返す義務という意味で理解されてはならない。われわれが、世代をまたがって関わり合う、愛情に満ちた家庭で育てられた役割を担った人間だとすれば、われわれは、人生においてかなり早くから、親が自分にしてくれたことは親自身のためではなくわれわれのためであり、しかもそれはきわめてたくさんあることを、自覚するようになるに違いない。さらに、われわれは、親とどのように繋がっているのか、親を通じてさらに祖父母に、そして、祖父母の親たちに血が繋がっていることをきっと認識するようになる。こうした自覚は、親の世話をする時には、喜びの感情をきっと生じさせる。

しかし、われわれは、相互関係において、単純に習慣、伝統、しきたりに従う「ふりをする」ことはできず、また、義務を果たさなければならない感覚をもつように仕向けられていて、そうしなければ人間としての成長を続けられないだろうから、そうするのでもない。そうではなく、われわれは自分たちの義務を自分自身のものにし、必要に応じて修正しなければならない。念のために言えば、孔子にとっては、われわれの責任の多くは自分で選ぶものではないし、選ぶこともできない。しかし、孔子は次のように主張するに違いない、と私は思う。つまり、もし、「自由」という言葉が倫理学で使われるならば、それは状態を表わすのではなく、われわれが自分たちの責任に応えたいと思うとき、他の人を助けたい（恩恵を施す者でありたい）と思うとき、他の人に助けてもらうことを喜びとしたい（恩恵を享受する者でありたい）ときにだけ、ほんとうに自由になることを考え始められるような、価値の順位付けの中で何かを成し遂げることを表わす言葉としてに違いない。この視点は個人主義の道徳論においては、まったく一般的ではない。したがって、それをはっきりと納得させるためには、実例が有効かもしれない。

　幼いある日のこと、祖母がとくべつに優しくしてくれたので、あなたは一枚の絵を描いてお礼をすると決めた。そこで、絵の具を取りだし絵を描いた。祖母とはそれまでずっと付き合ってきていたから、その絵をとても喜ぶだろうとわかっていた。だから、絵を描くことがそれまでにもまして楽しかった。そして、もちろんのこと、祖母はできあがった絵をとても気に入った。すべてがうまくいき、問題は何もなかった。しかし、翌朝のこと、友達が遊ぼうと誘いに来ていたとき、関節炎がひどく痛むから、首と肩をマッサージして欲しいと祖母に頼まれた。さて、祖母思いの若い儒教信者として、あなたは祖母にマッサージをしてあげるしかない。しかし、あなたは少しは腹立たしさを感じるかもしれない。あるいは、少なくとも、うまく利用されたと思ったり、いらいらしたりするかもしれない。適切な手本をもった愛情豊かな家族という状況のもとで続けられた自己修養は、祖母の痛みや辛さを軽くしてあげることで、友人たちと遊ぶよりもっと大きな喜びを感じるところまで、あなたを連れて行くに違いなく、その後で、そのようにすることが好きになり始めて、あなたはますます立派な人間になるだろう。私の理解によれば、孔子にとっては、われわれはみんな、家族や馴染んだ役割を通じて研鑽を積むことにより、完全な人類の仲間になる。家族は、われわれが愛し、愛され、信じ、信じてもらうことを習得する場所だ。恩恵を受ける者として従順で、忠実、感謝の念をもち、恩恵を与える者として育て、世話し、励ます場所だ。役割行為が優しさを要求するときと、毅然とした態度を必要とするときを見極め、他の人をあるがままに受け入れるときと、変化を促すときを識別する場所だ。とりわけ、自分が関わっている人を喜ばせることに喜びを感じ、他の人が与えてくれる喜びに心から感謝するようになるのは、どこにおいてよりもまず、家族の間においてだ。肉体的によく似ていることや家族間の信頼という雰囲気にすっぽり囲まれた中での親密な相互の関わりは、こうした感情を植え付け、成長させることに大いに貢献する。

きょうだいをもち、愛情にみちたきょうだいの関係に付随する感情を経験する（それが、ごくごくまれな機会であっても）ときには、きょうだいたちの世話をする立場はより容易に受け入れられるに違いない。祖母が背中をマッサージしてもらって喜ぶ様子にすっかり満足して、そうしてあげることに喜びを感じるようになったとき、われわれは、すべての人が完全な健康管理を受けることに役立ち、同時に、家庭にいる、若者も高齢者もそうなるようにさせる、政府の施策をますます強く要求するようになるだろう。

最初は、責任を果たすことに、ある気持ちや興奮――感性――を感じるように勧めることは、奇妙だとか矛盾していると見えるかもしれない。[21] しかし、こうした感性をもつことは、家族のたくさんの関わり合いで、持続している責任を適切に、着実に、果たすことを学ぶために重要――実際は、必要――であることが少なくない。祖母の背中をマッサージしてあげなければならないことへの腹立たしさは長く続くはずがない。なぜなら、けっきょくは、あなたは祖母がとても好きだし、祖母は、言うなれば、他の人の苦痛を緩和してあげるという、あなたがあまり経験したことのない行為を楽しむ気持ちを手に入れるための、感性教育の場になるからだ。

すてきな祖母であるだけでなく、彼女は素晴らしい教師でもある。孔子にすれば、われわれは自分たちの人間としての特性にあきらかに責任があり、親や祖父母への感性がないということは人間未満だということだ。さらに、儒教信条の言葉では、さまざまな選択肢を適切に検討して、その後で、こうした行為の選択を習得するのは正しくない。あなたはこうしたことを——ふさわしい手本を真似て——行なうに過ぎず、回数を重ねれば重ねるほどうまくやることになる。あなたは、関わりをもつ他の人びとの心的状況や心構えを読むこと、つまり、互いの関わり合いを最大限に適切にするうえで重要な能力を、正規には教わらない。しかし、他の人の心情を何度もただ読めば読むほど、あなたは良き読み手になる。同じように、あなたは、関わりをもつ他の人の活躍に貢献しているときに、自分が楽しんでいると理性的に思い込むことはできない。つまり、その楽しみは後になって感じられるもので、当然ながら、それは時間が経ってからだ。

　読者の多くは、私が不可能なことを述べていると思うだろうと感じる。しかし、ウィリアム・ジェイムズ——自分では気づかなかったとしても、考え方の中核においては儒者だった——はそうは思わないだろう。彼は言う。「自分たちをあるがままの自分たちとして知りたがる者、あるいは、われわれの洞察にたいし意識を向けようとする者が誰もいなければ、われわれの居場所はどこにあるというのだろう？　われわれは、全員がこの張りつめた、感傷的で、重要なやり方で互いを実感するはずだ。これは不条理で、相手が誰であろうとも即座に気に入ることはできないと言うならば、事実として、友情と他の人たちの生き方に喜びを感じるためのきわめて大きい受け入れ容量をもつ人たちが存在し、こうした人たちはそれほど寛大な心をもっていないとしても、真実をより理解しているとだけ指摘しておこう[22]」

あなたの外部との関わり合いの大部分は、知っている人たちとのものだろう。あなたはそうした人たちみんなにとって正しいことはすべきでない。なぜなら、それは誰にでも当てはまる客観的、形式的基準を意味しているからだ。そうでなく、あなたは特定のある人に最もふさわしいことをやらなければならない。それは、あなたが関わり合う特定の人の固有の特性、そして、その関わり合いの時と状況によってのみ決めることができる。家庭で習得された役割倫理は、こうして獲得され、強化された自発的に行動する気質として見ることができ、それには、徐々に育まれる創造的妥当性の感覚をともなっていて、その感覚は家族や地域コミュニティの中でのみならず、それを超えたところで役割に則って生活することにより成長する。

　習得されたこうした教訓と獲得された対人関係スキルをもって、われわれは、家庭や学校を超え、近隣コミュニティ、そして、さらにその向こうへ行くための適切な準備をする。友情は家族外の世界へ入るための基本的役割をもち、それは役割を負担している人間にとっては、初期の儒者たちが強調しているように、最も重要な関係のひとつだ。『論語』の冒頭部分は次のように問いかけている。「朋《とも》あり、遠方より来たる、亦《また》楽しからずや（友達が遠いところから訪ねてくる、何とも楽しいことだ）」（学而篇一）。幼いときに、われわれにはまず遊び仲間があり、それから学校の友達ができる。遊び仲間や学校の友達のままでいる関わり合いの中から何人かは「親友」になるだろう。親友の役割は家族と同じく感情的反応を必要とする。つまり、愛情、信頼、愛情をこめた配慮、忠実、親友の成功の力になる喜びなどだ。ほとんどの親友は自分たちの同輩だろう。何人かは先輩か後輩の世代であるかもしれない。

　だが、ここにおいても、恩恵を与える者とそれを受ける者との概念は、たいていの場合、友情が果たす役割の記述と分析に適用可能だ。そして、この役割もまた、抑圧的ではないが、階層的だと考えることができる。役割を完全に対等に負担している人の間での相互の関わり合いはあきらかに独特だろう。友人の家で食事をするとき、友人は言うまでもなく恩恵を与える人だ。友人が我が家で食事をするときには、私が恩恵を与える者だ。ガス欠で道端で動けなくなった私の車に、ガソリンの缶をもってきてくれる隣人は恩恵を与えてくれる者だし、ベビーシッターが病気のときに、隣人の子供の面倒を見れば、私が恩恵を与える者だ。

　これらはすべてはっきりしているが、すぐにはっきりとはわかりにくいのは次の点だ。つまり、日常的な対人関係のこうした事例において、そこに含まれている互恵関係の原則は、「好意（あるいは、借り）のお返し」ではなく、「対価の支払い」、「金銭の返済」でもないばかりか、われわれが市場経済の中でその締結と実行を自律的で個別的な自我に委ねている社会的・経済的契約ともまったく似ていないのだ。役割を担っている人びとがそうした相互活動に携わるのは、役割は友人たち（場合によっては隣人たちも）が仲間との関わり合いの中で果たすことだからである。相互依存関係はこうして、相互の関わり合いの間だけでなく、関わり合いの内部でも見られるはずだ。つまり、恩恵を受ける者の役割は、その立場にふさわしいいくつかの振る舞い——感謝、恭順、思いやりなど——を示していて、恩恵を与える者の振る舞いである配慮、感受性、勇気などとは異なる。

　極端な場合には、「返済」と儒教の互恵の感覚の違いをはっきり見ることができる。われわれが負っているいくつかの責任は、他人にとっては、もはや現存していない。その場合、「あなたは、私に借りがある」とはならないわけだ。悲しみはわれわれが育てなければならないもう一つの感覚で、葬儀と告別の式は、先祖たちと関わり合い続け、同輩や後の世代との結びつきを強化する手段だ。

繰り返すが、家庭の外でより多くの時間を過ごすようになり始めるにともない、こうした態度や振る舞いは育成され続けなければならない。それは簡単ではない。しかし、それこそが儒教の人間修養が最も関心をもつ事柄で、倫理的行為であるのに劣らず精神的修行でもある。へつらうことなく、礼儀正しく節度を保って反対意見を述べ、卑屈にならずに感謝を表わす適切な感覚を育むためには努力が要る。同時に、われわれは、傲慢でなく援助し、不満を言うことなく心から自分を差し出し、自分の努力への感謝を過度の評価を求めることなくありがたく受けるなど、ますます優れた恩恵を与える者になり続けなければならない。

ここでの私の説明は、社会契約についてよく知る人たちを除いては利他的に思われるかもしれない。利他主義は無私の行為を提供する。その行為は自己の否定を必要とする。だが、それは、儒教で役割を担う人たちがもっていないものだ。反対に、役割を担う者たちが互いにより充実した人間となることを実現するのは、私が今述べているように、家族に始まり、さらにその向こうに広がる――稀少な水を公正に共有し、力を合わせて環境を保全するなどの、相互の関わり合いを通じてだ。

家族

私は、自律的な個別の自我の概念を保持したいと願う人びとにとっても、われわれが今日直面している非常に難しい経済的、社会的、政治的、環境的課題に取り組む制度の設置や改革について考える際に、家族を表舞台に連れ出すことはきわめて重要だと思う。もちろん非常に多くの家族を、性差別主義的、乱暴、あるいは、全体的にたんに機能不全的だと特徴づけることもできる。ニュース材料になるのはこうした家族だ。しかし、問題なく機能していて、かなり幸せに互いに関わり合っている家族も、それ以上にいる。こうした幸せな相互の関わり合いは、メディアの数え切れない宣伝に毎日映し出され、広範にその幸せを振りまいている。さらに家族は、一部の人びとがどんなに希望しようとも、制度として消滅することはない。なぜなら、それに代わるものは見当たらないからだ。核戦争によって世界が破滅したり、ハクスリーの『すばらしい新世界』が到来したりしないかぎり、子供たちは生まれ続ける。子供たちがすくすくと育つことはもちろん、生き延びるためだけだとしても、長期間にわたる手厚い養育が必要になる。この点は何度言っても言い過ぎではない。今現在、どんな社会にも、若者を養育するための家族に代替するシステムはない。したがって、家族制度を維持すべきかどうかという問題は存在しない。その代わり、われわれは、家族のメンバーの質を高め、より良い社会を創造するという二つの目標のために、家族制度の能力向上に向けた変革の方法を探さなければならない。

「家族の価値」という言葉は、今日では、きわめて多くの思索的な人びとを脅かしている。それは、この言葉が、きまって、家父長制度、性差別主義、同性愛嫌悪を強く支持し、合理的な信仰を否定する特異な宗教教義の解釈に根ざしている超保守主義の社会的、政治的志向で必ず使われてきているからだ。私は読者諸兄姉、とくに女性読者にはおおいに同情している。女性読者たちは、私が救済策だと考えてきているものが、実際は、彼女たちや先立つ何代もの女性たち——そして、少数民族、ゲイやレスビアンなど——を長い間苦しめてきた病弊であるという理由で、私の主張を軽蔑しがちだからだ。しかし、暴力的な夫や恋人、学校の性的加害者、ゲイをいじめるグループ、その他の同じような非人間的な個人への対抗策として、根本的個人主義に基づく道徳的、政治的理論は何を提示するだろうか？　犯罪者の処罰は、加害者に対しても、より大きく社会に対しても、態度の変化をもたらすことはめったになく、何かがあるとしても、せいぜい抑止的価値があるにすぎない。そして、言うまでもなく、処罰には被害者のきわめて強い復讐の気持ちがあるだけで、他にはほとんど意味はない。[23] 当然ながら、役割を担う者の中に、良からぬ行為に走る者はいないという保証はない。だが、同時に、子供のときからずっと他人の幸福のために役立つことを楽しみとするべく学べるならば、われわれはほぼ間違いなく、復讐よりは更生に関心をもち、正義を求めるにあたり、報復的でなく、もっと強く修復的になるだろう。

儒教の視点からは、家族は動的で、静的ではない。私の妻と私は、妻の母親との、そして夫婦互いの役割について、母がまだ独りで暮らしているとき、母がわれわれと同居するようになり、子供の面倒を見てくれるようになったとき、そして、後に母が弱り、われわれの介護が必要になったときに、大幅な変革を経験している。子供たちが小学二年生のときと高校生のときでは、われわれは子供たちに対する役割を違えているし、子供たちもそうしている。家族の死亡は家族の力学を大きく変えることがあり、他人が家族に加わるときも同様だ。家族は継続、安定、創造、成長のために機能している間は、つねに時間的に、流動的にとらえなければならない。

二番目の儒教的視点は、すでにほのめかしたものだが、全体として家族の基本的構成要素としての世代をまたがる性質だ。そこにはママ、パパ、子供たちだけでなく、祖母、祖父も含まれ、他の人たちが含まれることもあるだろう。いずれにせよ、複数世代に関係していて、経済的、社会的機能として、さらに倫理的、感覚的、精神的機能としても役立つ。この世代をまたがる性質は、人間であるとはどのようなことであるかについての儒教の説明を理解するうえの鍵であり、それを倫理的、政治的、精神的に独特にしているものだ。何を最もやりたいか問われて、孔子は次のように答えた。「老者はこれを安んじ、朋友はこれを信じ、少者はこれを懐《なつ》けん（老人を安心させ、友人とは信頼関係を築き、若者は大切にしたいものだ）」（『論語』公治長篇二六）

人の完全な修養は、さまざまに拡大された家族形態の中で成し遂げられる。したがって、この部分は、異なる人びとが選びうる選択肢を示唆しているのであり、決してそれを限定しているのではないものとして、読まれなければならない。不可欠なのは、恩恵を与える者／恩恵を受ける者を合わせもった世代をまたがる性質それ自体だ。このありのままの儒教の基礎を超えて、私は、この論議全体を通じてすべての家族のために、真正の民主的手続きを想定している。その場合「真正」とは、すべての人が（役割の特質を解明するための）家族の結びつきの中で、あるいは（家族相互と家族と国家の関係の特質を解明するための）社会的レベルにおいても、直接的に自分たちに影響を及ぼすあらゆる事柄に発言権をもつということを意味する。すでにこのような方向で、再構成された家族を形成し始めている人びともいて[24]、しかも増加しつつあるように見える。

さらに、伝統・しきたりと民主主義という二つの要素は、メンバーの決をとり家族としての決定を行なっていくことで結び付け得る。祖父の七五歳の誕生日に何をしようか？　今年の休暇はどこへ行こうか？　この週末には、どんな映画を観たいか？　日曜日のディナーに何を食べようか？　こうした問題解決を、しきたりとして投票で決めるというやり方は、とくに、事前のロビイングや意見準備の期間が投票に先行するならば、家族の結びつきを強固にする。子供たちにこうした問題について大人と同じように真剣に考えさせることは、一人前になったときに投票することで市民としての役割責任を果たしたいという彼らの希望を、ある程度強めるに違いない。子供たちの教育は、年長者が投票を真剣に考えていることをしっかり見せることと、さらにおそらくは、二段階投票制度を採用することで促進されるだろう。あなたはこの問題について、何をいちばんやりたいだろうか？　全体としての家族は、何を最もやりたいと思ているだろうか？

家族はさまざまに構成することができる。子供たちは生物学的に、養子縁組されて、あるいは、別の方法で、家族に組み込まれるだろう。親はふつうは異性愛者で一夫一婦だろうが、夫と妻の自由恋愛を認める「オープン」マリッジであったり「暫定的結婚」であることもある。少なくとも親は二人いなければならないが、それより多い場合もあり、同性のときも異性のときもあり得る。老人は親の親であったり、隣に住む未亡人であったり、父親か母親の年上の兄弟姉妹であったり、親がよく知っている他のお年寄りであるかもしれない。こうした関係者は互いに関わり合うことを約束するときに、生活費の稼ぎ手と家族の世話の中心としての分担から、若い親たちはどちらの親や老人に最も関わることができるか、一緒にいる中で何人の子供をもつかに至るすべてのことを、時間をかけて話し合わなければならない。こうした話し合いすべてで、若いカップルの親や祖父母たちも関与するかもしれない。

しかし、その話し合いの基礎は自律的な個人が交渉した社会契約理論的利己心にはない。基礎は、親としての、世話をする者としての、配偶者としての新たな役割を担いたいと思う人びとにある。そうした人びとは、関係した他の人びとの活躍に新たなやり方で貢献し、それによってり、そしてその助けを借りて、自分自身もいっそう活躍したいと願っている。自分たちだけでは難しい、時間を超えた人間性を理解しているのだ。

儒教的家族のもう一つの決定的特性は、先祖の（「賛美」ではなく）崇敬だ。それは古代中国において、われわれが今日適切と考えるよりは、もっと重要な位置を占めているが、自分たちの先祖を知ることと、時に応じて先祖を思い出すことにはさまざまな意味がある。この考えは、亡くなった親戚や友人の慰霊のためにはるばる墓地や地下墓室を訪れたことのあるすべての人にとって、馴染みがあるはずだ。崇敬は家族の効果的な接着剤であり、重要な心理的働きをもつ。先祖崇敬は自分が誰であるかや宗教的重要性の感覚に貢献する。

関連して、家族はしきたりや伝統を遵守することで強化される。それは、結婚、イスラム教徒のラマダン（断食）、あるいは、葬儀のような大きな行事に限定する必要はない。そのしきたりや伝統は過度に複雑である必要もない。たとえば、北欧諸国では伝統的婚礼は、参列者の威風堂々とした様子ともども、ほとんどなくなっている。しかし、家族の結びつきは、他のしきたりや伝統が広まるにつれ、かつてなく強まっていて、こうした国々が達成した精緻な福祉国家はきわめて家族中心的だ。控え目だが意味の深い家族の伝統やしきたりには、ママの誕生日に毎年行なうこと、家族みんなで食事をするときに守る特別の決まり、子供たちがかつて間違って発音していた幼児語（「パスケッティ（バスケット）」、「ブレックスティフ（ブレックファスト）」など）を、もう間違わなくなった後もずっと使うこと、みんなでやるゲームなど、これ以外にもさまざまなしきたりがあり得る。それらは以前から共有されてきているから、今ではより好意的に受け入れられている。そして、当然ながら、伝統やしきたりはつねに新たに創られ得る。「即席の伝統」は、親しい者同士に根差した世代をまたがる結びつきの発見方法として、矛盾語法としてよりは、おそらく、頻繁に目に触れるだろう。

ここでの全般的論点は明らかに違いない。つまり、われわれは誰でも容易にこれらの、そして、類似の単純な活動と自分を重ね合わせられるということだ。孔子がわれわれを助けてくれるのは、次の二点においてだ。孔子たちの深遠な人間の意味を理解させることと、われわれが相互に、そして、過去および未来と、生きている限りつながり続けることに貢献することである。[25]

私はここで、人間であるとはどういうことなのかについての二つのはっきりしたイメージを対比させていることを思い出してほしい。つまり、自律的な個人としての自我と役割を担った人間だ。初期の儒者たちは専門職業志向ではなかったし、資本家志望でもなかった。また、名声や栄光を求める活動に価値があると信じていたわけではない。「君子は急を周《すく》うて富めるに継がず（立派な人物は困窮している人びとを助けるが、富める者をより豊かにすることはない）」（『論語』雍也篇六）。そうでなく、私が述べてきたこうした家族の活動は、みんなで一緒に幸せになるために、自分たち自体のために協調して行なわれ、そして、それにより、われわれそれぞれが自分の人間性の完全な理解に可能な限り近づこうとするためだ。こうした相互の関わり合いは単に、社会に出る準備、一連の関係する社会契約の意識のうえでの訓練、あるいは、その他の純粋に何かの役に立つからなどの理由で行なわれるのではない。初期の儒者にとって、そうした相互の関わり合いはそれ自体が目的だった。孔子の生涯の目的は、仲間と調和的に自分たちの役割を遂行することを通して、自分たちの人間性を完全に具現化すること、自分たちの人間的関わり合いにおいて統制がとれた自発性と、その結果としての美しさを達成して、これまで以上に安定的に、優美に、美しくその人間性の実現を図ることだった。この目的を実現することは、競い合いではなく、協力と仲間意識の強化を必要とする。そして、その始まりを、成熟するにつれて外に向かって伸びてゆく家族の中にもつことが必要だ。

家族が、今日、道徳的、政治的、社会的、宗教的分析と評価の主要な対象になる理由は、家族の存在が、社会における仲間を競合者としてでなく協力者としてみる見方を育てるためだけでなく、それ以外にもたくさんある。中国で蔓延しているらしい甚大な政治的腐敗は家族の繋がりにまで辿ることができ、したがって、そうした繋がりを弱める要求は、国内でも国外でも、しだいに普通に見られるようになっている。しかし、私の意見では、考え得る限り最も道徳的で知的、有能な中国政府でさえも、一五億の国民に十分な社会的、経済的サービスを提供することはできないだろう。社会保障、保健医療、教育、運輸交通など必要とされるサービスを提供するために、行政以外の機関が動かなければならない。潜在的な腐敗の芽や抑圧的要素――そのどちらも私は望まないが――を取り除いていくことで、拡大された家族制度はこうした多くのサービスの提供者として機能し続けることが期待できる。年寄りの世話を家庭でしている家族に補助金を払うことは、人間味のない施設に年寄りを閉じ込めることに金を払うより、人道的だし安価でもある。すべての子供が真の公教育に先行する優れたデイケアを受けられないとか、病人が在宅でも入院でも必要な介護を受けられないなどの理由はない。こうした問題を抱えているのは決して中国だけではない。アメリカも、そして、事実として、今日の世界のほとんどの国は、人々の集団の多様化や高齢化、天然資源の減少、気候変動の影響に向き合っている。

役割を担った人びとの相互依存という考えを儒者が提案したのはほぼ二五〇〇年前だったが、いささか逆説めいたことに現代の技術、医療の発展は、われわれの他人への依存を当時より弱めたどころか、いっそう強めた。その結果、自由で理性的・自律的な個人の概念に基礎をおく道徳的・政治的考えは将来に備えてわれわれが現在の状況に取り組んでいくうえで、個人的にも、国家が提供する社会サービスとの関連においても、ますます阻害要因となっている。

アメリカ大統領の「生命倫理に関するカス委員会」によれば、われわれの時代の特徴的性格は「より若く、より長く、そして、より老いて、より長く」[26]のようだ。前段は経済的圧力、後段は医療と技術の進歩による。われわれは幼いときや年を取ってからは他人の世話になりながら、その中間では他人の面倒を見ながら、（おむつからおむつまで）かつてより長い年月を過ごしている。これは小さな問題ではない。最近の『ワシントンポスト』紙の調査では、一八歳から三四歳のグループの三分の一は親と完全に同居している。[27]そして、現在、家庭で無報酬の約四〇〇〇万人の介護者に面倒を見てもらっている老人に、制度的介護を提供するためには、年間四八〇〇億ドルの政府負担が生じると推定されている。[28]

しかし、今日、資本主義的イデオロギーの圧力は、仮に他の状況が許すとしても、多くの人びとに、意に反して家族の面倒を見る役割を負わせる結果になりかねない。少なからぬ社会科学者が、われわれが誰なのか、あるいは、誰になろうとしているのかについてあらゆる可能性を検討しつくした後に、二つの選択肢、つまり「資本主義者的個人主義者」か「共産主義者／ファシスト的集産主義者」を考えようとしている。たとえば、二〇年前、ある政治科学者は非常に短いテストを開発し、それ以来、そのテストはアメリカで「独裁度を計測する基準」[29]になっている。第一問は「子供が学ぶうえで、自立と年長者への尊敬のどちらがより重要と思うか？」。権威主義者は良い介護ボランティアをつくれるか？　また、こういう質問もある。「自立とは何からの自立？」。われわれは子供たちの創造性を育成しながら、同時に、彼らに年長者への敬意を教え込めないのはどうしてなのか？　おばあちゃんが同居していれば、年長者への敬意はかなり自動的に生じるものではないのだろうか？　そして、個人主義者に対して反権威主義者の家庭で提起されると思われる最も基本的な問いかけは次のものだ――親が年をとり、弱ったときに、あなたが親から独立していたいと思うのはなぜか？

役割を担う人を家族が育成するというイデオロギーは、われわれの現在の状況や問題に、個人主義志向のイデオロギーよりもずっと適っている。どちらの見方もわれわれの基本的人間性の説明として誤っている恐れがあり、どちらのイデオロギーがわれわれが受け入れるにふさわしいかという問題が生じる恐れがある。私は、個別の自我――半ば妨げられていようとそうでなかろうと――としての人間についての前提は、物の本質ではなく、むしろわれわれのイデオロギーの基本を成しているものであることをいくらかは明らかにしただろうと思う。そのイデオロギーは、啓蒙主義時代に有力になり、それ以来ずっと資本主義の勃興と拡大にぴったり合致してきた。さらに、不幸なことには、それは自己成就的な予言で、問題を悪化させる性質を有している。

われわれ自身やわれわれが役割を担っている仲間として関わり合う子供たち、親、隣人たち、同僚、友人、そして市民が、マイケル・サンデルと私が今日のアメリカの社会機構を引き裂いていると考える点で一致しているすべての課題を解決する力をもつだろうと証明することは私はもちろん、できない。しかし、個人的に、そして哲学的には、私は、権利を保持する利己的で自律的な個人が――役割負担から解放されていようとそうでなかろうと――互いに競い合うように向き合って、何か良いことをやるとはとても期待できない。むしろ、いっそう悪いことをやるように思えてならない。

第一〇章　儒教の役割倫理に対するあるサンデル派の応答

ポール・ダンブロージョ

人こそ道を広められるのであり、道が人を広めるのではない。
——孔子（『論語』衛霊公篇二九）

ヘンリー・ローズモントは、微妙だが重要な区別に焦点を合わせ、儒教における「役割に基づく人間」という彼とロジャー・エイムズの理解が、マイケル・サンデルの言う「位置づけられた自我」とどう違うかを「玉ネギか桃かの問題」[1]として要約している。儒教の役割倫理は、人間は役割と人間関係によってすべて構成されていると考える。社会的つながりに先立って存在する、あるいはそれによって覆い隠されている桃の種のようなものは存在しない。そうでなく、人間は玉ネギのようなものであり、社会的役割と人間関係の層からすべてができている。したがってローズモントとエイムズは、役割を「演じる」ではなく役割を「生きる」という言葉を使い、[2]「人間であるもの（human beings）」ではなく「人間になるもの（human becomings）」と言う。[3]マイケル・サンデルは『リベラリズムと正義の限界』（一九八二）において早くもそうした立場に異議を唱えているにもかかわらず、似たような考え方に立つとして批判されてきた。[4] 自我は、役割、属性、社会環境などの塊ではない――部分的にはそうした要素から構成されるとしても――とサンデルは主張する。サンデルの立ち位置は、全面的に役割に基づく人間と、具体的存在によって「負荷なき」孤立した原子的個人（ロールズ『正義論』に見られるような）の中間にある。これら両極端な立場のあいだのどこかに立って、サンデルは、社会的負荷とは「私という人間をある程度まで特徴づける持続的な愛着と関与」だと考えている。[5] 人間には「目的や愛着を構成する」以上の何かがあると、彼は信じている。[6] 彼は「位置づけられているが、反省的に位置づけられている自我」の概念を掲げている。[7] それを受けて、ローズモントとエイムズは、人間を構成する役割や人間関係の外に主体あるいは自我を仮定することで、厳密には何が得られるのかを問おうとする。ローズモントは率直にこう述べている。「役割や人間関係に言及せずに、あなたは誰なのかを教えてほしい[8]」

　これに反応して、サンデルの昔からの友人で同僚でもある杜維明が考えを述べている。エイムズとローズモントの儒教の役割倫理に対する杜自身の返答は、部分的には、人間をたんにいくつもの役割の集合体と見る儒教の伝統に帰することがはたして的確かという懸念に基づくものだ。『論語』はよく知られているようにこう述べている。「三軍も帥《すい》を奪うべきなり。匹夫も志しを奪うべからざるなり（大軍の大将を捕えることはできても、平凡な男の志を奪うことはできない）」（『論語』子罕篇二六）。この言葉を援用して、杜は儒教の人間概念には儒教の役割倫理が認めるよりもっと確固たる中核的自我があると主張し、それを「批判的精神《クリティカル・スピリット》」と呼ぶ。[9] その自我が社会的役割に縮小されると、われわれはこのクリティカル・スピリットの主体という視点を失う。ローズモントとエイムズは、主体の存在は主張するが、儒教の役割倫理はその主体の基礎をなす前提のいくつかについての再考をわれわれに要求すると言う。

たしかに、われわれは批判的熟慮の現れをたくさんの方法で説明できる。しかし、儒教の役割倫理とサンデルの重荷を負った自己との比較には、人間の形而上学的な、あるいは、存在論的な立場よりもっと議論されるべき問題がある。さらにこれを超えて、こうした二つの見方は、補完的で、加えて、伝統と伝統の間に自己流解釈に頼らない橋を架けるために独自に準備された道徳的推論の異なる側面を際立たせる。

本稿は三つの主要部分から成立している。第一に、私は「玉ネギと桃」問題に対して、本書の中でローズモントとエイムズが提起した異議のいくつかを明らかにして、サンデル派の立場から答える。次に、サンデル哲学で述べられた存在論的前提と儒教の役割倫理の違いに基づいて、「玉ネギと桃」問題への代替的視点を提示する。最後に、儒教の役割倫理とサンデルの考え方が、道徳について、いかに相互補完的な見方をもっているかを示す。私の最終目的は、こうした理論を結びつけることではなく、その違いを探求し、二つの重なり方を検討し、二つが互いに情報を与え合っていることをはっきりさせることにある。

「玉ネギと桃」問題を絞り込む

ヘンリー・ローズモントは自著『Against Individualism』で、儒教、もしくは、少なくとも自分の儒教理解においては、人びとは「権利を保有している個別の自我より、もっと明確に個別化され、他人を個別化している」[10]と主張している。この個別化機能は、人間を固有の役割と個別の関わり合いの組み合わせとして理解することの産物だ。「権利を保有している個別の自我」という個人主義的な概念とは対照的に、儒教の役割倫理は、広範で具体的な要素を考慮に入れた、人間についてのもっと微妙な見方を発展させている。しかし、焦点は役割と関わり合いを「個別化すること」にとどまっていて、それは——とくにマイケル・サンデルの哲学と比べたときに——より広い繋がりの重要性にあまり重きを置いていない。

マイケル・サンデルによれば、われわれが住んでいるコミュニティは、隣近所から国家にまで及んでいて、自分が誰であり、他人をどう見るかについての情報を提供することに主として責任がある。サンデルは自著『これからの「正義」の話をしよう』の「コミュニティの要求」と題した節で次のように述べている。「自分は重荷を負った自己であり、みずから望まない道徳的要求を受け入れる存在であると考えないかぎり、われわれの道徳的・政治的経験のそうした(コミュニティに基づく)側面を理解するのは難しい」[11]。ローズモントとエイムズのように、サンデルも抽象的個別主体という人間のイメージを受け入れない。社会におけるわれわれの立場とわれわれの社会それ自体は、われわれに対し、たんに付随的なものとはいえない主張をする——「自我が究極目標と役割に先立って、それとは無関係に与えられていると考えるならば、私を律する唯一の義務、私が負っている唯一の道徳的縛りは、意思の行為、同意の行為、つまり、社会契約に対する個別の同意を通じて自分が選択するものだ」[12]。サンデルは考察全体を通じて、人間として自分が誰であるかだけでなく、まさにわれわれの道徳やその根拠が、忠誠、責任、連帯など社会的に考慮すべきことがらに照らして、緻密に計画されていると主張している。しかし、サンデルの代替的考えは「根本的に位置づけられた自我」——それはローズモントとエイムズの儒教の役割倫理で与えられた人間の概念と、多かれ少なかれ同じものだ——とは異なる。サンデルは「周囲によって漠然と条件づけられ、経験による変形に絶えずしたがう根本的に位置づけられた自我に伴う矛盾」について懸念している。[13]

したがって、「玉ネギと桃」問題は、違いを際立たせる最高のモデルだ。サンデルの自我は、人間を人間たらしめる負荷によって覆い隠されている。結局、桃は桃の種ではない——果肉なしでは、桃は実質的に違うものになる。儒教の役割倫理では、人間は新たな役割との関わり合いで、皮の重なりを増やし、成長する。しかし、玉ネギには芯がない。ひとたびすべての皮が剝かれてしまうと何も残らない。芯すなわち「種」のあるなしは、人間の二つの概念の間に決定的違いをつくる。そして、サンデルにとっては、芯となる自我がないことは批判的熟慮の欠如を示している。サンデルは、こうして、桃についてのたとえに同意し、あえて桃の側に味方する。

サンデルが儒教の役割倫理に対して提起する異論は、ローズモントの「役割や関わり合いに言及せずに、あなたは誰なのかを教えてほしい」という刺激的な要求に立ち返る。[14] サンデルは次のように主張する。

「エイムズとローズモント」の解釈のいくつかの面には若干の類似性がある。それは物語、世界における自我、「人間になること」について語った部分だ。しかし、もしわれわれが根本的に位置づけられた自我ならば、人間になることはあり得ないし、物語もあり得ない。競合する物語の余地はなく、前触れの余地もなく、杜維明が「批判的精神」と呼んでいるものの余地もない。その批判的精神は法制や意欲から生まれるのではなく、あえて言えば、批判的に熟慮することから生じる——そのときには、われわれはどのようにしてわれわれになったか、世界においてどのように自我として位置づけられているかについての物語を提示するために道徳的想像力を使わなければならない。自我とはなにか？　世界とはなにか？　すべてはその物語に依存している。代替するものは、私の意見では、反省的に位置づけられた自我だ。この点で、ロジャー［・エイムズ］とは意見が異なるかもしれない。なぜなら、この私の概念は、自我をたんなる役割の集合体と見ようとはしないからだ。私はアイデンティティは集合的なものだという考えには賛成しない。私を批判する人たちが、［私をコミュニタリアンだとして攻撃するのにいつも用いているのは］アイデンティティについての見方だ。批判者たちは負荷なき自我に唯一取って替わるのは、根本的に位置づけられた集合的自我だけだと思い込んでいる。[15]

見方の違いは、少なくとも部分的に、ローズモントとエイムズ、そして、サンデルが関わっている別々の言説の観点から理解できる。儒教の役割倫理は、中国哲学を西洋化というもう一つ別の面から解放する試みだ。アラスデア・マッキンタイアの『美徳なき時代』の刊行（一九八一年）以前には、その時代の儒教研究はほとんど義務論的観点を主流にして進んでいた。そして、カント倫理学のもう一つ別の解釈と考えられていた。徳倫理学が一般に認識されるにつれて（主としてマッキンタイアの研究の発表によるものだが）、学者たちは儒教の断言的絶対原理を疑問視しはじめ、しだいに、当然ながら、儒教倫理学には美徳についてのアリストテレス的概念と強い類似性があると結論づけるようになった。ローズモントとエイムズは儒教に対する西洋哲学の抑圧的な支配を緩めようとし、儒教に対して、カントとアリストテレスの後ろにではなく、横に並んだ席を与えたいと思っている。サンデルの研究計画は同じような比較の問題には向き合っていない。

ジョン・ロールズの正義論への一つの代替案の提示に際し、サンデルはマッキンタイアの用語と主張の多くを受け入れている。とくに、サンデルはロールズの「無知のベール」という基本概念を強く批判する。ロールズのベールの背後では、誰もが「負荷から解放されている」。それは、誰もが実体的な特性をもたず、物語の一部でもないことを意味する。サンデルはここに二つの重大な誤りを見つけている。つまり、ロールズの立場は「正」を「善」に誤って優先させているが、われわれ自身を自分たちの物語、あるいは、「負荷を負わされた状態」から切り離すことは不可能で、道徳的に見て好ましくないとサンデルは言う。しかし、サンデルは人間を物語や負荷を負った状態に完全には単純化していない。サンデルは、物語や「負荷を負った状態」が、より大きな完全体の不可欠な「部分」としての自我や道徳的思考について主張することの重要性を強調しているに過ぎない。

儒教の役割倫理哲学とサンデルの考え方は、それぞれの論文における根本的な革新性という点で際立っている。両者が個人主義についての抽象的概念を拒否する限りは、この二つは連合戦線を結成する。しかしそれぞれは固有の問題に直面し、その問題は人間についての異なる概念の解明の仕方に関わる。だが、役割倫理的玉ネギとサンデル的桃の間には、中間的見方の余地がありそうだ。両者が異なる伝統と連携しているから、それぞれの存在論的主張の関わり合いは複雑で、それぞれの独自の背景から理解されなければならない。さらに、玉ネギと桃の中間的立場が不可能だとしても、こうした立場の違いを完全に認識するために考慮されなければならない儒教の役割倫理についてサンデルの見方が提起するいくつかの課題がある。

玉ネギに芯はできるか？

古典的な儒教主義によれば、人間は完璧な「人《レン》」としては生まれない――この言葉は、道徳的に定義づけられ、人間の成長には修養が必要だとされる。人間として「立つこと、つまり確立」は、家族の現にある関わり合いと社会的役割を通じて現れる。こうした相互作用が適切に機能するときに、人間はローズモントとエイムズが「高徳の人格になる」と呼ぶであろうことがらに参画し、完璧な人間になる。ここでは修養が強調される。修養とは、実践を通じての人間の成長を言う。初めに「自我」があるのではない。最初に社会的状況だけがあり、それはしだいに他人との人間同士の相互の関わり合いとして拡大する。これは本質的にプロセスに基礎をおいた存在論で、ロジャー・エイムズやデイヴィッド・ホールが強く主張しているように、「あること」ではなく「なること」についての条件に関わる。[16]

サンデルは同じ存在論的前提には与《くみ》しない。ローズモント、エイムズ、ホールが中国の伝統について述べていることと比較すれば、サンデルのアプローチは「なる」ではなく「ある」という前提に基づく。したがって、「玉ネギと桃」の区別は、別の方法で明らかにできる。中核的自我のようなもの――少なくとも、サンデルが主張する批判的熟慮のために必要な何かに似たもの――が人の中で「成長すること」は可能だ。サンデル派の立場に対応しつつ、他方でローズモントとエイムズが仮定するプロセスに基礎をおいた存在論を維持しながら提起可能な異議が、少なくとも二つはある。

第一に、人が修養を積まされる出発点、つまり、「ルーツ」を儒教の役割倫理とサンデルの論議の主要な中心と認識して、われわれは問いかけることができる。修養を積むための実体的出発点は、外延的にどこまで広がっているのか？　修養を積まされているとはどういうことなのか？　われわれはまた人間の性癖、つまり本性についての儒教の考え方、あるいは、孟子の「四端《したん》」にたいし直接に疑問を投げかけることができるが、その疑問とは、人の性癖や四端は「思慮深い主体」のような何かを含んでいるのだろうか？[17]

第二に、われわれは人間の本性を役割と関わり合いの集合体、つまり、玉ネギとして敢えて問うこともあり得る。われわれは問いかける――孟子のいくつかの考え方が示すように、（修養を通じて）何らかの実体がある核に到達することは可能だろうか？　プロセスを見わたすことで、杜維明やサンデルが思慮深い自我のために必要と気づいた主体のような何かを生むことが可能だろうか？　実際に、プロセス哲学では、後の存在を説明するための出発点としての「自我」を仮定する必要はない。

ローズモントとエイムズは、こうした疑問は、思慮深くあるためには「自我」を必要とするとの余分な信念に基づいていると回答しそうだ。しかし、こうした争点は、さらに探究されなければならない。自我のこの厳密な必要性とローズモント、エイムズ、サンデルが採用した存在論的特質は、最も基本的な違いを構成している。そして、こうした争点が儒教の役割倫理の玉ネギとサンデルの桃の対立を解消できないとしても、ここで問題になっているものを正確に示すうえでは力になるはずだ。このような疑問がとくに重要なのは、儒教の役割倫理とサンデルの正義は（人間についての両方の概念が違っていても、何らかの仲介的立場が成果を収めるかどうかわからないにしても）道徳哲学の分野では両者は親密な仲間だからだ。どちらの接近方法も、人間、位置づけられていること、道徳の考察におけるコミュニティの具体的側面を優先し、家族、役割、（個別化された）関わり合い、コミュニティにさまざまな程度で焦点を合わせ、互いに補完し合う。

役割、関わり合い、コミュニティ

サンデルの道徳哲学は、イマヌエル・カントとジョン・ロールズの考え方がおそらく最も典型だろう「道徳的個人主義」の哲学に異を唱える。[18] カントの自律的意思とロールズの無知のベールは自我と道徳的想像力に類似した見方を与える。[19] 二人の哲学者にとって、こうした考えは、具体的、偶発的特性からできうる限り分離させられているものだ。人間は、結果から切り離された理性の法則にしたがって判断する「負荷なき自我」（ロールズの言葉）になる（カントの言う定言命法）。それに代替するサンデルの考えは、包括的テーマに基づき、彼の哲学を通して変わることなく、彼の「われわれは、共同責任とコミュニティの要求に関するいくつかの難問について、考え抜く必要がある」という言葉にうまく要約されている。[20] サンデルのリベラリズム（一九八二）、公共哲学（二〇〇五）、遺伝子による能力増強（二〇〇七）、正義（二〇〇九）、市場（二〇一二）などについてのさまざまな論考は、すべて、人間についての概念や、個人の目的とコミュニティとの免れ得ない結びつきの強固な感覚を含む道徳的推論で「道徳的個人主義」を満たそうとしてきている。こうした繋がりは忠実、責任、連帯への考慮を含み、付帯的、あるいは、些末な主張は含んでいない。それはまさにわれわれの自我の感覚の中に配置され、われわれが道徳問題について考える（むしろ、考えるべき）やり方にあきらかに関係する。

ローズモントとエイムズも同じような強力な哲学と闘っている。二人は「道徳的個人主義」に代替するパラダイムとして儒教の役割倫理を提示している。中国的伝統を色濃く受け継ぎ、ローズモントとエイムズは、「人間」を理論化し、道徳について考えるための家族の関わり合いと社会的役割の重要性を強調する。[21]人は、家族との関わり合いを通じて人間になり始める。このプロセスは、やがて、より広範な社会的領域との関係に変わり、最終的に、政治的共同体全体への推進力に達する。[22]

抽象的判断を拒否し、自我、他人、そして、状況についての具体的要素を真剣に受け止める観点から見れば、サンデルの位置づけられた自我には儒教の役割倫理と共通するものがたくさんある。しかし、儒教の役割倫理主義者はサンデルにこう尋ねるだろう。「あなたにとって、最も近しいコミュニティは何か？　家族だろうか？　こうした重要な結びつき、われわれがどんな人間になるかだけでなく、われわれの道徳面の広がりの主な要因でもある結びつきをどう説明するのか？」。同じように、サンデルはローズモントとエイムズにもっと広範なコミュニティの制約を問いたいと思うだろう。それは、たとえば、ある特定の大学の教授であるだけでなく、同時に、大学キャンパスという共同体やもっと広くアカデミックな世界のメンバーであることに伴う制約についてだ。

サンデルは具体的なコミュニティとしての家族については多くを語らない。家族は、ある人間が、少なくとも若者時代に、最も親密で最も影響を受けるコミュニティであることに疑いはない。しかし、サンデルが家族の重要性についての論議のために費やす時間は相対的に少ない。[23]サンデルは、たとえば、われわれ自身を「この家族、このコミュニティ、あるいは、この国民国家のメンバーとして、この歴史の担い手、あの革命の娘や息子たち、この共和国の市民として」見るべく語る。[24]しかし、サンデルがここで強調しているのは、こ﹅の﹅……とかあ﹅の﹅……などが頭に付いた特定の何かの一部であることについてだ。家族そのものが特別に優先されているのではない。同じように、忠誠、責任、連帯の美徳は、一般に、暮らしている町や学んだり雇用されている場所、所属している信仰集団、国民である国家など、広範なコミュニティに関係していると考えられている。そして、美徳の議論においては、家族のメンバーを特別な形の繋がりとして扱うやり方にはほとんど注意が払われていない。たとえば、家族の崇敬や子供の敬虔な行為（孝）、きょうだいの結びつき（悌）、親が子供に抱いている特別な愛情（慈）など特定の形の感情には特段の重きを置いていない。もし、家族の結びつきの重要性、個別化された（そして、個別化している）関わり合い、社会的役割などについて、儒教の役割倫理の強調に合わせて言うならば、サンデルの道徳哲学には、われわれが「特定の親の息子や娘であること、家族の特定のしきたりの担い手であること、特定の人の夫であり妻であること、特定の子供たちの親であること」として、道徳的感性を発展させてきたそのやり方についてもっとわかりやすい見方を含めることもできるだろう[25]。

儒教の役割倫理を語る中で、エイムズとローズモントは、人間がいかにして自分たちのコミュニティの道徳的メンバーになりうるかの説明もしている。家族と適切に関わり合うことで、人間は家族を超えた領域にまで広がる道徳的習慣を身につける。「簡単に言って、家庭内で家族を敬う気持ちが有効に働いているときには、コミュニティにおいても、国家においても、さらには宇宙においても、すべてが問題ない[26]」。しかし、彼らの焦点は、とくにサンデルと比較すると、狭義の家族の領域にとどまっている。役割倫理の説明において、ローズモントとエイムズはあらゆる倫理課題と市民としての懸案を家族に関連づけた繋がりに単純化するきらいがある。「家族の感情は儒教の役割倫理における道徳性の基礎――つまり、われわれが自分たちの道徳的感性を育てる基盤だ」と言う[27]。さらに、人間にとって役割は最重要だ。自分自身を、たとえば、大学コミュニティの一人のメンバーとして認識することはあまりなく、その代わり、自分を教師、学生、警備員、保守部門の一員、あるいは管理スタッフとして考える。そうすることで、自分の責任をせいぜいコミュニティ全般や相互的なもの、そして、特定の一つの役割に限定し、単純化できる。また、この見方は、階層的で、特定の役割に限った義務を助長することにもなり得るし、さらに、われわれが相互に、あるいは、より広範なコミュニティに対して担っているもっと一般的な義務への自覚を消失させることにもなりかねない。サンデルのより大きなコミュニティへの集中は、この特定の役割に限るという考え方を解放し、特定の役割や確立された関わり合いを超えて、道徳的義務を、関係があまりはっきりしていなかったり、あるいは、何の関わりもない他人や他のものに対する責任にまで拡大することになり、われわれが他人に負っているものについての見方を広げる。[28]

儒教の役割倫理とサンデルによって提示された人間についての代替概念には、類似性もあるが、基本的な考えの不一致もある。両者が人間についての理論化でとった軌道は平行していて、多くの箇所で緩やかに重なっている。この二つの接近方法の協調は、こうした交差箇所を最大にできるだろうし、「道徳的個人主義」の強い流れに対して、よりグローバル化された哲学的議論を提供するだろう。

私は、ローズモントとエイムズの「人間の儒教的役割倫理」概念とサンデルの「根本的に位置づけられた自我」との違いを解決しようとするつもりはない。その違いは簡単には解消されない。人間や自我の本質についての存在論的、あるいは形而上学的意見の不一致は、説明により解消したり、解答が得られるものではない。一方の側が立場を変更しない限り、二つの考え方はたんに対立しているだけだ。しかし、二つは個人主義批判においては類似した方向を向いており、その点で東西の哲学的伝統の対話を促進している。

それよりむしろ、サンデルが比較よりは生産的な代替策であろうと示唆している協調的アプローチを[29]、仮にわれわれが進んで受け入れるならば、もっと実体的、生産的で、現実的でさえある結びつきが生まれるだろう。エイムズが明確にしているように、人間についての理論化は倫理的な論議の出発点としてふさわしい。そして、『易経』の注釈は次のように述べている。「天下の物事はみな帰するところは同じで、そこに達する道筋が異なるだけだ」（繋辞下伝五章）

ローズモントとエイムズにとっては、人間を構成するうえでの役割と関わり合いの重要性を認識することは、より健全で、勢いがあり、倫理的な相互作用に役立つ。われわれは、人間と倫理について考え、語る、新たな方法を発展させることを通じて、少なくとも部分的に、これを成し遂げる。エイムズは、役割倫理は「新たな語彙」をもたらすと強調している。[30]ローズモントは、自著『Against Individualism』の「倫理を地球的文脈で実践する」の章で、同じように、われわれ自身を個別の主体ではなく、役割を担った人間として考えることが価値の順位付けに与える重要な影響を強調している。[31]言い換えれば、人間は全体が役割と関わり合いとで構成されているという見方を詳説する中で、ローズモントとエイムズは、倫理を論じるための新たな言葉の使い方も奨励している。

サンデル自身のリバタリアン的個人主義への反論もまた、新たな言語の使用を推奨している。サンデルはコミュニティの重要性について語り、道徳的推論における人間感情の重要性を際立たせている。[32]しかし、サンデルは役割倫理の「新たな語彙」に正面から反対する。エイムズへの対応としてサンデルは言う——「役割と関わり合いが一体になった純粋な言葉の代わりに、われわれは物語と熟慮についての中間的で概念的な言葉を考え出す必要があると思う」[33]。これもまた、比較ではなく協調の観点からは、良い出発点だ。

われわれが道徳的主体を引き合いに出すことなく道徳について考えることを習得すべきだという見方と、道徳的推論は熟慮により位置づけられた自我への言及を必要とするという見方の間には、重要な重なり合いがある。さらに、その二つの見方は一つの補完的意味論を共有している。儒教の役割倫理は一人の人間がもっている（あるいは、一人の人間そのものである）個別の役割と関わり合いを強調している。これに対し、サンデルは人間が暮らしているコミュニティの重要性を指摘している。こうした言葉を同時に展開させ、あるいは、物語と熟慮を含む可能性のある「中間的な概念を表わす言葉」を探すことは、主体性と自我についての主流の考えに異議を申し立てることになるだろう。言葉の変更は二つの見方の存在論や形而上学的な違いを克服しないかもしれないが、二つが分離したままでいるか、統合されるか、どちらであろうとも、儒教の役割倫理とサンデルの哲学は個人主義に断固とした異議を申し立てる。二つの見方は、こうして、中国と西洋の哲学的伝統の協働を奨励し、考え方についての新たな道を提示する。

V

マイケル・サンデルによる応答

第一一章　中国哲学から学ぶ

マイケル・サンデル

二〇〇七年に初めて中国を訪れた際、私は三篇の短い資料を携えていくと、精華大学と北京大学でそれについて討論しようと学生たちに呼びかけた。その資料とは、ジョン・スチュアート・ミルの『自由論』の抜粋、『論語』（子路篇一八）の一節、『孟子』（盡心章句上三五）の一節である。

『自由論』の抜粋では、人間は自分の人生設計を自由に選択できなければならないとされていた。社会は、人が他人に危害を加えるのを防ぐことは許されるが、人が自分のために、道徳的人格の向上のために行なう選択を邪魔してはならない。「人間の行為のなかで社会に従う必要があるのは、他人に関係する部分だけだ。本人にしか関係ない部分については、当然ながら本人の独立が絶対である。自分自身、自分の肉体、自分の精神に関しては、個人に主権がある」[1]

中国古典からの諸節では二つの対話が取り上げられていた。最初の対話では、葉公《しょうこう》が孔子にこう語る。「わが党に直躬《ちょくきゅう》なる者あり。其の父、羊を攘《ぬす》みて、子これを証す（私どもの村には躬という正直者がいます。父が羊を盗むと、躬はそのことを証言しました）」。孔子は感心することもなくこう答える。「わが党の直き者は是に異なり。父は子の為に隠し、子は父の為に隠す。直きこと其の中《うち》に在り（私の村の正直者はそれとは違います。父は息子の悪事を隠し、息子は父の悪事を隠します。『直』はこうした相互の隠匿のなかにあるのです）」（『論語』子路篇一八）。

二つ目の対話では、孟子と一人の弟子がたとえ話を用いてある道徳的ジレンマについてやりとりしている。皇帝の父親が殺人を犯し、警察署長に逮捕されたとしてみよう。皇帝は警察が自分の父に対して法を執行することを認めるべきだろうか、それとも父を守るために介入すべきだろうか？　孟子は、皇帝は支配者としての権力を使って警察による法の執行を阻むべきでないと答える。だとすれば、皇帝は子としての父への義務をどうやって果たせばいいのでしょうか、と弟子が問う。孟子はこう答える。皇帝は王位を捨て、父を背負ってひそかに海辺の僻地へ逃げ、そこで父と幸せに暮らし、捨ててしまった権力のことなど二度と考えないのだと（『孟子』盡心章句上三五）。

ある面で、これらのテキスト——一方はミル、他方の二篇は中国の物語——は、西洋哲学と中国哲学の違いを例示するものと見なせるかもしれない。ミルは個人と自由を称賛し、孔子と孟子は家族と「孝」の道徳的優先性を主張している。ミルにとっては、美徳の涵養は私事であり、公共の関心事ではない。中国の哲人にとっては、私的な道徳と公的な道徳の境界はそれほど明確ではない。ミルが主張しているのは「一つのきわめて単純な原則」、すなわち、他人に危害を加えるのを防ぐ場合を除いて、社会は自由に対して決して干渉してはならないということだ。対照的に、孔子と孟子は抽象的原則を明確に述べることなく、物語と具体的事例を通じて自分たちの道徳的教えを伝えている。

西洋哲学と中国哲学のこうした型通りの対比に何らかの真理があるとしても、私がこれらのテキストを学生たちに読んでもらったのは、二つの伝統を比べるためではなかった。儒学者でもない私には、いずれにしても、中国哲学が全体として西洋哲学とどう違うかなどと語る資格はない。さらに重要なことに、私はこの種の大ざっぱな比較が、哲学的伝統を相互に出会わせる方法として最も興味深いとも啓発的だとも思っていないのだ。

私の目的はそれほど壮大なものではなかった。私が提示したテキストについて、学生たちがどう考えるかを聞くことに関心があったのだ。彼らはミルのリベラリズムに魅かれるだろうか、それともそれに批判的だろうか？　孔子や孟子の強い家族倫理に賛成だろうか、それとも反対だろうか？　当然ながら、意見はさまざまだ。一部の反対意見は、これらのテキストそのものに関する相容れない解釈にわれわれを引きずり込んだ。

ミルの『自由論』（この論考がほとんどの学生によく知られていることがわかった）をめぐる議論は、活気に満ちていながらも学問的で、私が教鞭をとるハーバード大学の学生とのこうした多くの議論を彷彿させるものだった。利己的行為と利他的行為を区別することは可能だろうかとか、われわれの私的選択と見えることとさえも公的生活の性質や特徴に影響を与えるだろうかなどと問う学生もいた。

中国古典に関する議論はもっと熱のこもった、情熱的とさえ言えるものだった。家族への忠誠を正義や真実を語る義務に優先させるのは誤りだと考える学生もいた。悪事を隠すこと、あるいは犯罪者が——たとえそれが自分の父親であっても——法を逃れられるようにすることが、どうすれば正しいということになるのだろうか？　羊を盗むことは一つの例にすぎない。しかし、家族の一員が殺人の有罪判決を免れられるよう手助けするのは、称賛に値することだろうか？

この物語が実際に正義と忠誠の衝突を引き起こしているかどうかに疑問を呈することによって、孔子の教えを擁護する学生もいた。何が正義にかなう行為と見なされるかは、集団の人間関係によるのではないかと主張する学生もいた。こうした事例にかかわる「孝」には、父親を犯罪への処罰から救うだけでなく、生き方を改めるよう意見することも含まれる可能性を提起する者もいた。さらに、そうした道徳的忠告は、公の場ではなく家族内で目立たないようになされるのが最善かもしれない。

この一〇年のあいだ、私は中国の学生と触れ合うさまざまな機会に恵まれた――ときには中国で、ときにはビデオにつながった教室やテレビスタジオを使っての世界にまたがる討論会で。[2] 私が気づいたのは、生き生きとした哲学的議論の多くは、伝統と伝統のあいだよりも伝統の内部で生じるということだった。文化を越えた出会いは、われわれの凝り固まった想定を新たな視点から見るよう要求することで、こうした議論を呼び起こすことが多い。

正義、調和、共同体

ある哲学的伝統に出会うということは、その鍵概念を理解するだけでなく、そうした概念をどう解釈するかについて内部における意見の違いを垣間見ることでもある。ときとして、文化をまたぐ比較によって、文化の内部における意見の違いが浮き彫りになることがある。西洋哲学と中国哲学の一般的な対比について考えてみよう。西洋哲学の伝統は個人主義的で、自由、自律、選択の自由を強調する。中国哲学は共同体主義的で、家族、調和、「孝」を重んじる。こうした一般的対比は間違いではないが、多くの複雑な状況を覆い隠してしまう。

こうした複雑な状況の一部が、本書所収の論考のなかで示されている。私はそれらの論考から、私自身の研究と儒教の伝統の接点のみならず、現代の中国哲学に登場する相容れない解釈についても多くのことを学んだ。さらに、自分の見解に対して馴染みない方向から投げかけられる異議によって生じる哲学的めまいも経験した。

本書所収のいくつかの論考は、中国哲学を利用して、リベラル派とコミュニタリアンのあいだのおなじみの論争を再構成するものだ。こうした論争の中心には、正義をどう考えるかという問題がある。すなわち、正義にかなう社会は美徳や善き生に関する特定の概念に中立であろうとすべきなのか、それとも善についてのある概念を支持し、市民のあいだに特定の美徳を涵養することを目指すべきなのかという問題だ。それに関連してこんな問いも生じる。われわれが正義について考える際、家族、友人、隣人、同胞などへの愛着を考慮してはならないのか、それとも、正義に関する理解はそうしたものへの義理や忠誠を反映すべきなのか。

これらの見解のうちの二つ目の組み合わせ——美徳、善き生、われわれを世界のなかに位置づけるさまざまな愛着を、正義と結びつける考え方——を支持する人びとは、リベラリズムに対するコミュニタリアン的批判とも結びついている。英米の政治哲学の内部では、この論争の論点は、いまではうんざりするほどよく知られている。つまりコミュニタリアンは、暗黙のうちにであれ明示的にであれ、善き生の実質的概念に依拠することなく正義を定義することはできないと主張する。さらに、市民が奉じる道徳的・宗教的信念に中立的な権利の枠組みを提供するというリベラル派の主張は、自らの道徳的信念が無視されていたり排除されていたりする人びとの反感を引き起こす。リベラル派の答えは次のようなものだ。多元的社会に暮らす人びとは美徳や善き生の意味に関して意見が一致しない。したがって、対立する道徳的・宗教的概ての人びとに押し付けることになるというのだ。

念を法律の基礎に据えれば、抑圧や不寛容へ道を開き、多数派あるいは権力者の価値感をすべての人びとに押し付けることになるというのだ。

この論争の一つの側面は、相容れない自我概念・共同体概念にかかわっている。私は次のように主張してきた。われわれ自身を、役割や人間関係に先立ってそれらとは独立に定義される「負荷なき自我」と考えれば、貧弱な共同体概念を招くことになると。リベラル派の多くは、人間は選択に先立つ道徳的絆に束縛されているという考え方は自由と両立しないと反論する。

私の擁護する共同体の概念は道徳的に要求が厳しすぎる、哲学者の職業語では「厚すぎる」という反論に慣れていたので、私の共同体の概念は「薄すぎる」という批判に出会うことには興味をそそられる。シンガポールで教鞭をとる儒学者の李晨阳は、私の共同体概念と儒教のそれとのいくつかの類似性を確認することから議論を始める。「儒者であれば、共同体が最も重要というサンデルの考え方をためらいなく支持するはずだ。儒者の見解によれば、個人のアイデンティティは部分的に社会関係によって構成されており、共同体の成り立ちそのものにとって不可欠である」。それから、一つの重要な違いを説明する。「儒者であれば、サンデルのリベラリズム批判の多くを支持できるはずだ。とはいえ、儒者の観点からすると、健全な共同体主義の社会を築くにはサンデル版の共同体主義では物足りない。儒者は共同体の豊かな概念を保有しており、人類の繁栄にはそれが不可欠だと考えている」

李晨阳によれば、私の説明が薄すぎるのは、調和、つまり「儒者の共同体概念の真ん中」に位置する概念が十分に考慮されていないからだという。調和は社会生活のまさに中心的美徳なので、儒者の説では正義よりも高い位置にある。「儒者の見解では、『礼（儀式的礼儀）』や『仁（慈悲、すなわち人間に対して思いやりを示す傾向）』という美徳を実践することによって前向きな人間関係が構築される。これらの美徳のおかげで、人びとは共同体の強い連帯意識を育むことができる。そうした共同体においては、最も価値の高い美徳は正義ではなく調和のとれた人間関係だ」

正義ではなく調和こそが、社会制度における第一の美徳であるという主張をどう考えるべきだろうか。この問題について考えると、私の初の著作である『リベラリズムと正義の限界』における大いに批判された一節が思い起こされる。私はジョン・ロールズの「正義は社会制度の第一の美徳である」という主張に反対し、一部の社会制度、とりわけ家族にとっては、正義以外の美徳が何より重要ではないかと主張した。家族のメンバーが愛、寛容、相互の愛着をもとに互いに結びついているかぎり、正義の問題が立ちはだかることはないと述べたのだ。[3] もちろん、どれほど円満な家庭であろうといっさい衝突がないということはない。私が言わんとしたのは、正義の優先度は、善き家族、あるいは善き共同体が涵養しようとする姿勢や気質に依存するということにすぎない。

こうした主張を、伝統的なジェンダーヒエラルキー（性差による序列）や女性の抑圧を無視した家族の調和という理想像を暗示するとして批判する人もいた。[4] この種の抑圧が存在し、それが正義にもとることは間違いないし、そうした家族に正義が適用されないと主張するのは誤りだろう。だが、そう言ったところで、家庭生活、あるいは社会生活一般における美徳としての正義と調和をどう順位付けるかという問題が解決されるわけではない。この問題への答えは、これらの美徳がどう理解されているかによって決まる。

中国の伝統に出会うまで、調和が社会生活における最も重要な美徳であるという考えは、私には思い浮かばなかった。負荷なき自我という批判や、社会契約の伝統によって与えられるものよりもさらに深い共同体概念を支持する主張にもかかわらず、私は公共善の多元的概念をつねに擁護してきた。つまり、道徳的問題、さらには宗教的問題についてさえ、市民は公然かつ率直に議論するべきだということだ。こうした議論は概して、調和的というよりはかまびすしいものとなる。

私はジャン＝ジャック・ルソーの単一にして画一的な一般意思の概念には一貫して慎重である。ルソーによれば、一般意思が行き渡れば集会の場には沈黙が訪れるという。異議が抑え込まれるからではない。一人ひとりの意思が一般意思と合致し、意見を戦わせるべきものは何も残されていないからだ。ルソーと同じく、また私の理解する儒教の伝統と同じく、私は市民生活を人格の涵養にかかわる形成的プロジェクトと考えている。しかし、こうした涵養が、われわれのさまざまな生活が表わす独自の善の解消を追求すべきだとは思わない。止むことのないどよめき、口論、意見の衝突は、必ずしも共通善に対する利己主義の勝利を示すものではない。それらは健全な多元主義の象徴であり、共通善の意味をめぐって展開される論争を反映しているのかもしれない。

こうした多元主義は調和的社会と矛盾しないだろうか。李晨阳は調和の二つの概念を区別することでこの問題に光を当てている。一つは服従としての調和で、支配と異論の抑圧によって不調和が克服される。李晨阳はこれを「儒教の言う調和のイメージを損ねてきた」繰り返される誤解として退け、それに代わるものとして、調和の概念を個別的・集団的な自己修養のプロジェクトとして明確に表現する。このプロジェクトを通じて、各人は自らの潜在能力を発揮すると同時に共通善を促進できるという。「調和のある共同体では、各個人はみずからのアイデンティティを形成したり発見したりするだけではなく、ほかのメンバーのアイデンティティや善に貢献する。他者との調和を通じ、各人は共同体の仲間の貢献から恩恵を得るのだ……儒教的な共同体の思想は社会の調和であり、それは、共通善を達成するための相互変化を通じ、共同体のメンバーによって実現されるべきものなのだ」。李晨阳は実例を挙げている。シンガポールの人口は、中国系、マレー系、インド系、その他から成っているが、社会調和を促進しようとする最近の試みとして、大統領（選挙で選ばれるが儀礼的なポスト）をさまざまな民族グループから輪番制で選ぼうという計画がある。これは、野心ある一定の候補者からある年に大統領を目指す権利を奪うものだとして不満を漏らす者もいるが、社会の調和に配慮してこの権利は放棄されるべきだ。すべての民族グループが大統領を出せるようになれば、強い市民意識とシンガポールのナショナル・アイデンティティが生まれるはずである。「そうした動きは、儒教的な調和の哲学を根拠に正当化されるだろう」と李晨阳は書いている。

　上海の復旦大学で中国哲学を教えている白彤東は、共同体についてやや異なる儒教的説明を提示している。彼によれば、私の共同体概念は薄すぎるのではなく厚すぎる——つまり、彼の言う「見知らぬ者からなる社会」にとっては道徳的に要求が厳しすぎるという。われわれが意思的な行為からではなく、家族や国家の一員としてのアイデンティティから生じる忠誠心や義務をある程度求められることには彼も同意する。さらに、こうした忠誠心は殺人者を捕える義務に匹敵するほどの道徳的重みを持ちうることにも同意する。白彤東は私が『これからの「正義」の話をしよう』で語った物語を引き合いに出している。マサチューセッツ州のある有名な役人が、悪名高いギャングのリーダーにして殺人者でもあり、逃亡して隠れている兄の捜査について当局への協力を拒んだ話だ。[5] 白彤東は、この物語は孟子に出てくる皇帝の父親が殺人を犯す話とそっくりだと指摘している。皇帝は父を守るために捜査に介入すべきだろうか、それとも警察が父を逮捕し起訴するのを許すべきだろうか。孟子によれば、皇帝はその地位を捨てて父親とともに逃亡し、隠遁生活を送るのがいいという。

白形東も家族への忠誠が、より大きな共同体への忠誠と同じく、ときには普遍的な道徳的義務を超える場合もあることを認めつつ、彼の解釈する儒教哲学が私の道徳的・市民的美徳の説明から逸脱する二つの面を指摘する。第一に、実際に政治に参加できるほど美徳を涵養できる者はごく「少数」にすぎない。したがって、儒者は「共同体主義に含まれる徹底した共和主義を拒否」し、実力主義の政治形態を支持する。つまり、教養と美徳を身につけた少数者が、それ以外の者に代わって政治を行なうということだ。庶民を代表する下院と、高い能力によって選ばれたメンバーで構成される上院を持つ混成的な政治形態は、実力主義のルールをある程度の国民参加と結びつける一つの方法だ。しかし、白形東によれば、儒者はこう断言するはずだという。「見知らぬ者からなる大規模な社会（現代国家の大半にとって前提となる状況）においいて、一般大衆の能力が、彼らの政治参加が――自分たちの代表を選ぶことに関してさえ――有意義なものとなるレベルまで引き上げられることは決してないのだ」

民主主義と実力主義を結び付ける混成的な政治形態の考え方は、言うまでもなく、儒教思想に特有のものではない。アリストテレスも混成的な政治形態を支持し、政治的官職の最高位は政治判断と市民道徳に秀でた人びとに委ねられるべきだとした。初期の共和制アメリカにおいては、大統領と上院の間接選挙（前者は選挙人団、後者は州議会によって選出される）が、国民に発言権を与えるという意図で行なわれる一方で、政治的官職の最高位はジョージ・ワシントンやトマス・ジェファーソンといった人びとに委ねられた。

政府に実力主義の要素を持ち込むことは、必ずしも市民的共和主義の理想と対立するものではない。しかし、白彤東から見れば、あらゆる市民の道徳的・市民的美徳を涵養するという共和主義的プロジェクトの一定の限界を示している。現代の国家が共同体というよりもむしろ「見知らぬ者からなる社会」であるとすれば、結局のところ家族は、政治共同体が成員のあいだに涵養すべき道徳的絆や忠誠心にとって適切なたとえではない。白彤東は、多元的社会にとって共和主義的プロジェクトは道徳的に理想が高すぎると結論づける。驚くべきことに、彼は「政治的リベラリズム」というロールズの概念を支持する。それは、包括的な道徳的理想をめぐる公共的な熟議を避け、その代わりに、価値に関する重なり合う合意に基づく権利の枠組みを追求するものだ。ほかの場所で提示したいくつかの理由により、こうした考え方は、道徳教育や政治共同体の見方として窮屈すぎるように思える[6]。儒教の教えのなかでそれがどの程度まで支持されるのか、私には判断する資格がない。しかし、李晨阳が提示するより徹底した共同体概念と異なるものであることは明らかだ。

アリストテレス、孔子、道徳教育

香港中文大学に所属する哲学者の黄勇は、含蓄ある込み入った論文で、ほかの美徳（たとえば調和）と関連する正義の重要性に関わる「美徳としての正義」から、分配の正義についてのある種の説明である「美徳に基づく正義」へと焦点を移している。彼は、アリストテレスを源泉とするこの説明に対する私の共感を正しく指摘している。アリストテレスによれば、ある善の分配が正義にかなうかどうかは、その善が何のためにあるかによって決まる。たとえば、最高の笛は最も上手な演奏者に与えられるべきだ。なぜなら、そのためにこそ――つまり、巧みに演奏されるためにこそ──すぐれた楽器は存在するからである。正義にかなう分配とは、関連する美徳、長所、卓越性を持っているという意味で、それを得るにふさわしい人に善を割り当てることだ。

アリストテレスのこうした考え方の背後にある道徳的直観を理解するには、素晴らしいストラディバリウスのバイオリンがオークションにかけられ、入札者が二人いるというケースを想像してみるといい。その二人とは、世界最高のバイオリニストとそのバイオリンを居間の炉棚に飾りたいと思っている大金持ちの収集家だ。収集家がバイオリニストより高値で入札することに成功すれば、われわれは、オークションが公正に行なわれたとしても不幸な結果になったと思うだろう。ストラディバリウスは偉大なバイオリニストの手に渡るほうがふさわしいし──アリストテレス的意味では、より正義にかなうはずである。偉大なバイオリニストが演奏するほうが、収集家が個人的に飾っておく場合とくらべ、より多くの人により大きな喜びをもたらすからというだけではない。素晴らしいバイオリンは単なる金持ちの調度品ではないからでもある。バイオリンが存在するのは演奏されるためであり、飾られるためではない。ストラディバリウスの目的、つまり可能性がいかんなく発揮されるのは、偉大な演奏家がその美しい音色を響かせるときなのだ。

こうした論法はバイオリンのテロス、つまり目的にかかわる論拠を含んでいるという意味で目的論的だ。しかし、こうした考え方は、無生物の本質を形而上学的に探求するものではない（そう思う人もいるかもしれないが）。そうではなく、社会的行為──この場合は演奏──の意味と目的を探求するものなのだ。目的論的論証のこうした特徴から、それが名誉や称賛の問題と密接に結びついていることが浮き彫りになる。われわれがコンサートホール、交響楽団、音楽評論家といったものを保持している理由の一つは、素晴らしい音楽を称賛・評価し、鑑賞力を養い、才能ある若手音楽家を鼓舞して偉大なバイオリニストを見習わせることにある。したがって、アリストテレスにとっては、正義は目的論的であるとともに名誉に関するものでもある。ストラディバリウスを誰に渡すべきかを決めるには、われわれは演奏のテロス、すなわち目的と、それが称賛し涵養する美徳について考え抜く必要がある。[7]

アリストテレスは、政治共同体における地位と名誉の分配についても同じ方向性の議論をしている。最高の地位と名誉の分配は、富だけを基準にすべきではないし、多数決主義だけに基づくべきでもない。というのも、正しく理解すれば、政治共同体は資産を守ったり多数派に便宜を図ったりするためだけにあるわけではないからだ。そうではなく、その目的は市民の人格を陶冶し、善き生を促進することにある。したがって、最高の地位と名誉はこうした役割に最もふさわしい者、卓越した市民道徳を身につけた者に与えられるべきなのだ。

ペリクレスのような人びとが最高の地位につくべき理由の一つは、彼らが賢明な政策を行なうことだ。しかし、もう一つの理由は名誉にかかわっている。つまり市民道徳に秀でた人びとを公に称賛すれば、彼らを模範的市民に引き上げることになり、したがって善き都市の教育的役割にも資するのである。

黄勇は、「美徳に基づく正義」に関する私の新アリストテレス的説明と彼が呼ぶものと、儒教的なアプローチに類似性を見いだしている。正義を美徳や道徳的功罪から切り離すロールズのような理論と異なり、儒教の正義概念は市民の美徳の涵養を目指している。つまり「政府の重要な役割は市民に美徳を身につけさせることだという点で、儒者はアリストテレス主義者に同意する」。

だが黄勇は、アリストテレス主義者と儒者が政治指導者は美徳を涵養できると信じるその手段について、ある重要な違いを見ている。彼によれば、アリストテレスの考えでは政治指導者は法律を制定することによって美徳を促進するという。一方、儒者の考えでは、個人的な事例と礼節のルールによって美徳を促進する。「人を罰する法律を制定・執行することによって市民を有徳にできるという考え方そのものが、儒者にとってはまったくなじみのないものだ」と黄勇は書いている。彼は孔子を引用する。「これを道びくに政を以てし、これを斉《ととの》うるに刑を以てすれば、民免れて恥ずること無し。これを道びくに徳を以てし、これを斉うるに礼を以てすれば、恥ありて且《ただ》つ格し（政治で導き、刑罰で統制すれば、人民は法を免れて恥じることもないが、道徳で導き、礼で統制するなら、羞恥心を身につけ、しかも正しい者となる）」（『論語』為政篇三）

黄勇の対比には誇張があるかもしれない。法律が道徳規範を形成したり、美徳を涵養したりするという考え方は、必ずしも法律の懲罰的側面に依拠するわけではないからだ。公立学校をつくる法律を考えてみよう。子供を公立学校に通わせ、社会的・経済的にさまざまな背景を持つ子供たちと一緒に教育を受けさせるよう親に要請すれば、生徒たちの心に（またその親たちの心にも）、そうしなければ身につけることが難しい、連帯、相互尊重、共通目的という意識を育めるかもしれない。公的教育のシステムがこうした美徳の涵養に成功するとすれば、それは法律（また教師や学校管理者によるその実践）のおかげだろう。だが、生徒がこうした美徳を身につけるのは罰を恐れてのことだという主張は信じがたい。

法律は懲罰的でなくても、市民に人格形成的な影響を与えられる。だとすれば、道徳教育の最も重要な手段として刑法に頼るべきだということにはならない。泥棒を罰することは、盗みは間違いであることを人びとに教える最善の策ではない。アリストテレスは、道徳教育は規範や原則によってよりも習慣や模倣によって進展すると強調している。われわれは、有徳な行為を目にしたりそれを実践したりすることによって有徳な者になる。この点については、アリストテレス主義者も儒者も同意見のようだ。

とはいえ、黄勇が道徳教育の手段としての法律を拒否することから、美徳の涵養における政治の役割をめぐる二つの伝統的考え方の重要な違いが明らかになる。「孔子にとっては、人びとを有徳にできるのは政府が制定する法律ではなく、公職につく者が行動において示す模範的な美徳である」。公職にある者は、道徳の模範として、自らの個人的事例の力によって美徳を教える。この対比は次のように表現できるかもしれない。アリストテレス主義者の考えでは、公的生活は人格を形成する習慣や制度（たとえば公立学校）の仲介を通じて間接的に道徳教育に貢献する。儒者の考えでは、政治指導者の個人的事例を通じて直接的に貢献する。「地位の高い者が親を敬えば敬うほど、地位の低い者も『孝』に励むだろう……地位の高い者が慈悲深くなればなるほど、地位の低い者も寛大になるだろう……地位の高い者が貪欲さを嫌えば嫌うほど、地位の低い者も利益のために争うことを恥ずかしく感じるようになるだろう」（『孔子家語』三・二〇）

だが、仲介のある（アリストテレス的な）道徳指導と仲介のない（儒者的な）道徳指導の対比は、それ自体を修正する必要があるかもしれない。儒者の見解に関する黄勇の説明を私が正しく理解しているとすれば、有徳な政治指導者が広める道徳教育もまったく仲介がないというわけではなく、礼節のルール（儀礼）――法律ではないが羞恥心に訴えることで行動を導くもの――という形で現れる。黄勇はこう説明している。「礼節のルールは人を罰する法律とは違う。違反しても罰せられることはないが、軽蔑され、恥ずかしい思いをさせられる」

したがって、指導者によって例示される美徳と、礼節のルール（儀礼）に具現される美徳のあいだには相互作用があるらしい。有徳な指導者は礼節のルール（儀礼）が要求することを自らの行動で示すかもしれない。そうした儀礼は時間をかけて形成され、有徳な指導者の模範的行動において具体的な意味を獲得するかもしれない。こう考えれば、ほかの考え方では理解できそうにないことも説明がつく。つまり、道徳教育が政治指導者の行為を観察して模倣することだけに依存すると考えるなら、どうすればすべての国民が、そうした行動をごく間近で観察し、それを手本として生活できるほど明瞭に解釈できるのかを理解するのは容易ではないはずだ。恥という社会的（また内面的）制裁に支えられた礼節のルール（儀礼）において有徳な行動を具体的に示すことは、道徳的な教えを広めるうえで、行為の模倣そのものよりも有効なメカニズムであるように思われる。

儒教的見解をめぐるこうした解釈が妥当ならば、法律の役割については意見が一致しなくても、道徳教育に関するアリストテレス主義者と儒者の説明には共通点が多い。とはいえ、ある重要な違いが残っている。アリストテレスにとっては、最高の地位と名誉にふさわしいのは、市民的美徳に秀でた人びと、共通善に配慮し、それをいかにして実現するかについてしっかり考えられる指導者だ。理想を言えば、市民の模範として広く役立つ人びとがいい。彼らは自己統治を分かち合い、正義と不正義について、また善き生の意味について同胞と語り合うことによって自分の本質を完全に理解している。

孔子にとって、人を政治指導者にふさわしいものとするのはこうした市民的美徳ではなく、より一般的な道徳的美徳だ。アリストテレスが市民的美徳を強調する点に言及しつつ、黄勇はこう問うている。「だが、ある時期のある社会で、法律の制定に必要なのはごく一握りの人びとにすぎないとすれば、すべての国民がそうした美徳を身につける必要が本当にあるだろうか?」。対照的に、儒教のモデルではこう主張される。「政治指導者が身につけるべきであり、彼らが一般市民にも身につけさせようとする美徳は道徳的美徳であり、政治指導者であれ一般市民であれ、健全で満ち足りた人間であるためには身につけねばならない美徳である」

市民的美徳か道徳的美徳か

市民的美徳と道徳的美徳の区別は朱慧玲と陳来の論考にも現れている。この二人の学者は、私が道徳的美徳より市民的美徳を強調している点について異なる視点から疑問を投げかけている。中国の若く才能ある哲学者で現代の西洋政治理論を学んだ朱慧玲は、私の市民的共和主義の考えは、政府が美徳の促進という名のもとに強制的で抑圧的な道徳概念を押しつけかねない危険に十分に取り組んでいないと懸念している。儒教哲学についての老練で傑出した研究者である陳来は、私の唱える共和主義は「厚み不足」だと評している。陳来は、自己統治のために必要な美徳に焦点を合わせることで、私の共和主義は個人の道徳的完成の促進を無視していると述べる。

朱慧玲が、私の政治理論のコミュニタリアン的側面よりも市民的共和主義の側面を強調しているのは正しい。彼女が指摘するのは、私が道徳についての多数決主義的な見解、つまり、正義と権利はある共同体においてたまたま主流となっている価値観によって定義されるべきだという見解を拒否しているということ、また、共通善は単一のもので争う余地がないというルソー的見解をも否定しているということだ。代わりに私が擁護する共和主義的概念においては、自由とは自己統治を共有し、善き生の意味について同胞と熟議する活動だと考えられている。

朱慧玲は、共和主義的美徳を復活させようとするあらゆる試みが直面せざるをえない疑問に、私が適切に取り組んでいないと懸念を示す。すなわち、美徳の意味や善き生について意見が一致しない多元的社会において、共通善について熟議するにはどうすればいいだろうか。こうした熟議が強制や抑圧へと堕落し、多数派が社会全体に価値観を押しつけることのないよう保証するにはどうすればいいだろうか。市民的共和主義が忠誠や連帯といった美徳を促進するなら、国家や政治共同体への忠誠のせいで権利の尊重が犠牲になる危険を避けるにはどうすればいいだろうか。

これらの重要な難題は、英米の政治理論におけるリベラル派と共和主義派の議論でおなじみのものだが、中国の置かれた状況では特別な響きを持つかもしれない。朱慧玲は関連した難題をもう一つ提起する。私がリベラルな政治理論の特徴である、公的道徳と私的道徳の明確な区別を認めないとすれば、公職にある者は道徳的美徳よりも市民的美徳を涵養すべきだと主張するのはなぜだろうか。善き個人よりも善き市民なのはなぜだろうか。

本書のいくつかの論考が明らかにしているように、儒教の伝統では政治指導者は善き個人の養成を目指すべきだとされている。人びとを有徳にするという観点から、アリストテレスや共和主義的政治思想が強調する市民的美徳は二次的なもの、些末なものとさえ見られている。私が、市民的美徳は公的なもの、道徳的美徳は私的なものであり、自己統治は公的な善のみにかかわると回答したところで、この難題に答えることにはならないという朱慧玲の指摘は正しい。よって、一部の道徳的美徳は市民的美徳でもあり、その逆もしかりというこれまでの説明を、もっと十分に明確化する必要があると思っている。少なくともある限られた美徳については、リベラル派も同じ意見だろう。他者の権利の容認と尊重は政治的美徳であるだけでなく、人間としての美徳、つまり善き人格の表われでもあると、彼らは主張するかもしれない。

しかし私は、道徳教育・市民教育を寛容と相互尊重の促進に限定するつもりはない。公的道徳と私的道徳の境界にリベラル派が言うよりも抜け道が多ければ、善き市民の形成と善き個人の育成の違いについても同じことが当てはまる。トマス・ジェファーソンが大規模工場に反対した理由は、善き市民であるために必要とされる判断や精神の独立に欠ける、資産に乏しい労働者という依存的階級が生まれるということだった。ジェファーソンはまた、こうした独立性（ジェファーソンは自作農や熟練工を想定していた）は人格的に望ましい資質であり、善き生の一つの側面だと考えていた。

現代の例を示そう。ひたすらな消費主義の追求が市民的美徳にとって好ましくないのは、それが市民の共通善への関心をそらしてしまうからだ。しかし、消費主義や物質主義が阻止されるべき、あるいは少なくとも一定の範囲に保たれるべき態度である理由は、それが人格的に望ましくない資質であることだ。物質主義に囚われている人は、薄っぺらな人生を送ってしまうのが普通である。あるいは、実力主義の社会でますます優勢になりつつあるこんな見解について考えてみよう。すなわち、金持ちは推定される本人の才能と努力のおかげで金持ちになったのだから、その成功に値するのであり、貧乏人（あまり勤勉ではないと想定される）はその不運にふさわしいという考え方だ。こうした態度が市民的美徳を腐食させるのは、共同体、連帯、市民間の相互義務の感覚を損なうからだ。しかし、実力主義には道徳的な魅力もない。実力主義は成功者の思い上がりを助長する。成功者は自分が他人に借りがあることを過小評価し、自分の美徳を実力以上に鼻にかけ、自分より不運な人びとを見くだす。一部のリベラル派と違って、私は私生活の品格の問題を考慮の外に追いやったり、政府は善き生という競合的概念について中立であるべきだと主張したりはしない。

私の『民主政の不満』（一九九六）について思慮深く啓発的な論評をしてくれた陳来は、私の共和主義と儒教のあいだにいくつかの類似点を見いだすとともに、一つの重要な違いを指摘している。「一人の儒者として」と陳来は述べる。「私はリベラリズムの道徳的中立性に対するサンデルの批判と、コミュニティに対する共和主義的な配慮を促す彼の姿勢に同意する。儒教の立ち位置は、共和主義が唱える美徳の促進と間違いなく相性がいい」。彼はアメリカの建国者たちの人格形成への関心と、儒者の似たような関心に強い印象を受けている。「ジョン・アダムズは『国民の性格を形成するのは偉大な政治家の役目のひとつだ』と書いた……この考え方は、少なくとも形式上は、儒教の伝統でもあり、初期の儒教の文献である『大学』から梁啓超（一八七三〜一九二九）の『新民説』まで、いたるところに登場する」

しかし、政府はどんな美徳を説き聞かせるべきだろうか。陳来が市民的共和主義者と儒者の重要な違いを見いだすのはここだ。「共和主義は、自己統治という概念に基づいていない人格や徳をどのように見ているのだろうか」。陳来の見解では、政府は善き市民の育成だけでなく、善き個人の育成にも関与すべきだ。「善き個人の徳、もしくは儒教的道徳の手本となる人物（君子）の美徳は、善き市民の徳より高度で範囲も広く、市民に必要な美徳の条件はそれよりもレベルが低い」

一部のリベラル派とは異なり、陳来は私が公的な道徳と私的な道徳の明確な分離を主張しているわけではないことを理解している。それどころか、私はアリストテレスに依拠しつつ儒者と同じ趣旨の見解を持っている。つまり、政治は人格の形成と善き生の涵養を目的とすべきだと考えているのだ。しかし、陳来はこう述べている。私が『民主政の不満』で強調している共和主義的美徳は「個人の徳の完成に広く関われないという点が制約だと言える。儒教の徳理論はそれと比較するともっと厚いものだ。儒教の観点からすると、共和主義が勧める徳には厚みが足りない」。

陳来は、「現代中国の個人の生活」が求めていると自らが信じる「もっと厚い」徳の組み合わせを提示している。一つ目のグループは、仁愛、親孝行、和睦などにかかわる徳、二つ目は、自己改善、正直、羞恥心などにかかわる徳、三つ目は、愛国や遵法などの徳だ。

最初の二つのグループは、個人的な道徳の完成にかかわっている。「古代の儒教では、これらは道徳の手本となる徳だと考えられている」。三つ目のグループは「公共の徳」に分類され、政治共同体に対する個人としての適切な態度を決定する。陳来が説明するように、これらは公的にして私的な美徳であり、儒教の伝統にしたがえば政府が促進すべきものだ。「中国文化は、政府がコミュニティの代表であり、国民の市民教育と道徳の啓発の責任を負う存在だとつねに見なしてきた」

陳来は、実質的な道徳的判断からの政治の独立を主張するという現代の政治哲学に見られる傾向を拒否し、それを「危険」だと言う。「それでは政治が単なる選挙ゲームになってしまう。このゲームでは、ひとりひとりが一票を有していて、政治は、社会、秩序、倫理、道徳に深くかかわることがなくなる。その結果、社会的・政治的生活に道徳性が欠如する。伝統的な道徳の力の支えがなければ、政治は社会を道徳的混乱に陥れてしまう」。そして「政治的正統性がない状態に置き去りにされる」。

私が『民主政の不満』を書いたきっかけの一つが、アメリカの公的言説がますます空疎で技術官僚的《テクノクラート》になり、大きな道徳的問題に取り組めなくなりつつあると感じていたことだ。政治を道徳的議論から切り離す試みは、社会・市民生活における市場の支配の拡大と時期を同じくしており、市民は無力感にさいなまれ、自分の立ち位置を見失っていた。私はリベラルな公的言説の空虚さだけではなく、その道徳的空白を埋めるものについても懸念していた。道徳に関するもっとしっかりした公の対話がないかぎり、アメリカの政治は次のような人びとの犠牲になってしまうのではないかと恐れていた。すなわち「国境を強化し、部内者と部外者の区分を固め、『われわれの文化や国を取り戻し』、徹底して『主権を回復する』政治を請け合う」[8]人びとだ。

二〇年後、その懸念は現実のものとなった。アメリカと世界はその道徳的・政治的帰結に取り組まざるをえない。『民主政の不満』はアメリカにおける公共哲学の探求をテーマとしていたが、中国をはじめとする国々は、道徳的意味と社会的団結の追求という難題にも向き合っている。これは、市場価値と市場思考の圧力と誘惑がかつてないほど大きくなっている時代だからこそ、いっそう気を滅入らせる難題だ。

朱慧玲と陳来はともに、現代中国における哲学の公的役割について見解を述べている。朱慧玲は、中国で私の研究に関心が集まっているのは「中国における公共哲学の空虚さとそれに対する不満」のせいであり、「市場経済が急激な発展を続ける中国では、発展に伴って市場本位の論理がもたらす多くの問題に対処するため、人びとは政治理論と道徳論議を必要としている」とする。陳来は、中国政府は儒教の伝統に根ざした公共哲学を求めていると述べる。「中国政府は中国の伝統的価値観を保持し、中国の伝統的な徳を推進するよう努力している……

「〔それは〕文明の自意識を明らかにする」。推奨されているその徳は「市民道徳や政治参加だけに限らず、全体的に儒教の徳を指向しており、変化の激しい時代にこれらの徳の創造的な実践を追求するものだ」。

共感を覚える一人の観察者として、私自身はこんな印象を抱いている。すなわち、驚異的な経済成長の時期を経て、中国はいまやGDPを超える公共哲学を探し求めており、市場関係では提供できない意味と幸福の源を見つけようとしているのだと。ほかのさまざまな問題と同じように、中国のこうした探求の成否は、自らの将来だけでなく世界のその他の国々にとってもきわめて大きな意味を持つだろう。

ジェンダー、多元主義、陰陽

本書への寄稿においてロビン・ワンは、中国の哲学的伝統の内部の声が、多元主義と道徳的不一致の源泉を――人生の不幸な事実ではなく社会的存在の本質的に価値ある特徴として――提供しているかどうかを問うている。女性であるワンは二つのこうした声について、内容豊かで示唆に富む説明をしている。彼女はその一つを、性差に関する中国の伝統的説明のなかに見いだす。そしてもう一つを、荘子（前三六九～前二八九）に代表される道家による人間の多様性の賛美のなかに認めている。

中国、および最近はアメリカでも哲学を教えているワンは、中国の伝統思想において人間経験の多様性に抗うどころかそれを大切にする側面を活性化したいと思っている。ワンによれば、中国哲学の陰陽宇宙論に見られる男女関係の理解のあり方は、西洋のジェンダー概念ほど二元論的ではないし、男性支配を前提としてもいない。中国の伝統におけるジェンダーは「相互依存と補完という概念に基づいて構築されてきた。これらの概念は、陰と陽、天と地、内と外を模している」

「陰陽マトリックスのおかげで、古代中国思想では、女性の排除や男女の分け隔てなどはほとんどなかった」とワンは書いている。『詩経』に「男耕女織」、つまり「男が田畑を耕し苗を植え、女が機を織り糸を紡ぐ」と述べられているように、男女の役割の区別があったのは確かだ。しかし、このジェンダーによる仕事の区分は「服従ではなく補完関係の表われだった」とワンは主張する。相補性は偶発的なものではなく、絶対に必要なものだ。「女性の仕事は、人間の生活にとって必要欠くべからざるもの」であり、「宇宙の陽の力である男性の隣に、女性が宇宙の陰の力として存在している」。

共通善への女性の貢献の重要性は、劉向（前七七〜）という学者が著した『列女伝』という古代の文献に述べられている。『列女伝』は、中国文明の初期から漢王朝にいたる時代に生き、道徳的葛藤に直面しつつも、しばしば自己犠牲を伴うさまざまな美徳を体現した一二五人の女性の伝記をまとめたものだ。ワンはこれらの物語に、白雪姫、眠れる森の美女、シンデレラなどの「王子様が迎えに来るまではいかなる道徳的行為者性をも剝奪されている」西洋のおとぎ話で伝えられるものとくらべ、女性の道徳的行為者性のより強固な基盤を見いだしている。ワンは中国女性が道徳的行為者性を保持しているのは、共同体の敬意と認識にその基盤があるからだとしている。「『列女伝』に登場する女性が自尊心を得られるのは、他者から尊敬され、尊重されているからであり、道徳的行為者としての彼女たちのアイデンティティは、彼女たちが属するコミュニティと切っても切れない関係にある」。ワンはこの「フェミニストの自尊心の概念」と、私が負荷ある自我——その道徳的行為者性は連帯とメンバーシップのあり方と固く結びついている——を強調することのあいだに類似性を見ている。

ワンによれば、劉向が著した古代の書物は中国の歴史を通して女性の生き方に関する理解を形成し、「列女（模範的女性）」という揺るぎない伝統を創造した。この書物はまた「女性の力と同一視されている陰と、男性の力と同一視されている陽が入れ替わって、あらゆるものごとや出来事が生まれる」という信念をも支持している。ワンは女性が絶大な影響力を持つというこうした視点が、「天の半分は女性が支えている」という毛沢東のよく知られた言葉でも繰り返されていると言う。

陰陽宇宙論に暗示され、日々の暮らしのなかに現れる男女の役割の相補性は、中国の伝統において人間の多様性が肯定される一つの源泉だ。しかし、道徳についての意見の不一致は称賛に値するという考えは支持されるだろうか。ワンによれば、私は多元的社会における健全な道徳的議論の必要性を強調する一方で、正義にかなう社会にとって道徳についての意見の不一致が必要である理由を十分に説明していないという。こうした必要性は西洋では自明に思えるかもしれないが、中国の置かれた状況ではそれほど明らかではないとワンは言う。現代の中国では、道徳についての意見の不一致は「実現困難で、推奨されてはいない」からだ。この問題に答えるため、ワンは道家思想の伝統と思想家の荘子に目を向ける。

ワンはまず、世界とそこに存在する無数の物事の生成に関する道家の考えを解説する。続いて、知識に関する荘子の考えを説明する。荘子によれば、われわれは世界に存在する無数の物事を独自のさまざまな観点から知ろうとする。こうした観点のどれかが、ほかの観点より高位にあるということはない。より完全な理解に到達するためには、われわれは自分の判断を制約するさまざまな要素に気づく必要がある。さらに、自分自身のものでない観点を認識し、理解することが要求される。ワンは次のように説明している。「『道』に基づく（『道樞』）人生の視野は、個人的で一方的な視野を捨て、現実を見るさまざまな方法を認め、称えさえする……『道』の視点からものごとを見るというのは……多様化した視点を認める能力と、世界のパターンを大所高所から見る能力の両方が問われる」

リヴィア・コーンによる荘子の見解の要約（ワンによる引用）によれば「真の人間（真人）は観察する。ものごとを独自の視点で見て、彼独特の視点は何かを理解する。真人は目撃する。ものごとの流れを離れたところから眺めている。真人は検証する。物事の関係を見抜き、つながりの隠れた糸を見つける。そして真人は理解する。自分自身を開放し、統合的な知の完全なる明晰さと明るさに身を任せる」。

こうした見解には、力強く魅力的な点がたくさんあり、いくつかの面でスピノザの見解と似ているように思える。ワンから見ると、荘子の立場は道徳についての意見の不一致を許容するだけでなく、それを肯定するという利点を持っている。「荘子は多様性の固有の価値と内在的な機能を認識しており、われわれが共有している固定的な概念分類や価値観を揺さぶる別の視点を受け入れる必要があるとはっきり述べている……複数の視点を持てば、人間の心は高揚し、さらなる高みへとたどり着く（これが『道樞』だ）」

道家思想、傲慢、自制

上海で教鞭をとるアメリカ人の中国哲学研究者、ポール・ダンブロージョは、道家思想のもう一つの側面を援用しつつ、私が自著『完全な人間を目指さなくてもよい理由』（二〇〇七）で提起した考えについて検討している。この本で私は、バイオテクノロジーは医療目的――病気や怪我の治療――に用いられるべきで、遺伝子による能力増強に使われるべきではないと主張している。われわれは、バイオエンジニアリングによって子供の（あるいは、われわれ自身の）背を高くしたり、身体を強健にしたり、頭をよくしたりしようとすべきではないし、遺伝子工学によって子供の性別や性的指向を選択すべきでもない。私が懸念するのは、遺伝子による能力増強への衝動が「一種の超能力願望、つまり、人間性を含む自然を改造し、自らの目的をかなえ、欲望を満たそうとするプロメテウス的野望」の表われではないかということだ。卓越性へのこうした衝動は「人間の能力や業績の贈与的性格」の正しい理解を難しくしてしまう。[9]

自分の子供の遺伝形質を選りすぐりのものにしようとすることは、子供を消費財であるかのように扱うのと同じことだ。だが、こうした態度は無条件の愛という規範と衝突する。「子供を天からの授かりものとして理解することは、子供をあるがままに受け入れるということだ。自分が設計した対象、自分が意図した製品、自分の願望をかなえる道具として受け入れるということではない。親の愛は、子供がたまたま備えている才能や属性に依存しているわけではない」。親であることが、神学者ウィリアム・F・メイの言う「招かざる者への開かれた心」を教えてくれる理由はここにある。[10]

ダンブロージョが指摘するように、一部の儒教哲学研究者は、遺伝子による能力増強に反対する私の主張とその論拠である「被贈与性の倫理」が、儒教と調和するかどうかを議論してきた。范瑞平は、子供の知能指数や運動能力を遺伝的に増強することで、子供が「家族を基盤とし、礼節を守り、徳を備えた生活」を送る能力を阻害されないなら、儒者は反対すべきでないと主張している。[11] 陳祖為は、こうした「遺伝子工学に関する儒教的視点の解釈は狭すぎる」として異議を唱えている。儒教的家族は「天と地、自然と人間、社会的・政治的秩序などが相互依存・相互関係するもっと大きな社会的・宇宙的状況に埋め込まれている」というのだ。[12] したがって、儒者は「自然の道徳的地位について、また所与の世界に対する人間の適切な態度について」私が提起した問いに関心を寄せる。[13] 遺伝子工学が人間に「自分自身や無数の事物の本性を好きなように決定し、変更する」力を与えるとすれば、それは儒者にとって歓迎ではなく懸念すべき事態であると、陳祖為は書いている。なぜなら「天、地、人の三者のバランスが根本的にひっくり返されてしまうからだ[14]」。

ダンブロージョによると、道家思想には、遺伝子による能力増強に反対する私の見解を支持する、あるいは少なくとも哲学的に共感するもう一つの根拠が見られるという。彼は道家思想の三つの概念を挙げる。「機械的思考」つまり「機械的精神」（機心）の拒否、「足るを知る」つまり「満足することに習熟する」（知足）という理想、「本物の人間」つまり『荘子』にいう「聖人」（真人）という考え方だ。

道家思想が機械的精神を拒否するのは、純粋に手段的な合理性を拒否するということだ。ダンブロージョはそれを、打算的思考に対するハイデガーの批判と比較している。ハイデガーは、科学技術に対する現代的態度のなかにそうした思考が具現化していると見ていた。『荘子』は、機械に夢中になっている人びとに見られる、ひたすら計算ずくで考える傾向に警鐘を鳴らしている。現代においてこうした傾向を持つことが多いのは、エンジニア、エコノミスト、功利主義者といった人びとだ。『荘子』では、道家思想を信じる老農夫と孔子の弟子である子貢の出会いの物語によって、機械的精神がわかりやすく説明されている。桶一杯の水を苦労して菜園へ運んでいる老農夫の傍らに子貢がやってくる。子貢は道具を使ってはどうかと勧める。そうすればもっとたくさんの水を運べるから、一日で一〇〇区画の水やりもできるようになるというのだ。老農夫は子貢の忠告をあざ笑ってこう言う。自分は必要なだけの水は運んでいるし、作物をもっと育てる必要もないのだと。老農夫は農業を事業化する気などないし、いずれにしても、ポンプのような機械的手段を使ったところで、機械的精神をもたらすにすぎない。

この物語はまた「足るを知る」つまり「満足することに習熟する」というテーマの説明ともなっている。この概念は『荘子』だけでなく『老子』にも見られる。足るを知る人は、膨張しつづける欲望を満たす新たな手段——おそらく技術的な手法だろう——を講じることによってではなく、自分の欲望や願望の制御法を学ぶことによって満足に習熟するのだ。

農夫がポンプの使用をさげすむように拒絶したことは、善意の提案に対する意地の悪い反応に思えるかもしれない。しかし、これは科学技術と活動や目的に関するわれわれの考え方とのあいだの複雑な関係を浮き彫りにする。われわれはときに科学技術を、目的をより効率的に追求するための価値中立的な手段にすぎないと考えることがある。新たに発明されたポンプや灌漑装置が菜園への水やりの苦労を減じられるとすれば、私には選択肢が与えられる。以前と同じほどほどの仕事をもっと楽して片付けてしまうか。あるいは以前と同じ労力をかけ、機械の力でより多くの作物を育てて市場で販売するかだ。それを決めるのは科学技術ではない。科学技術はわれわれの選択肢を増やし、それによってわれわれの自由を拡大するに過ぎない。

だが、道家思想を信じる農夫の目には、それ以上の何か——われわれが携わる活動への姿勢にかかわる何か——が問題になっていると映る。科学技術は、目的や目標とわれわれとの関係を変えることができる。灌漑装置の発明によって伝統的農業は意味が変わり、時代遅れの非効率な農法として捨て去られてしまう。生活を維持するだけの作物しかつくれず、販売して利益を得るための余剰作物まではつくれないからだ。こうして活動が再定義されても、道家思想を信じる農夫は天職を捨てて農業を事業化するよう強制されるわけではない。しかし、それはある種の圧力として働く。ポンプに関する子貢の提案は、農業という活動へのある姿勢——農業とは主に作物を生産するためのものであり、収穫は少ないより多いほうが良い——を暗示している。こうした姿勢は手段的合理性、つまり機械的精神の格好の例である。さらに、欲求や願望の増大を当然視して奨励するものであり、「足るを知る」という道家思想の理想とは相容れない。

ダンブロージョが言うように、道家思想のこうした感性は、バイオテクノロジーを用いてデザイナー・ベイビーや遺伝的に改良された子供をつくることへの私の懸念と軌を一にするものだ。農業であれ育児であれ、科学技術に頼れば道具的で打算的な規範を助長することになり、それによって農業や育児の意味を変えることになりかねない。野心的な親はすでに、わが子の成功を助けるためなら努力を惜しまない。子供の起きている時間はすべて、家庭教師、受験対策授業、音楽のレッスン、スポーツの練習などで埋まっている。こうしたローテクだがハイプレッシャーな育児手法でさえ、有害な影響を及ぼすことがある。子供を改良すべき製品ではなく、慈しむべき授かりものとして受け入れる親の能力を蝕むからだ。心配性で裕福な親が遺伝子工学を手に入れ、自分の子供に、改良されていない仲間にはない競争上の優位性を与えることになれば、こうした腐蝕した姿勢がさらに深まっていくだろう。

私は、子供を授かりものとして扱うには、病気になっても親は何もしてはならないなどと言っているわけではない。病気や怪我の子供を治療することは、たとえ先進的な生物医学技術の助けを借りるとしても、子供の生まれながらの能力を踏みにじることにはならないし、むしろ、その能力を開花させるものといえる。医療が自然に介入するとしても、それは健康のためであり、人間をどこまでも統制し、支配しようとしているわけではない。というのも、医学は健康を維持する生来の機能を回復し、維持するという規範によって制御されている、あるいは少なくとも導かれているからだ[15]。

道家が同意するかどうかはわからない。ポンプ（さらに言えば散水ホース）でさえ、機械的精神の侵食を暗示するとすれば、冠動脈バイパス手術もうしろめたさを呼び起こすことだろう。あるいはことによると、問題は医学的な介入が認められるかどうかではなく、外科医が言わば自然と調和するようにメスをふるうかどうかかもしれない。「自然の様式にしたがう」医療と、支配の企て、生まれながらに授かったものへの攻撃としての介入は違う可能性もある。

これに関連して、私は料理人丁《てい》が牛刀を巧みにふるって牛を捌く逸話（『荘子』）に強い印象を受けた。牛刀捌きがあまりに巧みで、自然の様式や牛の体の空間と見事に調和しているので、丁の牛刀の刃は一九年ものあいだ切れ味が鈍ることはなかった。熟練した料理人が牛を捌く一方で、それにもかかわらず自然に敬意を表すことができるなら、熟練した外科医が同様の精神で心臓や脳を治療することもできそうだ。「こうした観点から世界を見ることは」とダンブロージョは書いている。「ある意味で神秘的な世界に大いに敬意を表すのみならず、それを支配しようという誘惑に自ずと抵抗することでもある……このように、道家思想は被贈与性の倫理がどんなものかをより具体的に、神性に訴えることなく説明する」

私の遺伝子工学への批判にダンブロージョが生かそうとする道家思想の第三の概念は、『荘子』の聖人（真人）が持つ「社会の規範と規則を実践しつつ、それらから批判的距離を保つ」

能力だ。ダンブロージョは自発性と冷静さを示すこの模範的人物を「本物の人間」と表現している。「社会的役割と人間関係を通じて『自我』の陶冶を目指す儒家の聖人すなわち模範に対する直接的な反応として、本物の人間は社会的影響に流されるのを警戒する」

自分が生きている社会的役割から批判的距離を維持することを学ぶのは、傲慢さの修正として価値がある。その傲慢さとは、自分の成功は自分が達成したものだから、社会が気前よく与えてくれる褒賞は自分にふさわしいと思い込む傾向のことだ。われわれの能力や才能はたまたま与えられたものだという実感は、謙虚さに通じる。遺伝子による能力増強への衝動をめぐる私の懸念の一つは、偶然や機会の役割を認めずに、成功はすべて自分が成し遂げ、自分が行なったもので、幸運によるものではないという思い込みを強める恐れがあるということだ。これは、自分ほど運に恵まれない人に対する謙虚さや責任感を蝕むだろう。

『荘子』は自分の経歴に誇りを持ちすぎないよう強調しているが、それはこうした考え方を矯正する手段となる。ダンブロージョによれば、一定の才能や能力を持っていれば人は「いずれかの仕事で成功できるかもしれない……自らの役割、地位、立場を根拠として、自分が特別優れているという慢心や、特別劣っているという卑下にとらわれてはいけない」。道家の聖人は「規範や役割をはじめとするさまざまな社会的期待から批判的距離を保ちつつ、社会と関わっている」。

ダンブロージョは、こうした道家的感性と、遺伝子による能力増強と結びついた統制と支配のプロジェクトを抑制すべきだという私の議論のあいだに興味深いつながりを見いだしている。しかし、私が「道家思想の広範におよぶ静寂主義的傾向」を共有していないというダンブロージョの指摘は正しい。私がバイオテクノロジーによる社会問題の解決に反対する理由の一つは、われわれが既存の制度を批判的に検討し、いっそう正義にかなう社会を実現するにはどうすべきかと問うことを妨げる点にある。[16]

儒教における人間の概念

われわれの社会的役割をどう考えるべきか――また、それをどこまで引き受けるべきか――という問題は、人間であることの意味について深遠な問いを提起する。こうした問いが、北米で最も優れた儒教研究者のうちの二人、ロジャー・エイムズとヘンリー・ローズモント・ジュニアの論考の中核をなしている。多くの著作に加え、二人は共同で『論語』の翻訳書を上梓し、西洋の哲学者が孔子の思想を西洋の哲学的分類に合わせて曲解するのではなく、孔子自身の言葉で理解するよう強く訴えた。

エイムズとローズモントは、西洋哲学ではおなじみの「自由で、理性的で、自律的な個人としての自我の概念」にきわめて批判的だ。二人はこの概念には哲学的な欠陥があり、ローズモントの言う「資本主義市場経済において絶えず影響を及ぼしているイデオロギー的災い」の原因だと見ている。二人は儒教の伝統のなかにそれに代わる人間概念を見いだし、それこそ、われわれが現に生きる人間生活にとって道徳的に魅力的で正しいものだと考えている。二人はこの概念が「基本的な個人主義に代わるものを見つけ出そうとするこの継続的な探求において、出番を与え」（エイムズ）られるに値すると信じている。

西洋哲学の個人主義的倫理に代わるものとしての儒教倫理をどう特徴づけるかは、儒教研究者のあいだでも議論の的になっている。多くの研究者が、儒教倫理はある種の美徳倫理学であり、アリストテレスのそれと似たものだと見なしている。この見方によれば、善き生は一定の態度、美徳、品位を涵養することにかかっている。これに対し、エイムズとローズモントは儒教倫理は役割倫理だと言う。この見方によれば、われわれは別々に考えられた一連の美徳に沿って生きるのではなく、家族を起点とする役割と人間関係にしたがって生きることによって、人間性を備えた存在になるという。エイムズは「人間の初期条件を構成し、家族、コミュニティ、宇宙の内部で人生の物語の軌道……を決定する濃密で本質的な関係を育むことで」人間は人間的な存在になると説明している。エイムズによれば、儒教倫理に関するこれらの解釈をめぐる論争を解決するには、その解釈の土台となっている人間の概念を吟味しなければならないという。

ここで、二人は私の研究と儒教の伝統のあいだに接点を見いだす。目的や愛着に先立ってそれらとは独立に規定される、自由に選択する自我という考え方には私も批判的だった。私はこの人間概念、つまり「負荷なき自我」が、イマヌエル・カントからジョン・ロールズにいたるリベラルな道徳・政治哲学で重要な役割を演じ、道を誤らせると主張してきた。こうした自我の概念は次のような考え方を支持する。つまり正義にかなう社会とは、そこにいる個人が自分自身で目的を選択できるような、権利について中立的な枠組みでなければならないという考え方だ。自我が目的に先立って与えられるとすれば、権利は善に先立っていなければならない。われわれが自由に選択する独立した自我だとすれば、自分たちの自由を尊重するために必要なのはさまざまな目的に中立的な権利の枠組みであり、善き生についての特定の概念を支持したり、市民の美徳を涵養しようとしたりする政治的コミュニティではないのである。

エイムズとローズモントは、負荷なき自我についての私の批判を受け入れ、正義や権利は善き生の概念に言及せずには定義できないという私の主張に同意する。しかし、二人は私の批判はまだ不十分だと考えている。「ロジャーと私はサンデルのさらに先へと進み、負荷なき自我という構図のみならず、そもそも何らかの自我があるのかどうかを問いたい」とローズモントは書いている。われわれは自我の代わりに「十分な相互関係を持つ、役割を担う人間」という構図を採用すべきだというのだ。ローズモントは二人の立場を要約したエイムズの文章を引用している。「孔子を読んでも、われわれが本当に存在する場であり、家族やコミュニティとの関係といった特定の層を剝ぎとったあとも残る中核的人間存在への言及はない……だとすれば、生きることの目標は、われわれを独自の存在にする役割と人間関係のなかで最もふさわしく振る舞うことを通して、自分のためにも他人のためにも調和と喜びを実現することだ」[17]

　われわれのすべての役割が指定され、その相互関係がはっきりすると、自我と呼ぶべきものは「何も残らない」とローズモントは付け加える。人間に関するこうした構図は、個人のアイデンティティの生涯にわたる連続性や同一性を説明できないという結果を招きそうだが、彼がひるむことはない。「私が自分の担う役割の総和であるとすれば、成長するにつれ私の役割は変化し、その結果、私は文字通り別人になるに違いない」。ローズモントはこの説明が「われわれが本当の自分であると、あるいはわれわれが『持っている』と考えたり感じたりするよう適応させられてきた本質的自我——人生の栄枯盛衰を通じて一定不変の何か——という考え方とはそりが合わない」ことを認めている。「儒教の考え方では、そうした本質的自我を探し求めることは、捕まえられない鬼火を追いかけるようなものに違いない。なぜなら、われわれは他人に囲まれたなかで担う役割によって構成されているからだ」

　儒教文献の読み方として、美徳倫理よりも役割倫理のほうが正しいのかどうかは、私が言うべきことではない。しかし、エイムズとローズモントは原文の解釈を示しているだけではない。人は役割を担う存在だとする見解は、倫理と人間を理解する最善の方法を提供してくれると主張してもいるのだ。二人は正しいだろうか。役割と人間関係によってすべてが構成される「役割を担う人間」を支える自我の存在を全面的に否定する道徳概念は、どれほど妥当だろうか。エイムズとローズモントが述べるように、私の見解は儒教の考え方と共通する部分も多いが、同じではない。儒者とともに、私は自律的で個別的な自我の選択から道徳性が生じるという考えを拒否する。しかし、「道徳的主体がなくても道徳性について考えられる」という点には賛成しない。

その理由を説明できるかどうかやってみよう。私は、生涯を通じてのアイデンティティの連続性が「本質的」自我によって与えられるとは思わない。つまり、われわれの存在の核心にあり、その輪郭はいったん決められたら変化せず、人生の浮き沈みにも影響されない自我のことだ。しかし、人間はその人の役割と周囲の環境の「総和」に過ぎないとも思わない。純粋な総和としての人間像が見逃しているのは、物語と（批判的なものも含めた）内省の役割であるように思える。社会的な役割や人間関係だけでなく、そうした役割や人間関係の解釈もまた人間を構成するものだ。しかし、物語や解釈は語り手や解釈者を前提としている——つまり、自分の置かれた状況を理解し、彼らを必要とする目的や愛着を評価・査定しようとする、物語る自我である。こうした解釈活動、こうした理解の形成が道徳的主体性を構成するのだ。

エイムズ＝ローズモントの人間概念と私の見解を調停しようとする論考において、ポール・ダンブロージョはローズモントが著書『Against Individualism』で紹介したあるたとえ話について論じている。本質的で永続的な自我の存在を信じる人びとは、人間を種《たね》のある桃の実のように考えている。桃の皮と果肉は変化するかもしれないが、種は変化しない。人間のアイデンティティに関するこうした考え方に基づけば「これらのさまざまな社会的役割を演じている（本当の）人間は誰なのか？」と問うことも意味をなす。しかし、社会的な役割と人間関係がアイデンティティを構成していると信じる人びとは、人間を玉ネギのようなものと考えている。つまり、息子や娘、夫や妻、親、祖父母、友人、教師、隣人といった役割を剝いてしまえば、あとには何も残らない。ローズモントが玉ネギの比喩を持ち出すのは、反本質主義的で役割を担うものとしての人間概念をわかりやすく説明するためだ。

私からすると、ベジタリアン的な二つの選択肢はどちらもしっくりこない。私は桃の種という本質主義的暗示を受け入れない。われわれのアイデンティティの一部がわれわれの目的や愛着で構成されているとすれば、生活環境が変わっても目的や愛着は変わらないと考えるのは間違いだ。だが、私は玉ネギのたとえも支持しない。あるいは少なくとも、さまざまな皮を剝くのは誰なのか、それはなぜなのかをもっと知りたい。これが重要なのは、われわれのアイデンティティは自己解釈によって形作られるからだ。役割や人間関係の変化はわれわれの身に起こるだけではない。それは、われわれが自らの人生を理解しようとする際の手段である物語の改訂を反映し、それに寄与するのだ。

いまから三〇年以上前、まだ中国思想との出会いから恩恵を受けていなかった頃、私はこの物語的な自我概念を明確に表現しようとしていた。当時、私の標的はカント＝ロールズ的なリベラリズムにおける負荷なき自我だった。いまや私は東洋に目を向け、自分の説明が、異なる部分はあるものの、いくつかの面で儒教の伝統と共鳴することを理解している。

こうした構成的愛着を持てない人間を想像することは、申し分なく自由で理性的な主体を思い描くことではなく、品格も道徳的深みもまったくない人間を想像することだ。品格を持つとは、自分が呼び寄せたわけでも命じたわけでもないのに、自分の選択や行為に影響を及ぼす歴史のなかで自分が動いていることを知ることだからだ。歴史は私をあるものに近づけたり、別のものから遠ざけたりする。ある目標をいっそう適切なものにしたり、ほかの目標をいっそう不適切なものにしたりする。私は自己解釈する存在として、自らの歴史を回顧し、その意味で歴史から距離を置くこともできるが、その距離はつねに不安定で暫定的なものであり、回顧の視点は歴史そのものの外側に最終的に固定されているわけでは決してない。したがって品格を持つ人間は、歴史を回顧するときでさえ、自分がさまざまな形で関与していることを知っており、自分が知っていることの道徳的重みを感じている[18]」。

文化を超えた対話

私の仕事に対する中国哲学研究者の反応に触れることは、私にとって、いくつかの見地から学ぶためのいい機会だ。私は自分の見解に対するなじみのない方向からの批判について考える必要に迫られる。中国哲学に登場する相容れない視点の一部が明らかになる。文化や哲学の伝統を超えた対話を最もうまく進めるにはどうすればいいかを考えるよう促される。

私はこうした対話への取り組み方を二つ想像できる。一つ目は、一般性の高いレベルで思想の伝統を比較し、両者の類似点と相違点を特定することだ。こうしたやり方を支えているのは、両方の伝統に精通し、言わば自分が見つけたものについて折り返し報告する研究者だ。そう考えると、比較哲学は閉鎖的な思想の伝統に対して重要な異議申し立てができることになる。儒教や道家思想の哲学的伝統と西洋思想との交流を図る研究者たちは、西洋の（特に英米の）哲学や政治理論の多くを悩ませている視野の狭さに対する待望の解毒剤を提供している。また、西洋哲学の偉大な著作（たとえばヘーゲル）の一部にすら見られる、東洋思想を揶揄するような記述を正す手段をも提供する。

きわめて一般性の高い比較哲学へのこうした取り組みは、知的領域の拡大に貢献できる。だがそれは、文化を超えた相互の学び合いを推進するどころか、意図せずして妨害することもある。思想の伝統のあいだの類似点と相違点を特定するプロジェクトを進めるには、研究者は一方の中国思想と他方の西洋思想をひとまとめに特徴づける必要がある。こうした一般化への衝動は、いくつかの点で反哲学的だ。微妙な差異、内部的緊張関係、解釈をめぐる論争などを豊かに含む伝統から、哲学を興味深いものにしているまさにあの見解の不一致を奪い去るリスクを冒すことになるからである。

ひとまとめの比較によってではないとすれば、文化を超えた哲学はどのように進展するのだろうか。一つの可能性は、解釈をめぐる論争や道徳的ジレンマを、考察、議論、熟慮を共有するための出発点と見なすことによって、もっと具体的に始めることだろう。私がかかわった中国と西側の学生たちとの文化を超えた対話において、私は参加者にそれぞれの哲学的伝統を代表して発言することや、自分の意見の文化的起源を意識することは求めなかった。その代わりに、単純で具体的な質問に答えてほしいと頼んだのだ。たとえば、自然災害のあとで水への需要が増え、供給が不足しているとき、商店主がボトル入り飲料水を値上げすることは間違っているだろうか。iPhoneを買うために片方の腎臓を売った若者についてどう思うだろうか。罪を犯した父を持つ政府高官は、父が起訴されないよう警察に介入すべきだろうか。

議論が進み、参加者たちが正義、義務、共通善についての相容れない概念について論じていることに気づく頃には、ときに文化の違いを反映した反応のパターンが垣間見られることもある。しかし、そうした違いを突き止めることが、討論をする目的ではない。討論の目的は、難しい哲学的問いについて批判的に考え、自分に同意しない人たちとともに考えるよう参加者を促すことだ。同じ国民グループや哲学的伝統の内部での意見の不一致が、それらのあいだの意見の相違に負けないくらい激しく興味深いものとなることも珍しくない。

文化を超えた学びへの同じく具体的で対話的なアプローチは、哲学者のあいだでも実現可能かもしれない。学生や一般の人びとを哲学に引き込む倫理的ジレンマから始めるよりは、中国と西洋の哲学者が一定の期間をともに過ごし、それぞれの伝統の中核となる文献を学び、解釈し、議論するのがいいかもしれない。このようなプロジェクトが、比較に基づく広範な疑問に光を当てることは疑いない。しかし、その第一の目的は基本文献の理解を容易にし、詳細を明らかにする複数の視点を展開することにある。そうした文献として挙げられるのは、たとえば、『論語』、『孟子』、『荘子』に加え、おそらくアリストテレス、スピノザ、カントの著作だろう(このリストは一つの提案にすぎず、人によっては別の著作を挙げるかもしれない)。

文献に基づく哲学的伝統を超えたこうした対話は、「共同解釈学」とでも言い表わせるかもしれない。もちろん、どんな文献を取り上げようと、ほかの参加者より知識の豊富な研究者はいるだろう。しかし、この文献やあの文献について経験を積んだ研究者であっても、ある哲学的伝統に染まった者がほかの哲学的伝統について疑問や展望を提示するとき、予想もしなかった何かを学ぶかもしれない。

最後になるが、中国哲学と西洋哲学のあいだの学び合いプロジェクトは、ある種の非対称性を認識することから始めるべきだ。友人であり、以前はハーバードの同僚でもあった杜維明はかつて、中国は学ぶ文明であり、西側は教える文明だと言った。彼は西洋へ敬意を表してそう言ったわけではない。世界中のほかの国々に指示を出すと自認している社会は、ある種の思い上がりに陥ると示唆していたのだろう。そうした社会が与える教えは説教へと転化する。教授や説教に夢中になっている文明は、反発を招くだけでなく、世界と出会い、それに耳を傾け、そこから学ぶ能力を失ってしまう。本書で私と対話してくれた方々の寛容の精神、また批判的観点を伴った彼らの関与という贈り物にお礼を申し上げたい。

謝辞

まず、二〇一六年三月に国際会議「マイケル・サンデルと中国哲学」を主催してくださったトン・シジュン、楊国栄、ヤン・ハイヤン、郁振华、そして華東師範大学の哲学科と中国現代思想文化研究所の皆さんに感謝したい。このイベントが本書の端緒となった。チャン・パンキァン、リュウ・シャンメイをはじめとする華東師範大学の教員、学生の皆さんの尽力がなければ、このイベントは成功しなかっただろう。本書の寄稿者に加え、杜維明、楊国栄、カール＝ハインツ・ポール、萬俊人、ジミー・ズー、ジョゼフ・グレゴリーも参加した。この会議に参加した一〇〇名を超える教員と大学院生にも感謝したい。そして、本書の仕上げを助けてくれたセス・クラウンオーヴァーにも。

ハーバード大学出版局の敏腕編集者、イアン・マルコムにも深謝する。彼は本書を最初から支援してくれて、ずっと彼ならではの正確な、しかし穏やかな指導をしてくれた。

マイケル・サンデルは次に挙げる大学や学術組織の学生と教員に感謝を捧げる。彼らはこの一〇年間、サンデルが自分の作品をテーマにした講演を行ない、学生を哲学的問題の議論へと誘うことを歓迎してくれた。清華大学、北京大学、中国人民大学、中国社会科学院、対外経済貿易大学、中国政法大学、復旦大学、上海交通大学、華東師範大学、中山大学、陝西師範大学、厦門大学、香港大学、香港中文大学、国立台湾大学。サンデルは、主催した講演や議論を一般市民に公開した次の組織・機関にも感謝したい。上海フォーラム、北京フォーラム、上海商城劇院、深圳書城、凱風基金、启皓北京、中信出版集団。

大学や公共の場で開催されたこれらのイベントに参加した皆さんは、サンデルと中国の出会いを、このうえなく豊かなものにしてくれた。

マイケル・サンデル
ポール・ダンブロージョ

執筆者一覧

マイケル・サンデル（Michael J. Sandel）
ハーバード大学で政治哲学を教える。正義、倫理、民主主義、市場に関する彼の著作はこれまで27カ国語に翻訳されている。北京、上海、広州、厦門、深圳、香港の大学や公共の場で広く講演を行なっている。著書のうち『これからの「正義」の話をしよう』『それをお金で買いますか』『完全な人間を目指さなくてもよい理由』『民主政の不満』『公共哲学』『リベラリズムと正義の限界』の6作が中国で刊行された。

ポール・ダンブロージョ（Paul J. D'Ambrosio）
中国・上海の華東師範大学で中国哲学を教える。同大学の修士・博士課程英語使用コースのプログラム・コーディネーター、異文化センター主任。儒教、道教、新道教、現代比較哲学についての論文を多数執筆、現代中国語で書かれた文献の英語翻訳も手がける。著書に *Genuine Pretending: On the Philosophy of the Zhuangzi*（ハンス＝ジョーイ・メラーとの共著）。*Hypocrisy, Lying and Pretense in Early Chinese Philosophy* も脱稿した。

ロジャー・T・エイムズ（Roger T. Ames）
北京大学の人文系主任・哲学教授。同大学バーグルエン・フェロー。中国哲学と中国文化の解釈研究に関する著書がいくつかあり、最新作は *Confucian Role Ethics: A Vocabulary*。他の研究者との共同研究も多く、古典文献を哲学的に解釈した作品を世に送り出している。取り上げた古典文献は孔子の『論語』をはじめ、『老子道徳経』『孝経』など。現在は、儒教の伝統を字義通りに解釈する試みとして、儒教的役割規範の倫理学を推奨している。

白彤東（Tongdong Bai）
復旦大学哲学学院教授。ハーバード大学エドモンド・J・サフラ財団倫理センターのバーグルエン・フェロー（2016 - 2017）。関心領域は中国哲学と政治哲学。これらのテーマについて *A New Mission of an Old State: The Comparative and Contemporary Relevance of Classical Confucian Political Philosophy* と *China: The Political Philosophy of the Middle Kingdom* の2作を刊行している。現在は処女作の英語版を出すにあたり、大幅に改訂し、内容を追加する作業を行なっている。復旦大学の英語で授業を実施する修士課程と、中国哲学の招聘プログラムのディレクターを務めている。

黃勇（Yong Huang）
復旦大学で哲学博士号を、ハーバード大学で宗教学で神学博士号を取得後、香港中文大学の哲学科で教鞭を執っている。数冊の著作を刊行しており、中国語や英語による雑誌や本の章の寄稿は100を超える。2005年には、学術刊行物への寄稿の量と質を称えるチャンブリス研究賞を受賞。*Ethics of Difference: Learning from the Daoist Zhuangzi* を最近脱稿した。

陳来（Chen Lai）
清華大学哲学科教授。同大学国学研究院院長。儒教思想研究、とくに宋明儒学の分野で重要な貢献を果たしている。主な著作に *Zhu Xi Zhexue Yanjiu*（朱熹の思想の研究）、*You Wu Zhi Jing: Wang Yangming Zhexue de Jingshen*（ここから先へ――王陽明の精神）、*Song-Ming Lixue*（宋明理学）がある。随筆や記事を多数寄稿。11の大学の名誉教授であり、16の学術誌で編集委員を務めている。

李晨阳（Chenyang Li）
シンガポールの南洋理工大学哲学教授。同大学の哲学プログラム創設ディレクター。著書に *The Confucian Philosophy of Harmony*、*The Tao Encounters the West: Explorations in Comparative Philosophy*、*Confucianism in a Pluralist World* があり、雑誌や本への寄稿は100を超える。編著に *The Sage and the Second Sex*、*The East Asian Challenge for Democracy: Political Meritocracy in Comparative Perspective*（ダニエル・ベルとの共編）、*Moral Cultivation and Confucian Character: Engaging Joel J. Kupperman*（Peimin Niとの共編）、*Chinese Metaphysics and Its Problems*（フランクリン・パーキンズとの共編）がある。北米中国哲学者協会設立時の会長（1995 - 1997）、香港城市大学上級客員フェロー（2005 - 2006）、ACEフェロー（2008 - 2009）、スタンフォード大学行動科学高等研究センターのバーグルエン・フェロー（2015 - 2016）を歴任した。現在、国際中国哲学協会会長。学術誌の編集委員や学術機関の有識者委員を20件以上務めている。

エヴァン・オスノス（Evan Osnos）
『ニューヨーカー』誌のスタッフライター。ブルッキングス研究所フェロー。ワシントンDCを拠点として、海外情勢や政治をテーマに執筆している。著書『ネオ・チャイナ』で全米図書賞を受賞。かつて北京に8年間在住しており、2008年から2013年まで『ニューヨーカー』誌の中国特派員。その前は『シカゴ・トリビューン』紙の北京支局長を務めており、2008年に調査報道部門でピュリッツァー賞を受賞したシリーズ記事に寄稿した。

ヘンリー・ローズモント・ジュニア（Henry Rosemont Jr.）
メリーランド州にあるセント・メアリーズ大学のジョージ・B＆ウィルマ・リーヴ

ス栄誉教授（教養分野）。2002年より、ブラウン大学宗教学部の客員研究員。中国・上海の復旦大学でフルブライト上級講師を3年間務めた。著書に*A Chinese Mirror*、*Rationality and Religious Experience*、*Is There a Universal Grammar of Religion?*（ヒューストン・スミスとの共著）、*A Reader's Companion to the Confucian Analects*など。編集・翻訳を手がけた作品に*Leibniz: Writings on China*（ダニエル・クックとの共編訳）、*The Analects of Confucius: A Philosophical Translation*（ロジャー・エイムズとの共編訳）など10作がある。

ロビン・R・ワン（Robin R. Wang）
スタンフォード大学行動科学高等研究センターのバーグルエン・フェロー（2016 - 2017）。ロヨラ・メアリマウント大学哲学教授。アジア哲学・比較哲学会会長（2016 - 2018）。著書に*Yinyang: The Way of Heaven and Earth in Chinese Thought and Culture*、編著に*Chinese Philosophy in an Era of Globalization*と*Images of Women in Chinese Thought and Culture: Writings from the Pre-Qin Period to the Song Dynasty*がある。学術誌に寄稿するほか、中国周辺の現代女性道学者について実地研究も行なう。北アメリカ、ヨーロッパ、アジアで多数講演。メディア、法律事務所、博物館・美術館、幼・小・中・高教員、ヘルスケア専門職のコンサルタントも務める。映画『ベスト・キッド』では文化監修を務めた。

朱慧玲（Zhu Huiling）
北京・首都師範大学哲学准教授。清華大学で哲学の博士号を取得し、ハーバード大学で客員研究員を務めた（2009 - 2010）。政治哲学と倫理学を教える。論文を多数発表しており、政治哲学に関する文献の英中翻訳も行なっている。『これからの「正義」の話をしよう』『公共哲学』などマイケル・サンデルの著作の翻訳も多数。トマス・スキャンロンの*Moral Dimensions*とマーサ・ヌスバウムの『正義のフロンティア』も中国語に翻訳した。

注

第一章

本書の共編者であるポール・ダンブロージョから、この論文の初期のバージョンにコメントをいただいたことに感謝する。また、二〇一六年の秋に南洋理工大学大学院のセミナーに出席してくれた学生たち、特に初期の草稿にコメントをくれたジェイコブ・ベンダーにもお礼を言いたい。

1.「調和のとれた（harmonious)」という言葉は、この本のなかに一回現れている。「さて、ある日、仲のよい（harmonious）家族に不和が忍び込むことを想像してみよう」（Sandel 1998, 33)。ここで、この言葉がよい意味で使われているのは明らかだが、概念としての重要性は持っていない。サンデルは、家族が調和するとはいかなる状態か、あるいは、調和が家族の重要な特質であるのはなぜかを詳しくは語っていない。
2. サンデルは、自分は多数派優位主義（多数派はつねに正しいとする考え方）という意味での、あるいは「正しさとは、一定の共同体で一定の時期に支配的な価値観に基づくべきだ」（x）という意味での共同体主義者ではないと注意している。
3. Rawls 1971, 3
4. Sandel 1998, 16
5. Sandel 1998, 31
6. Sandel 1998, 32
7. Sandel 1998, 33
8.「仁」は儒教倫理のキーコンセプトだ。この言葉は、理想的な技巧を持つ人物の主要な性質を記述するために古典的思想家によって使われてきた。大まかに言えば、同胞やそれ以外の人びとに対して思いやりを示す性向として理解できる。Li（2007）を参照。
9. 孔子は、「古代」には人びとの行動の大半が儀式的礼儀によって導かれていたため刑法が使われることは滅多になかったが、自分の時代には儀式的礼儀が衰退してしまったため、刑法を大いに利用せざるをえないと繰り返し述べている。『孔叢子』第一節を参照（http://ctext.org/kongcongzi/xing-lun/zhs）。
10. http://ctext.org/kongzi-jiayu/xiang-lu/zhs.
11. Sandel 1998, 64
12. Sandel 1998, 150
13. サンデルの自我の概念については、本書第一〇章のポール・ダンブロージョの議論を参照。
14. Li 2014, 34 を参照。

15. Li 2014, chap. 1 を参照。
16. Popper 1971
17. Dworkin 1984
18. Rawls 1971, 101
19. Sandel 1998, 149
20. Sandel 1998, 143
21. Sandel 1998, 143
22.「以水济水、谁能食之」http://ctext.org/chun-qiu-zuo-zhuan/zhao-gong-er-shi-nian /zhs.
23.「声一无听、物一无文、味一无果 , 物一不讲」http://ctext.org/guo-yu/zheng-yu/zhs.「味一无果」とは、文字通りには「一つの風味で一つの果物はできない」という意味である。これは誤植かもしれない。私はこの文章を「一つの果物は豊かな風味を生まない」としている。
24. 一九八七年の『ニューヨークタイムズ』のインタビューで、リー・クアンユーはこう語っている。「過去三〇年間を振り返ってみると、シンガポールを成功に導いた原動力の一つは、国民の大半が個人よりも社会の幸福を重視したことです。それは儒者にとって基本的な考え方です」（http://www.nytimes.com/1987/01/04/world/western-influence-worries-singapore-chief.html）。こんにちに至るまで、シンガポールの文化社会青年省は依然として宗教融和奨励委員会を主催しているし、儒教とはっきり結びつけているわけではないが、定期的に「孝行キャンペーン」を企画している。
25. 二〇一一年、野党（労働者党）は初めて集団選挙区を戦って勝利を収めた。最近の研究から、集団選挙区が増えれば女性の政治参加も増えることがわかっている（Tan 2014）。
26. シンガポールの制度は隣国のマレーシアのそれとは対照的だ。マレーシアでは、主要政党の一部はもっぱら人種を基盤に形成され、マイノリティをあからさまに党員から除外している。
27. http://www.straitstimes.com/singapore/singaporeans-respect-people-from-all-races-but-quite-a-number-find-racism-still-an-issue.
28. http://www.straitstimes.com/singapore/constitutional-commission-report-released-key-changes-proposed-to-elected-presidency.
29. この論文が出版されるころには、シンガポール議会によってこの施策が採用されており、二〇一七年の大統領選挙はマレー人のために行なわれることになる。

第二章

1. MacIntyre 1981. Sandel 2009, 222 における引用。
2.『孟子』の多くの節が、こうした人間理解をほのめかしている。より詳細な議論

については、Bai 2012, 32–33 を参照。
3.『荀子』の関連する節についてのより詳細な説明は、Fung 1966, 145–147 を参照。
4. Lau 1979, 15.『論語』の最高の英語完訳については、Lau 1979 を参照。
5. たとえば、Bai 2008a を参照。
6. われわれが現在その役割を理解するような意味で言えば、彼は正確には警察署長ではない。だが、細かい話で物語を複雑にしないように、彼の役職を表すのにこの用語を使う。本論文における私の要約には、単純化した部分がほかにもいくつかある。
7. Bell 2006, 335
8. より詳細な議論については、Bai 2008b, 2012 (chap. 3) および 2013 を参照。
9. 詳細な議論については、Bai 2011 を参照。

第三章

私はこの論文の草稿を「マイケル・サンデルと中国哲学に関する国際会議」（二〇一六年三月、華東師範大学、上海）で発表した。サンデルの刺激的な質問とコメントからは得るものが大いにあった。その後のある会議での質問を通じ、この最終稿を改善してくれたジュリア・ドライヴァーにも感謝したい。また、マイケル・スロートとの対話も有益だった。コメントをくれた李晨阳にも御礼を言いたい。
1. Sandel 2011, 1303
2. Sandel 1982, 34
3. Sandel 2005, 28
4. Sandel 2009, 186
5. これらは目的論の二つの異なる意味だが、両者を適切に結びつけることも重要だ。特定の社会慣習にかかわる目的論は、人間としての目的にかかわる目的論に従属しなければならない。そもそも特定の社会慣習が存在すべきかどうかを決めるのは、人間としての目的だからだ。さもなければ、人はたとえば盗賊団の首領の地位を分配しようとしかねない（盗賊団のテロスは盗むことだから、盗賊団はこのテロスにかかわる性格特性を評価し、称え、報いることだろう）。この問題については、リチャード・クラウト（2002）がきわめて重要な論評をしている。「アリストテレスの考えによれば……注目すべき問題は美点を基準に解決すべきだが、考慮されねばならない美点を決めるにはコミュニティ全体の公共善に注目すべきだという……善を分配する社会制度の正義は二重の問題だ。第一に、社会制度は公共善に貢献しなければならない。第二に、分配は実現されるべき公共善を踏まえた適切な美点を基準になされねばならない。社会制度がコミュニティの繁栄を損ねるとすれば、その制度が用いる美点の基準に従って善を分配しているとしても、正義の目標には役立たないのだ」（147）
6. サンデルが用いる例の大半は、有徳な人物に報いるものであり、悪徳な人物を罰するものではない。それでもサンデルは「他人の窮状を食いものにする強欲は

罰せられるべきであり、報酬を与えられるべきではないと思われている」と言っている（2009, 9）。
7. Sandel 2009, 10
8. Sandel 2009, 14. だが、サンデルの見解によれば、これらのCEOに支払われた政府の救済資金は、彼らの強欲さではなく彼らの失敗に対するものだ。
9. まさにこの意味で、マイケル・パカルーク（2005）は次のように指摘している。「英語の『justice』という言葉が意味するのは、（ｉ）正義にかなう事態、すなわち正義にかなう取り決めや状況……（ⅱ）ある行為が行われる意図……あるいは（ⅲ）人格の状態、すなわち美徳。これが、正義にかなう意図から正義にかなう事態を目指すよう人を導く……ギリシャ語では、このそれぞれに別々の言葉がある」（200）
10. Rawls 1999, 3
11. Lebar 2014, 270–271
12. サンデル（2011）は「正義にかなう社会を実現するために、われわれは善き生の意味についてともに考え、必然的に生じる反対意見に寛容な公共文化を創らなければならない」と述べて、これに同意しているようだ（1310）。
13. もちろん、ロールズの正義の原理は、正義の原理を導き出す手段として原初状態を設計する人物、この場合はロールズの理解する正義の美徳を反映したり表したりしていると言えるかもしれない。とはいえ、ロールズがこうした前提で議論しているわけではないことは明らかだ。
14. Rawls 1999, 398
15. Lebar 2014, 274
16. Lebar 2014, 272
17. Slote 2009
18. Slote 2009, 125
19. Slote 2009, 126
20. Slote 2009, 126
21. Aristotle 1963, 1105a28–35
22. Aristotle 1963, 115b5–8
23. Cohen 2002, chap. 8 を参照。
24. この一節での私の議論は、法律と個人の行為の類似性を利用している。正義にかなう行為が行為主体の正義の美徳を反映し、表しているように、正義にかなう法律は立法者の正義の美徳を表し、反映している。しかし、両者のあいだには似ていないところもある。つまり、正義にかなう行為が個人から生じるのに対し、法律は立法者という人びとの集団から生じる。これは、ある意味で、われわれは人びとの集団の美徳――いわゆる集合的美徳あるいは組織的美徳――について語れるかどうかという問題を提起する。このテーマに関する興味深い議論を読みたければ、Byerly and Byerly 2016; Gregory 2015; Fricker 2010; Sandin 2007; Ziv

2012を参照。

25. たとえば、美徳に基づく正義は栄誉にだけ適用可能で、繁栄の成果には適用できないのかという疑問を提起した後で、サンデルはこう述べている。「ある経済的取り決めが正しいのか間違っているのかという話題になると、われわれは往々にしてアリストテレスの問題に連れ戻される。つまり、人は道徳的にどんなものに値するのか、またそれはなぜかという問題に」(2009, 13)。そして、サンデルはすぐに、すでに述べた政府による救済策の議論へと移る。
26. Sandel 2009, 192. デイヴィッド・キート(1985)は「アリストテレスにとっての分配の正義は、まず第一に政治的権威の分配にかかわっており……富の分配は二次的なことにすぎない」(24)として、同じような見解を表明している。リチャード・クラウト(2002)もこう述べている。「アリストテレスの考えでは、正義についての第一の問題は、誰が権力を持つべきかということだ」(147)。そのためアリストテレスは「ときには、美点ではなくほかの何らかの尺度に基づいて分配がなされる場合もあるという点を無視している。食料をはじめとする資源が困窮した人びとへの分配に利用できるなら、正義が要求するのは、より多くを必要としている人により多くを分配することだ」(146)
27. Sandel 2009, 153–166
28. Sandel 2009, 178
29. Sandel 2009, 179
30. Sandel 2009, 178
31. Sandel 2009, 179
32. アリストテレスは『ニコマコス倫理学』において、特定の二種類の正義、つまり分配的正義と矯正的正義について論じているという一般的な見解とは異なり、ジュディス・A・スワンソン(2011)は「アリストテレスは三種類の正義、つまり分配的正義、経済的正義、懲罰的正義を認めている。政府が分配的正義に関心を持つのは、公職や名誉、権利や特典を分配するからだ」(1377)と論じている。スワンソンはとりわけサンデルとキートに反論し、経済的正義こそアリストテレスの主要な関心事であると主張したが、アリストテレスの経済的正義の原理は分配的正義や懲罰的正義の原理とは異なるとしている。
33. それはサンデルの美徳に基づく正義の代わりとなることを意図しているため、儒教的な美徳の正義もそれと同じく経済的便益の分配にはかかわらない。
34. Wang 1992, 2: 80
35. Aristotle 1963, 1105b. 第四章の末尾を参照。
36. Aristotle 1963, 1129a
37. Aristotle 1963, 1169a
38. Wang 1992, 2:68
39. Aristotle 1963, 1179b5–15
40. Aristotle 1963, 1179b21–23

41. Aristotle 1963, 1180a8
42. Wang 1992, 17:599
43. Rawls, 1999, 89
44. これら二つの側面、自己修養と（他人の）道徳教育は一緒に機能するのが普通で、儒教では分離できない。この意味で、自己修養では不十分だというスロートの見解は正しいが、儒教はもっぱら自己修養に焦点を合わせているという彼の意見は間違っている。スロートがそう考える背景には、道徳的な自己修養を儒教の中心とみなす杜《と》維《い》明《めい》やP・J・アイヴァンホーを読んだことがある（Slote 2016を参照）。
45. Huang 2010を参照。
46. たとえば、Li 2007, 262を参照。
47. たとえば、Li 1999, 339を参照。
48. Huang 2013, 38–39
49. 別の文書では、孔子は次のように言ったと記されている。「これまでは、強く諫言する者たちの努力も、彼らが死ぬと終わってしまった。死んでからも屍によって諫言しつづけた子魚のような人物はいなかった。彼の忠義は君主を変えた。これを直とみなさずにおれようか」（『孔子家語』）
50. Huang 2013, 139–143を参照。
51. 私をこの問題に誘《いざな》うコメントをくれた人たちの一人、ジュリア・ドライヴァーに感謝する。
52. われわれはこうした文脈においてのみ、『論語』の以下のような文章を理解できる。「躬《み》自ら厚くして、薄く人を責むれば（自分自身を厳しく責め、他人を責めるのはほどほどにすれば）」（衛霊公篇一五）、「君子は諸れを己に求む。小人は諸れを人に求む（君子は自分に要求するが、小人は他人に要求する）」（衛霊公篇二一）、「其の悪を攻めて人の悪を攻むること無きは（自分の悪い所を責めて他人の悪い所を責めないのが）」（顔淵篇二一）、「人の善を道《い》うことを楽しみ（人の善い点を言うのを楽しみ）」（李子篇五）、「人の悪を称する者を悪《にく》む（君子は他人の欠点をあげつらう者を軽蔑する）」（陽貨篇一七）。これらの文章すべてにおいて、孔子の言わんとするところは、他人に美徳を身につけさせるために何かをする必要はなく、自分が美徳を身につけていれば十分だということではない。そうではなく、他人が美徳を身につけていないのは自分のせいだとして自らを責めるべきだと言っているのだ。」
53. Sandel 2009, 193. この意味における美徳の正義は、少なくともマルコ・シンガーノの説得力ある解釈によれば、アリストテレスにとってもまったく異質というわけではない。アリストテレスにとって正義とは平等であることから、シンガーノはこう主張する。「平等であるべきものは何か？」に対するアリストテレスの答えは美徳である――そして「道徳的美徳は妥当な政体における正義を測る物差しだ。それを国全体に広げるため、都市国家は余暇をはじめ必要なものを市民に

提供しなければならない」(Zingano 2013, 209–210)。この主張を補強すべく、シンガーノはアリストテレスの次のような言葉を引用する。「ばらばらの個人にとっても、集合体としての都市国家にとっても、最善の生活とは、有徳な行動に加わるのに必要な資源を十分に備えた美徳の生活である」(*Politics* VII 1, 1323b40–24a2; in Zingano 2013, 209)。

54. Sandel 2009, 188. 別の場所で、サンデルはさらに包括的な主張している。たとえば、有徳な人びとが「最も高い地位と名誉にふさわしい理由は、賢明な政策を実行し、すべての人の生活を向上させるからだけではない。政治的コミュニティの存在目的の少なくとも一部は、市民道徳に名誉と見返りを与えることでも)ある」と言っている(2009, 195 傍点筆者)。
55. 儒教は最善の結果、すなわち、できるだけ多くの人に美徳を身につけさせることを目指しているという意味で、功利主義的というより結果主義的と見なすほうが適切かもしれない。要するに、儒教全体を見ればそれは徳倫理学であり、結果主義は徳倫理学の全体的枠組みの中でのみ役割を果たしていることは明らかだ。この枠組みは目的論的なものであり、結果主義的なものではない。
56. Aristotle 1963, 1179b5–10
57. Aristotle 1963, 1179b31–1180a4
58. Sandel 2009, 20
59. Sandel 2009, 9
60. Aristotle 1963, 1179b10
61. もちろん、儒教における道徳教育の方法はこの二つだけではない。孔子は別の場所で違う方法についても述べている。たとえば、道徳的成長は「詩に興こり、礼に立ち、楽に成る(詩によって起こり、礼を通じて安定し、音楽によって完成する)」とも言っている(『論語』泰伯篇八)。ここで、礼節の作法(礼)に加え、詩と音楽にも言及しているが、それらはともに感情教育の一部である。さらに、孔子は刑罰法規に絶対反対というわけではない。ときにはそれが必要であることも理解しているからだ。とはいえ、理想的な状況では、こうした法規は存在するだけで適用はされないと考えている。適用が避けられないときでさえ、刑罰法規は補完的で一時的なものにすぎない。法規を適用する前だけでなくその後も、道徳教育のほかの手段に訴えるべきなのだ。
62. Aristotle 1963, 1180b13–15
63. とはいえもちろん、儒教にとって、道徳的美徳が政治指導者の身につけるべき唯一のものという意味ではない。人びとに美徳を身につけさせることに加え、政治指導者の目標は社会を正義にかなうものとすること、とりわけ、経済的便益を正義にかなう方法で分配すること(そのためには政治指導者が相応の専門知識を身につける必要がある)でもある。それでも儒教において、道徳的美徳は政治指導者にとって必要にして最も重要なものであるばかりでなく、当然ながら、社会を公正かつ効率的に統治するために相応の専門知識を追求するよう政治指導者を

促すものなのだ。

64. Sandel 2009, 194

65. Sandel 1996, 326

66. この問題について考えるよう促すコメントをくれたジュリア・ドライヴァーに感謝する。

67. Aristotle 1963, 1132a7–9

68. アリストテレスはこう言う。「人は悪には悪で報いようとする——そうできなければ、自分は奴隷の立場にいると考える——あるいは善には善で報いようとする——そうできなければ、交流は存在しない。だが、人びとが団結するのは交流があるからなのだ」（1132b34–1123a2）

69. ここで意味されているものは、サンデルの刑事司法の治療論とは異なる。サンデルの場合、治療手続きは「刑罰を、被害者にとって安堵の源、カタルシスの表現、幕引きの機会として扱う。刑罰が被害者のためのものなら、被害者は刑罰の内容に発言権を持つべきだ」（Sandel 2005, 106）。サンデルの場合、治療を受けるのは被害者であるのに対し、孔子の場合は不道徳な主体が治療を受ける。

70. これは十分に可能である。サンデルもときに同じような主張をすることがあるからだ。たとえば、高校一年生の人気があるチアリーダー、コーリー・スマートの例について論じるなかで、サンデルはこう述べている。「チアリーダーを選ぶ際、高校側は……生徒たちが称賛し、手本とすべき資質についても述べる」（2009, 186 傍点筆者）。サンデルはまた、正義に対するアリストテレス的アプローチを「美徳に報い、美徳を奨励するために善を割り当てる」と書いている（108 傍点筆者）。この文脈で、サンデルが公職は関連する美徳を称え、それに報い、評価するために分配されるべきだと言うとき、公職は関連する美徳を奨励するために分配されると言いたいのだと理解するべきだ。というのも、関連する美徳を身につけている人を称え、評価し、それに報いることで、結果としてほかの人たちも彼らを真似することになるからだ。だとすれば、サンデルの見解は結局のところ儒教の見解と同じだと言えるかもしれない。だが、それが事実だとしても（また、事実であるように思えるとしても）、両者のいくつかの違いを見落としてはならない。一方において、サンデルのバージョンでほかの人びとが有徳な人びとを真似するのは、有徳な人びとが公職に就いているからだ。そうした公職に関心がない人は、有徳な人びとをまねる動機がないことになる。儒教モデルの場合、有徳な人びとはみずからの模範的行動がよりよいものであり、一般の人びとによってより広く模倣される場合にのみ、公職に就くべきだとされている。他方においてわれわれは、こうした政治指導者が身につけるべき美徳はどんなものかという問題に戻らなければならない。サンデルのアリストテレス的モデルでは、公職にある者が報い、評価し、称えるべき美徳は、すでに見たように、法律の制定にかかわるものだ。また、それは政府が人びとに真似するよう奨励する美徳でもなければならない。だが、ある時期のある社会で、法律の制定に必要なの

はごく一握りの人びとにすぎないとすれば、すべての国民がそうした美徳を身につける必要が本当にあるだろうか？　対照的に儒教モデルでは、すでに見たように、政治指導者が身につけるべきであり、彼らが一般市民にも身につけさせようとする美徳は道徳的美徳であり、政治指導者であれ一般市民であれ、健全で満ち足りた人間であるためには身につけねばならない美徳である。

第四章

1. Li Yitian and Zhu Huiling 2014 および Zhu Huiling 2014a, 2014b 参照。
2. Sandel 1998, 4
3. Sandel 2009, 260
4. Honohan 2002, 150-152
5. Skinner1985 など。
6. Honohan 2002, 152
7. Sandel 1982, 183
8. Sandel 2005, 10
9. Sandel 1998, 25-27
10. Rawls 1988, 263
11. Sandel 1996, 347
12. Honohan 2002, 158
13. Sandel 1998, 325
14. Honohan 2002, 164
15. Rosenblum 1998, 273

第五章

翻訳はR・A・カーレオ三世とポール・ダンブロージョ。

1. Sandel 1996, 3
2. Sandel 1996, 4
3. Sandel 1996, 5
4. Sandel 1996, 10
5. Sandel 1996, 5
6. Sandel 1996, 15
7. Sandel 1996, 14
8. Sandel 1996, 14
9. Sandel 1996, 25
10. Sandel 1996, 53
11. Sandel 1996, 125
12. Sandel 1996, 126
13. Sandel 1996, 127

14. Sandel 1996, 127
15. Sandel 1996, 127
16. Sandel 1996, 127
17. Sandel 1996, 113
18. Sandel 1996, 144
19. Sandel 1996, 161
20. Sandel 1996, 210
21. Sandel 1996, 209
22. Sandel 1996, 218
23. Sandel 1996, 218
24. Sandel 1996, 220
25. Sandel 1996, 309
26. Sandel 1996, 310
27. Sandel 1996, 312
28. Aristotle 2000, III.IV
29. Aristotle 2000, III.IV
30. Mill 2003, 148
31. Chen Lai 2013.
32. Sandel 1998, 372
33. Chen Lai 2014, 467
34. Wing-Tsit Chan 1963, 86. 文章は多少修正した。
35. Wan Junren 2008, 152-153 を参照。

第六章

1. Sandel 2009, 220
2. Sandel 2009, 261
3. Sandel 2009, 261
4. Sandel 2009, 260
5. サンデルは「道徳的個人主義は……人間は利己的だと仮定しているわけではない。そうではなく、自由であるとは何を意味するかを主張しているのだ。道徳的個人主義者にとって、自由であるとは、みずからの意思で背負った責務のみを引き受けることである。他人に対して義務があるとすれば、何らかの同意——暗黙裡であれ公然とであれ、自分がなした選択、約束、協定に基づく義務である」と説明している (Sandel 2009, 213)。
6. Sandel 2009, 263
7. Sandel 2009, 268
8. Sandel 2009, 262
9. 中国語からの翻訳は、記載があるもの以外はすべて筆者。

10. Sandel 2009, 243
11. Sandel 2009, 221
12. Wang 2012
13. Hall and Ames 2001, 84
14. Irigaray, 2012, 130. イリガライは、同一性に基づく欧米の文化では、彼女は消滅すると主張する。「世界は彼女から生まれた、彼女と私との関係から生まれたと発言する代わりに、欧米の哲学者はこう言う。絶対的な存在があり、ただの存在がある。どちらも、与える者がない状態で与えられる。そこにあるが、それはある方法で生まれたのではなく、発祥もない。不思議なことに、そこに存在している。彼自身の存在と宇宙全体の中立化によって、ソクラテス以前の哲学者は虚無主義のためにわれわれの伝統を準備している」（Irigaray 2012, 4)。イリガライによれば、欧米の文化では、男性は他者を除外する。自分の起源や自然から分かれた彼の分身は、コントロールがとれている、または森羅万象の主であるという理由で、彼のロゴスのものである。この問題を解決するために、イリガライは性差を尊重することを呼びかけている。性差で、人間は男と女の自然な違いを認めると同時に、この系図の先の関係性の世界へと向かう。
15. Sandel 2009, 221
16. Sandel 2009, 263-264
17. Kinney 2014, xxvi
18. Wang 2006, 93-115
19. Wang 2006, 93-115
20. Bianch 2014, 2
21. Kinney 2014, xxviii
22. Kinney 2014, xviii
23. Dillon 1995, 300
24. Dillon 1995, 300
25. Sandel 2009, 225
26. Sandel 2009, 268-269
27. Laughlin 2005, 24
28. Corning, 2002, 25
29. Schonfeld 2008, 168. シェーンフェルトは、啓蒙時代（1670～1780）に、ヨーロッパの自然観は二種類あったと言う。「ニュートンとスコットランド啓蒙主義の時代には、イギリスの自然観はどことなく時計、機械のようなものだった。材質は受動的で、その動きは機械的だ。ライプニッツとユーラシア啓蒙主義の時代には、ヨーロッパ人は自然は蜘蛛の巣のようなものだと見なしていた。有機体で、その材質は活動的で、動きはダイナミックだ」（208)
30. Michael 2015, 251-252. 翻訳は多少改変した。
31. Michael 2015, 56

32. Ziporyn 2009, 12
33. Ziporyn 2009, 12
34. Kohn 2004, 45
35. Sandel 2009, 221
36. 『国語』。翻訳は筆者。
37. Chenyang Li 2014, 25
38. Chenyang Li 2014, 25
39. 詳しくは D'Amblosio 2012, 2014 を参照。
40. D'Ambrosio 2012, 2014
41. これは乗馬の陰陽マトリックスに基づくモデルとなるかもしれない。この比喩は『准南子』から。Wang 2012, 124 と比較のこと。

第七章

この論文の草稿についてコメント、示唆、訂正をしてくれたハンス＝ゲオルク・メラー、セス・クラウノヴァー、ロバート・カーレオに謝意を表したい。中国語からの翻訳は、特記しない限り、すべて筆者自身による。

1. 『完全な人間を目指さなくてもよい理由』のための研究は、二〇〇一年にマイケル・サンデルが大統領生命倫理評議会に招聘された際に始まった。サンデルは二〇〇四年に『アトランティック』誌に「The Case against Perfection（完全な人間を目指さなくてもよい理由）」と題する記事を発表。この記事を発展させて生まれたのが、上記の小著（2007 a）である。
2. Fukuyama 2000, 183. フクヤマとサンデルはいずれも二〇〇二～二〇〇五年に大統領生命倫理評議会委員を務めた。
3. 他にも范瑞平（Ruiping Fan）（2010）などが、この問題についてサンデルが「最終的結論」を出したと主張している（68）。范は「単刀直入に述べてはいないものの、サンデルの結論は明らかに、人間はいかなる遺伝子的強化もすべきでないというものだ」（64）と書いている。サンデルは確かに論述の範囲を限ってはいるものの、彼の議論の目的が最終的な答えを示すことではなく、対話の領域を設定すること、すなわち関連する問題を絞ることであるのは明らかだ。
4. Sandel 2007a, 83
5. Heijine and Sandel 2016
6. Fan 2010
7. Chan 2010
8. Zehou 2014
9. 本書の構想の元となった学会の閉会の辞で、サンデルはこう述べている。「遺伝子工学によって子供たちや自分自身を改良したり、デザイナーベビーを選別したりすることのどこが悪いのかを説明するには、標準的に用いられる功利主義の用語や、原子レベルの話だけでは難しいように思います。……反論の道徳的核心

は、自分の子供にそのような支配あるいは統治を行なおうとする親の傲慢に関連すると思います。それは行き過ぎと言えるでしょう。……自然について適切に説明できるようになったと言うつもりはありません。……それでも、四番目のテーマ［遺伝子的強化］は、中国の伝統思想との議論――自然と人間に関する考察をするにあたり、実りある架け橋になってくれそうです」（Sandel 2016）。

10. 「支配（mastering）」という語はハンス＝ゲオルク・メラーから拝借した。この問題についてのより詳細な分析は Moeller 2006, 2007 を参照。

11. ハンス＝ゲオルク・メラーと私が使った「zhenuine person」（真人）という語（Moeller and D' Ambrosio 2017）は、元々はロバート・カーレオが私たちに提案してくれた語で、単なる言葉遊びではない。「zhenuine」は英語の「genuine」とほぼ同じ発音で、実際、「genuine person」は「真人」の訳語としてしばしば使われてきたが、「zhenuine」を使えば、「zhen person」と「genuine person」の違いを明確にできる。簡単に言うと、zhenuine person とは、「純粋な（genuine）」根本的自己に立ち返った人のことではない。この見解の詳細は本章で明らかにしていくが、Moeller and D'Ambrosio 2017 でも述べている。

12. D' Ambrosio 2012, 2014; Moeller and D' Ambrosio 2017

13. Heijine and Sandel 2016

14. Sandel 2007a, 6-7

15. Sandel 2007a, 12-13

16. Sandel 2007a, 24

17. Sandel 2007a, 8

18. 『これからの「正義」の話をしよう』で、サンデルは、「憤り」は不正義に対する私たちの自然な反応であると速やかに断じている（2009b, 7）。『完全な人間を目指さなくてもよい理由』では、バイオテクノロジーを強化のために利用する際に生じる問題を、「道徳的戸惑い」と「不安」という感情に注目して概説している（2007a, 8-9）。

19. 道徳的情動についての哲学的考察は、中国思想の特色であり、中国哲学とマイケル・サンデルが重なる主な点でもある（D'Ambrosio 2016 を参照）。

20. Sandel 2007a, 8-9

21. Sandel 2007a, 38

22. Sandel 2007a, 38

23. Sandel 2007a, 45

24. Sandel 2007a, 26

25. Sandel 2007a, 27

26. Sandel 2007a, 86

27. Sandel 2007a, 88

28. Sandel 2007a, 87

29. Sandel 2007a, 91-92
30. Sandel 2007a, 91
31. Sandel 2007b
32. 実際、中国哲学の主なテーマの一つは人間と自然（「天」）の関係についての考察であり、それは宗教的観念には触れずに論じられる。議論は普通「人間と自然の一体化」（天人合一）をめぐるもので、サンデルの主張にとって、興味深い比較の対象にも、論拠にもなり得る。
33. Sandel 2007a, 95-96
34. Heijine and Sandel 2016
35. Heijine and Sandel 2016
36. Sandel 2007a, 60-61
37.「自然」は「ありのまま」や「自発的」と理解される場合もある。「無為」は「行動しないこと」や「不干渉」と訳されてきた。
38. Heidegger 1966
39. 中国の古典の一節に言及する際、篇と章の番号は、Chinese Text Project オンライン版のウェブサイト（www.ctext.org）から引用している。
40. この説話について、また環境保護との関係については、D'Ambrosio 2013 でより詳しく述べた。
41. この例は Moeller 2006, 92-93 から拝借した。
42. 儒者についてのより綿密な記述は、本書第四部の各論文を参照。
43. 翻訳は D' Ambrosio 2014 より。
44.「至人」「神人」「聖人」はすべて、理想的な道家の人物像として『荘子』で使われている語。三語はほぼ同義で、「真人」とも意味が重なる。
45. この主張をさらに敷衍した見解については、D' Ambrosio 2014 を参照。
46. 本書第八、九章参照。
47.『荘子』にも、この種の人が（主に儒学的観点から）そぶりをする人として批判される架空の説話が数篇収録されている。
48. Sandel 2007a, 86
49.『孟子』は儒学の経典だが、道家と儒家の扱うテーマには、ことに西洋哲学と対照した場合、重複も多い。
50. Heijine and Sandel 2016
51. Sandel 2009a
52. Heijine and Sandel 2016
53. 中国における類似例は、男の赤ん坊のほうを望むことだろう。超音波検査が中国で導入されて以来、多数の女の胎児が堕胎されたため、概算によれば、五五〇〇万人の中国人男性が配偶者を見つけられないと予想されている。
54. 中国の古典中、「まぬけ」であることを承認する代表的作品が、鄭板橋《ていばんきょう》（1693～1765）の有名な書「難得糊塗（ボンクラになるのは難しい）」である。

55. このくだりはZyporynからの引用にわずかに変更を加えている。
56. Ziporyn 2009, 30
57. Ziporyn 2009, 30
58. Ziporyn 2009, 30-31
59. この一節と、それが真のそぶりの哲学をどう表現しているかについての詳細な議論は、D'Ambrosio 2012を参照。
60. 単世界論と双世界論については、エイムズと李澤厚が非常に似通った見解を主張しているが、いずれも、執筆中には相手の主張について知らなかったと述べている。西洋と中国の哲学の主な相違点をこのように表現するのは確かに一般論であり、双方の伝統思想家のすべてに当てはまるわけではなく、エイムズも李もそう言ってはいない。それでも、プラトンの『国家』と『論語』や『荘子』など、いくつかの古典を比べてみれば、単世界と双世界という区別は妥当だと思われる。
61. Ames and Hall 2003. サンデル自身も同様に、完全さを進行に基づいて理解しているようだ。『完全な人間を目指さなくてもよい理由』の献辞にはこう記されている。「ありのままで完全な息子たち、アダムとアーロンに本書を捧げる」
62. Ziporyn 2009, 45
63. サンデルのバイオテクノロジー批判と道家思想の比較研究にはまだ多くの余地が残されている。たとえば、道家の「自然」(「天」または「道」)はさらに深く掘り下げられるし、「運」や「偶然性」(「命」)、「無用の用」、不具者に関する複数の有名な説話などは皆、道家が完全さを求めない理由について議論を拡大するための豊富なテーマとなり、サンデルの持論と比較する対象にもなる。

第八章

1. Sandel 1982, 62
2. Sandel 1982, 62
3. Sandel 1982, 63
4. Dewey 1962, 18
5. Dewey 1962, 32
6. Ames 2011; Rosemont 2015; Rosemont and Ames 2016
7. 「儒教の役割倫理(Confucian role ethics)」という英語表現においては「役割(role)」という言葉が必要だが、中国語を使う場合はそれが冗長な表現であることに注意すべきだ。というのも「倫」という言葉自体が「人間の役割と関係」を意味するため、「Confucian ethics(儒學倫理學)」という言葉にはすでに「role」が含まれているからだ。「ethics」の訳語としての「倫理」は現代用語であるにもかかわらず、この二名式の表現の起源は漢王朝にまでさかのぼる。また、この「倫」という同じ言葉が「カテゴリー」や「クラス」を意味することから、「カテゴリー」のような区別を設けることは、想定された本質というより相互関係や類推の機能だということがわかる。

8. Shun 2009, 470
9. Anscombe 1958, 33
10. Graham 1990, 360
11. Nietzsche 1966, 20
12. Graham 1990, 3
13. Graham 1991, 287
14. Sandel 1982, 50. こうした盲目的な前提を除外するために、サンデルは、自我や人格の概念をどう分析するかに気を配るべきだと述べている。さまざまな哲学的立場を渡り歩くときでも、そうした前提はわれわれの考察の場で定式化されるからだ。
15. Graham 1991, 287
16. Graham 1991, 288
17. Aristotle 1984, 1a25–2b4
18. Graham 1990, 380
19. Graham 1990, 391
20. Graham 1990, 391
21. Graham 1991, 288-289
22. Hershock 2006, 140
23. Hershock 2006, 147
24. Graham 1990, 391. 名詞より動詞のほうがよいのは確かだ。だが、グレアムにとっては「person-ing」のような包括的動名詞のほうがよい選択だろう。
25. 言葉自体から明らかなように、われわれ人間の「世界」は通時的（「世」は「世代をまたぐ時間的継続としての世界」を表す）にして共時的（「界」は「空間的境界の交差点としての世界」を表す）だ。「宇宙」の「宇」は「拡大するものとしての宇宙」であり、「宙」は「存続するものとしての宇宙」である。
26. たとえば『論語』衛霊公篇二九および学而篇一二、『中庸』二五と一を参照。
27.『論語』顔淵篇一「己を克めて礼に複るを仁と為す（自らを律し、礼儀に立ち返ることを仁という）」
28.「孔子にとっては、少なくとも二人の人間がいなければ人間は存在しえない」（Fingarette 1983, 217）
29.『論語』述而篇一
30. デイヴィッド・B・ワン（黄百鋭）2014, 175
31. 本書第九章のローズモントの論考を参照。
32. もちろん、「仁」は早くも殷王朝の甲骨や青銅器にも現れている。甲骨文字での意味はいまだにはっきりしないが、青銅器では愛や思いやりを意味しているのは明らかだ。われわれの論点は、「仁」という言葉は頻繁ではないが古くから見られるものの、『論語』において専門用語として確立されてはじめて、哲学的な重要性を獲得したということだ。

33. Lai 2014
34. Angle 2014, 252
35. Angle 2014, 245
36. ローズモント（1991b）は早くから一貫してこの第二ステップを予見していた。「私は、自ら提起した多くの問いへの答えを見いだすために、初期の儒教文献が最も重要だと言いたくはない……西欧の哲学概念の一部はこの先もわれわれのもとにとどまるだろうし、またとどまるべきだ。別の一部の概念は、非西洋的な概念や概念集団を正確に表現するために、引き延ばし、折り曲げ……あるいは、かなり拡張しなければならないだろう（92, 94)）」。当初、儒教の役割倫理という言葉をそれだけで意味が通じるようにしたかったので、私もまたこうしたさらなる挑戦を明確に表明してきた。「道徳生活の新たな説得力ある展望としての役割倫理を十全に表現しようとする第二のステップには、儒教哲学と既存の西洋的道徳論の継続的対話が必要だろう。この対話に際しては、人間の行為の改善と評価に関するこれらのまったく異なる思考法が創造的に利用できるはずだ」（Ames 2011, xvii）
37. Angle 2014, 246–247
38. Angle 2014, 248n42. 役割を定義する一般的な「義務」に訴えることの一つの問題は、またしても、それが役割ではなく個人に焦点を合わせていることだ。役割が信頼と信用の双方の観点から同時に定義されるのと同じように、特権と義務の適切なバランスも必要とされる。
39. Dewey 1998, 115, 116, 118
40. James 2000, 315
41. Putnam 1990, 28
42. Putnam 1987, 83
43. Dewey 1998, 117
44. Williams 1981, ix–x
45. Whitehead 1938, 58
46. Whitehead 1979, 137. ホワイトヘッドはこう述べている。「個人の自立のこうした前提は、私が別の場所で『単純な位置づけの誤謬』と呼んだものだ」（137）
47. Hartshorne 1950, 443
48. Tan 2003, 27
49. Wong 2014, 177
50. Wong 2014, 192
51. James 2000, 42
52. Ames 2011 を参照。第三章で私は「體（体）」と「禮（礼）」という二つの用語を、儒教の初期の伝統において個人のアイデンティティが実現されるプロセスを説明するための発見的方法として利用している。

53. Dewey 1962, 167
54. Dewey 1962, 168–169

第九章

1. Sandel 1984, 2005, 2009, 2012
2. Sandel 2012
3. Sandel 1984, 174–179
4. Sandel 1984, 159
5. Sandel 2005, 167
6. Sandel 1984, 174
7. Rosemont 2015, 33-75
8. Sandel 2009, 74
9. Sandel 2012, 8-19
10. Sandel 2005, 20
11. Rosemont 2015, 57-76
12. Sandel 2009, 268
13. Sandel 1984, 173
14. たとえば Sandel 1984, 171 を参照。
15. Mill 2000, 57
16. Ames and Rosemont 1998
17. Ames 2011, 122
18. Rosemont 2015, 40-50
19. Rosemont 2002, 82-90
20. Rosemont and Ames 2009
21. 役割についての考察はないが、Nivison（1980）は孟子における動機の重要性を最初に論じた。その論議は、一九九〇年代初めに『Journal of Chinese Philosophy and Philosophy East and West』でかなりの哲学者たちにより引き続いて論じられた。
22. James 2007, 52
23. この関連で「家族の価値」に基づいた抑圧的法律やボイコット運動により標的とされているほとんどの事柄も、家族構造をまったく脅かしていないと指摘しておいた方がよいだろう。たとえば、「アメリカ家族協会（AFA）」のウェブサイトは、トランスジェンダーの客が男女どちらのトイレを使っても構わないとしていることに関し、ディスカウント・ストア「ターゲット」のボイコットを呼びかけている。ここの何が家族に対する脅威なのか、私にはわからない。しかし、ＡＦＡが、これまでに、飢餓レベルに近い水準に賃金を抑えようとしていたり、生活費の稼ぎ手が十分なパンを買う条件が脅かされているとしての労働組合結成に抵抗している「ウォルマート」や他の無数の企業をボイコットしようとしたとは

聞いたことがない。
24. American Association of Retired Persons（AARP）2014
25. Rosemont 2015, 149-159
26. Brooks 2005
27. Bahrampour 2016
28. American Association of Retired Persons（AAAP）2016, 30
29. Taub 2016

第一〇章

この章のいくつかの部分は、私の論文 "*Against Individualism* and Comparing the Philosophies of Rosemont and Sandel" (D'Ambrosio 2016a) の類似の議論に手を入れた改訂版だ。中国語からの英訳は、注記がない限り、すべて筆者自身による。

1. Rosemont 2016
2. Rosemont 1991
3. Ames 2008
4. たとえば、サンデルは「環境により漠然と条件づけられ、経験による変形を絶えず受けている、元々状況づけられた自我に付随した矛盾」について書いている（Sandel 1982, 100)。
5. Sandel 2005, 167
6. 同上。
7. Sandel 2016b
8. Rosemont 2016
9. 杜維明 2016
10. Rosemont 2015, 104-105. ローズモントは、自身の儒教解釈のいくつかに懸念がないわけではないと認めている。「しかし、仮にわれわれ（ローズモントおよびロジャー・エイムズ）が、二人とも、役割倫理を初期儒者たちに帰することで、解釈を間違えていても、個人主義に異議を唱え、役割倫理を提示することの重要性についての私の基本的立場は変わらない。それは、この研究のタイトルを「役割倫理——初期儒教文献の創造的誤読に基づく道徳哲学への新たなアプローチ」と変えさえすればいいからだ（Rosemont 2015, 9)。
11. Sandel 2009, 220
12. Sandel 2016b
13. Sandel 1982, 100
14. Rosemont 2016
15. Sandel 2016b
16. Ames and Hall 2003
17. 孔子は『論語』において、よく知られているように、「人間であること、つま

り、仁とはなにか？」という質問に、尋ねられる都度、違う答えを与えている。一般的な解釈は、孔子は質問した弟子それぞれの人物や立場に基づいてそれぞれに答えているというものだ。しかし、この程度の個別化は、少なくともある程度、幼児期もしくはごく幼い子供時代にすでにあり得たのではないか？

18. Sandel 2009, 212

19. サンデルは、ロールズのカントについての研究の展開を「超越論的主体から負荷なき自我」への動きと要約している（Sandel 2005, 161）。

20. Sandel 2009, 210

21. 詳細については、本書の第八章、第九章を参照。

22. 儒教思想の政治的側面の詳細については、とくに本書の第二章、第五章を参照。

23. サンデルは、たとえば、家族は「正義の状況の優先度が比較的小さいところまで、メンバーの価値と目的がぴったりと一致している」社会的仕組みの一例と、とくに注記している（Sandel 1982, 31）。

24. Sandel 1982, 179

25. 同上。

26. Rosemont and Ames 2009, 22-23

27. Rosemont and Ames 2009, 58

28. こうした問題は、私も他のところで論じているように、中国的伝統からの資源（リソース）を利用しても対応できる（D'Ambrosio 2016a）。しかし、サンデルの考えは、あきらかに、コミュニティにもっと大規模に焦点を合わせている。そのため、より偏向していないアプローチを提供するのに役立っている。

29. Sandel 2016b

30. Ames 2011

31. Rosemont 2015, 21-28

32. 感情についての儒教とサンデルの類似性のより詳細な説明は、D'Ambrosio 2016b を参照。

33. Sandel 2016b

第一一章

1. Mill 1859, 13

2. いくつかの例として、以下を参照。
http://news.harvard.edu/gazette/story/2012/12/a-class-open-to-the-world/,
https://www.youtube.com/watch?v=-W1-vN9Ucx0,
https://www.youtube.com/watch?v=6bqelXSRRMI

3. Sandel 1982, 32-35

4. Friedman 1989, 275-290

5. Sandel 2009, 237-239

6. "A Response to Rawls' Political Liberalism," in Sandel 1998, 184-218 参照。

注

7. Sandel 2009, 186-189
8. Sandel 1996, 350
9. Sandel 2007, 26-27
10. 同上。
11. 范瑞平（Ruiping Fan）2010, 68
12. 陳祖為（Joseph Chan）2010, 83
13. Sandel 2009, 9, Chan 2010, 83 における引用。
14. 陳祖為（Joseph Chan）2010, 84
15. Sandel 2007, 46-47
16. Sandel 2007, 97
17. Ames 2011, 122. Rosemont 2015, 94 における引用。
18. Sandel 1982, 179

参考文献

第一章

Dworkin, Ronald. 1984. “Rights as Trumps.” In *Theories of Rights*, edited by Jeremy Waldron, 153–167. Oxford: Oxford University Press.

Li, Chenyang. 2014. *The Confucian Philosophy of Harmony*. London: Routledge.

———. 2007. “Li as Cultural Grammar: On the Relation between *Li* and *Ren* in Confucius' *Analects*.” *Philosophy East and West* 57 (3): 311–329.

Popper, Karl. 1971. *The Open Society and Its Enemies*. Princeton, NJ: Princeton University Press. [『開かれた社会とその敵　第一部・第二部』内田詔夫・小河原誠訳、未來社、一九八〇年]

Rawls, John. 1971. *A Theory of Justice*. Cambridge, MA: Harvard University Press. [『正義論　改訂版』川本隆史・福間聡・神島裕子訳、紀伊國屋書店、二〇一〇年]

Sandel, Michael J. 1998. *Liberalism and the Limits of Justice*. 2nd ed. Cambridge: Cambridge University Press. [『リベラリズムと正義の限界』菊池理夫訳、勁草書房、二〇〇九年]

Tan, Netina. 2014. “Ethnic Quotas and Unintended Effects on Women's Political Representation in Singapore.” *International Political Science Review* 35 (1): 27–40.

第二章

Bai, Tongdong. 2008a. “Back to Confucius: A Comment on the Debate on the Confucian Idea of Consanguineous Affection.” *Dao: A Journal of Comparative Philosophy* 7 (March): 27–33.

———. 2008b. “A Mencian Version of Limited Democracy.” *Res Publica* 14 (March): 19–34.

———. 2011. “Preliminary Remarks: Han Fei Zi—First Modern Political Philosopher?” *Journal of Chinese Philosophy* 38 (March): 4–13.

———. 2012. *China: The Political Philosophy of the Middle Kingdom*. London: Zed Books.

———. 2013. “A Confucian Version of Hybrid Regime: How Does It Work, and Why Is It Superior?” In *The East Asian Challenge to Democracy: Meritocracy in Comparative Perspective*, edited by Daniel A. Bell and Chenyang Li, 55–87. Cambridge: Cambridge University Press, 2013.

Bell, Daniel. 2006. *Beyond Liberal Democracy*. Princeton, NJ: Princeton University Press.

Fung, Yu-lan. 1966. *A Short History of Chinese Philosophy*. New York: The Free Press.

Lau, D. C.（刘殿爵）, trans. 1979. *Confucius: The Analects*. New York: Penguin.

———. 2003. *Mencius*, rev. bilingual ed. Hong Kong: Chinese University Press.

MacIntyre, Alasdair. 1981. *After Virtue*. Notre Dame, IN: University of Notre Dame Press.［『美徳なき時代』篠﨑榮訳、みすず書房、一九九三年］

Sandel, Michael. 2009. *Justice: What's the Right Thing to Do?* New York: Farrar, Straus and Giroux.［『これからの「正義」の話をしよう——いまを生き延びるための哲学』鬼澤忍訳、ハヤカワ・ノンフィクション文庫、二〇一一年］

第三章

Analects. In *The Analects Annotated and Translated* 論語譯注 , by Yang Bojun 楊伯峻 . Beijing: Zhonghua Shuju 中華書局 .

Aristotle. 1963. *Nicomachean Ethics*. Translated by W. D. Ross. In *The Works of Aristotle*, vol. 9. Oxford: Oxford University Press.［『ニコマコス倫理学　上・下』高田三郎訳、岩波文庫、一九七一年（上）、一九七三年（下）］

Byerly, T. Ryan, and Meghan Byerly. 2016. "Collective Virtue." *Journal of Value Inquiry* 50:33–50.

Cohen, G. A. 2002. *If You're an Egalitarian, How Come You're So Rich?* Cambridge, MA: Harvard University Press.［『あなたが平等主義者なら、どうしてそんなにお金持ちなのですか』渡辺雅男・佐山圭司訳、こぶし書房、二〇〇六年］

Daodejing. In *Annotations and Interpretations of Laozi* 老子校釋 . Beijing: Zhonghua Shuju.

Fricker, Miranda. 2010. "Can There Be Institutional Virtues?" *Oxford Studies in Epistemology* 3:235–252.

Gregory, James. 2015. "Engineering Compassion: The Institutional Structure of Virtue." *Journal of Social Philosophy* 44:339–356.

Huang, Yong. 2010. "The Self-Centeredness Objection to Virtue Ethics: Zhu Xi's NeoConfucian Response." *American Catholic Philosophical Quarterly* 84:651–692.

———. 2013. Confucius: A Guide for the Perplexed. London: Bloomsbury.

Keyt, David. 1985. "Distributive Justice in Aristotle's Ethics and Politics." *Topoi* 4:23–45.

Kongzi Jiayu 孔子家語 (*Confucius's Family Sayings*). 2009. Beijing: Beijing Yanshan Chubanshe.

Kraut, Richard. 2002. *Aristotle: Political Philosophy*. Oxford: Oxford University Press.

LeBar, Mark. 2014. "The Virtue of Justice Revisited." In *The Handbook of Virtue Ethics*, edited by Stan van Hooft. Bristol, CT: Acumen.

Li, Ling 李零. 2007. *A Homeless Dog: My Reading of the* Analects 喪家狗 : 我讀《論語》.Taiyuan: Shanxi Renmin Chubanshe.

Li, Zehou 李澤厚. 1999. *A Contemporary Reading of the* Analects《論語》今讀. Hong Kong : Tiandi Tushu.

Liji 禮記 (The Book of Rites) 2004. In *The Book of Rites Annotated and Translated* 禮記譯注, by Yang Tianyu 楊天宇. Shanghai: Shanghai Guji Chubanshe.

Mencius. 2005. In *The Mencius Annotated and Translated* 孟子譯註, by Yang Bojun 楊伯峻. Beijing: Zhonghua Shuju 中華書局.

Pakaluk, Michael. 2005. *Nicomachean Ethics: An Introduction*. Cambridge: Cambridge University Press.

Rawls, John. 1999. *A Theory of Justice*, rev. ed. Cambridge, MA: Harvard University Press.［『正義論　改訂版』前掲］

Sandel, Michael J. 1982. *Liberalism and the Limits of Justice*. Cambridge: Cambridge University Press.［『リベラリズムと正義の限界』前掲］

———. 1996. *Democracy and Its Discontents: America in Search of a Public Philosophy*. Cambridge, MA: Harvard University Press.［『民主政の不満――公共哲学を求めるアメリカ　上・下』金原恭子・小林正弥監訳、千葉大学人文社会科学研究科公共哲学センター訳、勁草書房、二〇一〇年（上）、二〇一一年（下）］

———. 2005. *Public Philosophy: Essays on Morality in Politics*. Cambridge, MA: Harvard University Press.［『公共哲学――政治における道徳を考える』鬼澤忍訳、ちくま学芸文庫、二〇一一年］

———. 2009. *Justice: What's the Right Thing to Do?* New York: Farrar, Straus and Giroux.［『これからの「正義」の話をしよう』前掲］

———. 2011. "[Distinguished Lecture on] *Justice: What's the Right Thing to Do?*" *Boston University Law Review* 91:1303–1310.

Sandin, Per. 2007. "Collective Military Virtues." *Journal of Military Ethics* 6:303–314.

Slote, Michael. 2009. *Moral Sentimentalism*. Oxford: Oxford University Press.

———. 2016. "Moral Self-Cultivation East and West: A Critique." *Journal of Moral Education* 45 (2): 192–206.

Swanson, Judith A. 2011. "Michael J. Sandel's *Justice: What's the Right Thing to Do?*: A Response of Moral Reasoning in Kind, with Analysis of Aristotle's Examples." *Boston University Law Review* 91:1375–1403.

Wang, Yangming 王陽明. 1992. *The Complete Works of Wang Yangming* 王陽明全集. Shanghai : Shanghai Guji Chubanshe 上海古籍出版社.

Zingano, Marco. 2013. "Natural, Ethical, and Political Justice." In *The Cambridge Companion to Aristotle's Politics*, edited by Marguerite Deslauriers and Pierre Destree. Cambridge:Cambridge University Press.

Ziv, Anita Konzelmann. 2012. "Institutional Virtue: How Consensus Matters."

Philosophical Studies 161:87–96.
Zuozhuan 左傳 . 1900. In *Annotations to the Zuo Commentary on the* Spring and Autumn Annals 春秋左傳注 , by Yang Bojun 楊伯峻 . Beijing : Zhonghua Shuju 中華書局 .

第四章

Honohan, Iseult. 2002. *Civic Republicanism*. London: Routledge.
Li Yitian and Zhu Huiling. 2014. "Freedom, Rights and Virtues: The Core Ideas of Sandel's Civic Republicanism and Its Problem." *Jilin University Journal Social Sciences Edition* 4: 112-123.
Rawls, John. 1988. "The Priority of Right and Ideas of the Good." *Philosophy and Public Affairs* 17(4): 251-276.
Rosenblum, Nancy. 1998. "Fusion Republicanism." In *Debating Democracy's Discontent*, edited by Regan Allen, 273-288. Oxford: Oxford University Press.
Sandel, Michael J. 1982. *Liberalism and the Limits of Justice*. Cambridge: Cambridge University Press. [『リベラリズムと正義の限界』 前掲]
———. 1996. "Easy Virtue." *New Republic* 2:23-28.
———. 1998. *Democracy's Discontent: America in Search of a Public Philosophy*. Cambridge, MA: Belknap Press of Harvard University Press. [『民主政の不満』 前掲]
———. 2005. *Public Philosophy: Essays on Morality in Politics*. Cambridge: Harvard University Press. [『公共哲学』 前掲]
———. 2009. *Justice: What's the Right Thing to Do?* New York: Farrar, Straus and Giroux. [『これからの「正義」の話をしよう』 前掲]
Skinner, Quentin. 1985. "The Paradoxes of Political Liberty." In *The Tanner Lectures on Human Values*, vol. 6, edited by Sterling M. McMurrin. Cambridge: Cambridge University Press.
Zhu Huiling. 2014a. "The Dilemma of Contemporary Republicanism and Sandel's Approach." *Philosophical Trends* 12: 77-81.
———. 2014b. "Sandel's Standpoint of Republicanism and Its Characteristic of Combination." *World Philosophy* 1: 92-98.

第五章

Aristotle. 2000. *Politics*. Translated by Benjamin Jowett. New York: Dover Publications. [『政治学』 牛田徳子訳、京都大学学術出版会、二〇〇一年他]
Chen Lai. 2013. "Liang Qichao de Side Shuo" 梁启超的私德说 [Liang Qichao's position on private virtue]. *Journal of Tsinghua University* 28 (1): 1–21.
———. 2014. "The Inheritance and Transformation of Confucian Virtue" (*Rujia*

Meide de Chuancheng yu Zhuanhua 儒家美德的传承与转化). In *Renxue Bentilun* 仁学本体论 [An Ontology of Humaneness]. Beijing: SDJ Joint Publishing.
Mill, John Stuart. 2003. *On Liberty* (1859). In *Utilitarianism and On Liberty*, edited by Mary Warnock. Malden, MA: Blackwell. [『自由論』斉藤悦則訳、光文社古典新訳文庫、二〇一二年他]
Sandel, Michael. 1996. *Democracy's Discontent*. Cambridge, MA: Belknap Press of Harvard University Press. [『民主政の不満』前掲]
———. 1998. "Reply to Critics." In *Debating Democracy's Discontent: Essay's on American Politics, Law, and Public Philosophy*. Oxford: Oxford University Press.
Wan Junren 万俊人 . 2008. *Zhengzhi Zhexue de Shiye* 政治哲学的视野 [Horizons of political philosophy]. Zhengzhou: Zhengzhou Daxue Chubanshe.
Wing-Tsit Chan, trans. 1963. *A Source Book in Chinese Philosophy*. Princeton, NJ: Princeton University Press.

第六章

Bianch, Emanuela. 2014. *The Feminine Symptom: Aleatory Matter in the Aristotelian Cosmos*. New York: Fordham University Press.
Chenyang Li. 2014. *The Confucian Philosophy of Harmony*. New York: Routledge.
Corning, Peter A. 2002. "The Re-Emergence of Emergence: A Venerable Concept in Search of a Theory." *Complexity* 7 (6): 18–30.
D'Ambrosio, Paul. 2012. "The Role of a Pretending Tree: Hermits, Social Constructs and 'Self' in the *Zhuangzi*." In *Identity in Eastern and Western Philosophies*, edited by Jason Dockstader, Hans-Georg Moeller, and Günter Wohlfart. Freiburg: Karl Alber.
———. 2014. "Going Along: A Daoist Alternative to Role Ethics." In *Landscape and Travelling East and West: A Philosophical Journey*, edited by Hans-Georg Moeller and Andrew Whitehead. London: Bloomsbury Academic.
Dillon, Robin S. 1995. *Dignity, Character and Self-Respect*. New York: Routledge.
Hall, David L., and Roger T. Ames. 2001. "Sexism, with Chinese Characteristics." In *The Sage and the Second Sex*, edited by Chenyang Li. Chicago: Open Court.
Irigaray, Luce. 2012. In *the Beginning She Was*. London: Bloomsbury.
Kinney, Anne Behnke, trans. and ed. 2014. *Exemplary Women of Early China: The Lienüzhuan of Liu Xiang*. New York: Columbia University Press.
Kohn, Livia. 2014. *Zhuangzi: Text and Context*. St. Petersburg, FL: Three Pines Press.
Laughlin, Robert. 2005. *A Different Universe: Reinventing Physics from the Bottom Down*. New York: Basic Books.
Michael, Thomas. 2015. *In the Shadows of the Dao: Laozi, the Sage, and the*

Daodejing. Albany: SUNY Press.
Sandel, Michael J. 2009. *Justice: What's the Right Thing to Do?* New York: Farrar, Straus and Giroux. [『これからの「正義」の話をしよう』前掲]
Schonfeld, Martin. 2008. "The Kantian Blueprint of Climate Control." In *Global Warming and Climate Change: Ten Years after Kyoto*, edited by Velma Grover. Enfield, NH: Science Publishers.
Wang, Robin R. 2006. "Virtue, Talent, and Beauty: Authoring a Full-Fledged Womanhood in Lienuzhuan (Biographies of Women)." In *Confucian Cultures of Authority*, edited by Peter Hershock and Roger Ames. Albany: SUNY Press.
———. 2012. *Yinyang: The Way of Heaven and Earth in Chinese Thought and Culture*. Cambridge: Cambridge University Press.
Ziporyn, Brook, trans. 2009. *Zhuangzi: The Essential Writings with Selections from Traditional Commentaries*. Indianapolis: Hackett.

第七章

Ames, Roger, and David Hall. 2003. *Dao De Jing: "Making This Life Significant"; A Philosophical Translation*. New York: Ballantine Books.
Chan, Joseph. 2010. "Concerns beyond the Family." *American Journal of Bioethics* 10 (4): 82–84.
Chen Guying 陳鼓應. 2008. *Lao-Zhuang Xin Lun* 老莊新論 [New theories on Laozi and Zhuangzi]. Revised edition. Beijing: Commercial Press.
D' Ambrosio, Paul. 2012. "The Role of a Pretending Tree: Hermits, Social Constructs and 'Self' in the *Zhuangzi*." In *Identity in Eastern and Western Philosophies*, edited by Jason Dockstader, Hans-Georg Moeller, and Günter Wohlfart. Freiburg: Karl Alber.
———. 2013. "Rethinking Environmental Issues in a Daoist Context: Why Daoism Is and Is Not Environmentalism." *Environmental Ethics* 35 (Winter): 401–417.
———. 2014. "Going Along: A Daoist Alternative to Role Ethics." In *Landscape and Travelling East and West: A Philosophical Journey*, edited by Hans-Georg Moeller and Andrew Whitehead. London: Bloomsbury Academic.
———. 2016. "Approaches to Global Ethics: Michael Sandel' s Justice and Li Zehou' s Harmony." *Philosophy East and West* 66 (3): 720–738.
Fan, Ruiping. 2010. "A Confucian Reflection on Genetic Enhancement." *American Journal of Bioethics* 10 (4): 62–70.
Fukuyama, Francis. 2002. *Our Posthuman Future: Consequences of the Biotechnological Revolution*. New York: Farrar, Straus and Giroux [『人間の終わり——バイオテクノロジーはなぜ危険か』鈴木淑美訳、ダイヤモンド社、二〇〇二年].

Heidegger, Martin. 1966. *Discourse on Thinking.* Translated by John M. Anderson and E. Hans Freund. New York: Harper & Row Publishers.
Heijine, Bas, and Michael Sandel. 2016. "The Perfect Human Being." YouTube video, 13:17. https://www.youtube.com/watch?v=tK3GyjnA3Yc.
Li Zehou 李澤厚 . 2014. *Huiying Sangdeer ji Qita* 回應桑德爾及其他（マイケル・サンデルへの回答その他）. Beijing: Sanlian Shudian.
Moeller, Hans-Georg. 2006. *The Philosophy of the Daodejing.* New York: Columbia University Press.
———. 2007. *Daodejing (Laozi): A Complete Translation and Commentary.* Chicago: Open Court.
Moeller, Hans-Georg, and Paul J. D' Ambrosio. 2017. *Genuine Pretending: On the Philosophy of the Zhuangzi.* New York: Columbia University Press.
Sandel, Michael. 2007a. *The Case against Perfection.* Cambridge, MA: Belknap Press of Harvard University Press.［『完全な人間を目指さなくてもよい理由——遺伝子操作とエンハンスメントの倫理』林芳紀・伊吹友秀訳、ナカニシヤ出版、二〇一〇年］
———. 2007b. "Michael Sandel Frames the Stem Cell Debate." *Big Think* video, 3:57. June 6, 2007. http://bigthink.com/videos/michael-sandel-frames-the-stem-cell-debate.
———. 2009a. "Episode 01: The Moral Side of Murder." *Justice: What' s the Right Thing to Do?* YouTube video, 54:56. https://www.youtube.com/watch?v=kBdfcR-8hEY.
———. 2009b. *Justice: What' s the Right Thing to Do?* New York: Farrar, Straus and Giroux.［『これからの「正義」の話をしよう』前掲］
———. 2016. "Closing Remarks." Presented at the International Conference on Michael Sandel and Chinese Philosophy, East China Normal University, Shanghai, March 10（三月一〇日、上海、華東師範大学における国際学会「マイケル・サンデルと中国哲学」閉会の辞）.
Ziporyn, Brook. 2009. *Zhuangzi: The Essential Writings with Selections from Traditional Commentaries.* Indianapolis: Hackett.

第八章

Ames, Roger T. 2011. *Confucian Role Ethics: A Vocabulary*. Hong Kong: Chinese University Press, and Honolulu: University of Hawai'i Press.
Ames, Roger T., and Henry Rosemont, Jr. 1998. *The Analects of Confucius: A Philosophical Translation*. New York: Random House / Ballantine Books.
Angle, Steve. 2014. "The *Analects* and Moral Theory." In *Dao Companion to the Analects*, edited by Amy Olberding. Dordrecht: Springer.

Anscombe, G. E. M. 1958. "Modern Moral Philosophy." *Philosophy* 33: 1–19.
Aristotle. 1984. *The Complete Works of Aristotle: The Revised Oxford Translation*. Edited by Jonathan Barnes. Princeton, NJ: Princeton University Press.［『新版アリストテレス全集』内山勝利・神崎繁・中畑正志監修、岩波書店、二〇一三年］
Dewey, John. 1962. *Individualism Old and New*. New York: Capricorn Books.
———. 1998. *The Essential Dewey*. Volume 1. Edited by Larry Hickman and Thomas Alexander. Bloomington, IN: Indiana University Press.［『ジョン・デューイ』明石紀雄訳、研究社出版、一九七五年］
Fingarette, Herbert. 1983. "The Music of Humanity in the Conversations of Confucius." *Journal of Chinese Philosophy* 10 (4): 331–356.
Graham, A. C. 1990. *Studies in Chinese Philosophy and Philosophical Literature*. Albany: SUNY Press.
———. 1991. "Replies." In *Chinese Texts and Philosophical Contexts: Essays Dedicated to Angus C. Graham*, edited by Henry Rosemont Jr. La Salle, IL: Open Court.
Hartshorne, Charles. 1950. *A History of Philosophical Systems*. New York: Philosophical Library.
Hershock, Peter. 2006. *Buddhism in the Public Sphere: Reorienting Global Interdependence*. New York: Routledge.
James, William. 2000. *Pragmatism and Other Writings*. New York: Penguin.
Lai, Karyn. 2014. "*Ren* 仁: An Exemplary Life." In *Dao Companion to the Analects*, edited by Amy Olberding. Dordrecht: Springer.
MacIntyre, Alasdair. 1981. *After Virtue*. Notre Dame, IN: University of Notre Dame Press.［『美徳なき時代』前掲］
Nietzsche, Friedrich. 1966. *Beyond Good and Evil*. Translated by W. Kaufmann. New York: Vintage.［『善悪の彼岸』木場深定訳、岩波文庫、二〇一〇年（改版）］
Putnam, Hilary. 1987. *The Many Faces of Realism*. La Salle, IL: Open Court.
———.1990. *Realism with a Human Face*. Cambridge, MA: Harvard University Press.
Rosemont, Henry Jr., ed. 1991a. *Chinese Texts and Philosophical Contexts: Essays Dedicated to Angus C. Graham*. La Salle, IL: Open Court.
———. 1991b. "Rights-Bearing and Role-Bearing Persons." In *Rules, Rituals, and Responsibility: Essays Dedicated to Herbert Fingarette*, edited by Mary Bockover. La Salle, IL: Open Court.
———. 2015. *Against Individualism: A Confucian Rethinking of the Foundations of Morality, Politics, Family, and Religion*. Idaho Falls, ID: Lexington Books.
Rosemont, Henry Jr. and Roger T. Ames. 2016. *Confucian Role Ethics: A Vision for*

the Twenty-First Century? Taipei: National Taiwan University Press and V&R Unipress.
Sandel, Michael. 1982. *Liberalism and the Limits of Justice*. Cambridge: Cambridge University Press. [『リベラリズムと正義の限界』前掲]
Shun, Kwong-loi. 2009. "Studying Confucian and Comparative Ethics: Methodological Reflections." *Journal of Chinese Philosophy* 36 (3): 317–343.
Tan, Sor-hoon. 2003. *Confucian Democracy: A Deweyan Reconstruction*. Albany: SUNY Press.
Whitehead, Alfred North. 1938. *Modes of Thought*. New York: Free Press. [「思考の諸態様」『ホワイトヘッド著作集第13巻』藤川吉美・伊藤重行訳、松籟社、一九八〇年]
———. 1979. *Process and Reality: An Essay in Cosmology*. Corrected edition, edited by Donald Sherbourne. New York: Free Press. [『過程と実在——コスモロジーへの試論　1・2』平林康之訳、みすず書房、一九八一年]
Williams, Bernard. 1981. *Moral Luck: Philosophical Papers, 1973-1980*. New York: Cambridge University Press.
Wong, David B. 2004. "Relational and Autonomous Selves." *Journal of Chinese Philosophy* 34 (4): 419–432.
———. 2008. "If We Are Not by Ourselves, If We Are Not Strangers." In *Polishing the Chinese Mirror: Essays in Honor of Henry Rosemont, Jr.*, edited by Marthe Chandler and Ronnie Littlejohn. New York: Global Scholarly.
———. 2014. "Cultivating the Self in Concert with Others." In *Dao Companion to the Analects*, edited by Amy Olberding. Dordrecht: Springer.

第九章

American Association of Retired Persons (AARP、アメリカ退職者協会). 2014. "The New American Family." *AARP Bulletin*, June/July 2014.
———. 2016. "Caregiving in America: The Invisible 40 Million Heroes That Devote Their Lives to Loved Ones." *AARP Bulletin*, May, 30; first printed in the November 2015 issue at 6.
Ames, Roger T. 2011. *Confucian Role Ethics: A Vocabulary*. Hong Kong: Chinese University Press.
Ames, Roger T., and Henry Rosemont Jr. 1998. *The Analects of Confucius: A Philosophical Translation*. New York: Random House/Ballantine Books.
Bahrampour, Tara. 2016. "Young People Now More Likely to Live with Parents than Partners." *Washington Post*, May 24, accessed at https://www.washingtonpost.com/local/social-issues/young-people-more-likely-to-live-with-parents-now-than-any-time-in-modern-history/2016/05/24/9ad6f564-2117-11e6-9e7f-57890b612299_

story.html.
Brooks, David. 2005. "Longer Lives Reveal the Ties That Bind Us." *New York Times*, Op-ed page, October 2005.
James, William. 2007. *On Some of Life's Ideals*. New York: Maugham Press.
Mill, John Stuart. 2000. *Dissertations and Discussions*. Boston: Adamant Media.
Nivison, David S. 1980. "Mencius and Motivation." *Journal of the American Academy of Religion, Thematic Issue S*, supplement to 47 (3) (September): 417-432.
Rawls, John. 1971. *A Theory of Justice*. Cambridge, MA: Harvard University Press. Revised editions published in 1975 and 1999. [『正義論　改訂版』前掲]
Rosemont, Henry, Jr. 2002. *Rationality and Religious Experience*. Chicago: Open Court.
———. 2015. *Against Individualism: A Confucian Rethinking of the Foundations of Morality, Politics, Family, and Religion*. Lanham, MD: Lexington Books.
Rosemont, Henry, Jr., and Roger T. Ames. 2009. *The Chinese Classic of Family Reverence*. Honolulu: University of Hawai'i Press.
Sandel, Michael J., ed. 1984. *Liberalism and Its Critics*. New York: NYU Press.
———. 2005. *Public Philosophy: Essays on Morality in Politics*. Cambridge, MA: Harvard University Press. [『公共哲学』前掲]
———. 2009. *Justice: What's the Right Thing to Do?* New York: Farrar, Straus and Giroux. [『これからの「正義」の話をしよう』前掲]
———. 2012. *What Money Can't Buy: The Moral Limits of Markets*. New York: Farrar, Straus and Giroux. [『それをお金で買いますか』前掲]
Taub, Manda. 2016. "The Rise of American Authoritarianism." Accessed at www.vox.com /2016/3/1/11127424/trump-authoritarianism.

第一〇章

Ames, Roger. 2008. "What Ever Happened to 'Wisdom'? Confucian Philosophy of Process and 'Human Becomings.' " *Asia Major*, 3rd series, 21 (1): 45-68.
———. 2011. *Confucian Role Ethics: A Vocabulary*. Honolulu: University of Hawai'i Press.
Ames, Roger, and David Hall. 2003. *Daodejing*（道 徳 経）: *"Making This Life Significant" ; A Philosophical Translation*. New York: Ballantine Books.
D'Ambrosio, Paul. 2016a. "*Against Individualism* and Comparing the Philosophies of Rosemont and Sandel." *Comparative and Continental Philosophy* 8 (July): 224-235.
———. 2016b. "Approaches to Global Ethics: Michael Sandel's Justice and Li Zehou's Harmony." *Philosophy East and West* 66 (3): 720-738.
Lee, Haiyan. 2014. *The Stranger and the Chinese Moral Imagination*. Stanford, CA:

Stanford University Press.
MacIntyre, Alasdair. 1981. *After Virtue*. Notre Dame, IN: Notre Dame University Press. [『美徳なき時代』前掲]
Moeller, Hans-Georg, and Paul J. D'Ambrosio. 2017. *Genuine Pretending: On the Philosophy of the* Zhuangzi. New York: Columbia University Press.
Rawls, John. 1971. *A Theory of Justice*. Cambridge, MA: Harvard University Press. [『正義論　改訂版』前掲]
Rosemont, Henry. 1991. "Rights-Bearing Individuals and Role-Bearing Persons." In *Rules, Rituals and Responsibility: Essays Dedicated to Herbert Fingarette*, edited by Mary Bockover. Chicago: Open Court.
———. 2015. *Against Individualism: A Confucian Rethinking of the Foundation of Morality, Politics, Family, and Religion*. Lanham, MD: Lexington Books.
———. 2016. Personal communication, August 16.
Rosemont, Henry, and Roger Ames. 2009. *The Chinese Classic of Family Reverence: A Philosophical Translation*. Honolulu: University of Hawai 'i Press.
Sandel, Michael. 1982. *Liberalism and the Limits of Justice*. Cambridge: Cambridge University Press. [『リベラリズムと正義の限界』前掲]
———. 2005. *Public Philosophy: Essays on Morality in Politics*. Cambridge, MA: Harvard University Press. [『公共哲学』前掲]
———. 2007. *The Case against Perfection*. Cambridge, MA: Belknap Press of Harvard University Press. [『完全な人間を目指さなくてもよい理由』前掲]
———. 2009. *Justice: What's the Right Thing To Do?* New York: Farrar, Straus and Giroux. [『これからの「正義」の話をしよう』前掲]
———. 2012. *What Money Can't Buy: The Moral Limits of Markets*. New York: Farrar, Straus and Giroux. [『それをお金で買いますか』前掲]
———. 2016a. "Closing Remarks." Paper presented at the International Conference on Michael Sandel and Chinese Philosophy, East China Normal University, Shanghai, March 10.
———. 2016b. Response to papers presented by Roger Ames and Paul D'Ambrosio at the International Conference on Michael Sandel and Chinese Philosophy, East China Normal University, Shanghai, March 8.
Tu Weiming. 2016. "Self from the Perspective of Spiritual Humanism." Paper presented at the International Conference on Michael Sandel and Chinese Philosophy, East China Normal University, Shanghai, March 8.

第一一章

Ames, Roger T. 2011. *Confucian Role Ethics: A Vocabulary*. Hong Kong: Chinese University Press.

Chan, Joseph. 2010. "Concerns beyond the Family." *American Journal of Bioethics* 10 (April): 83.

Friedman, Marilyn. 1989. "Feminism and Modern Friendship: Dislocating the Community." *Ethics* 99 (2): 275–290.

Mill, John Stuart. (1859) 1989. *On Liberty*. Edited by Stefan Collini. Cambridge: Cambridge University Press. [『自由論』前掲]

Rosemont, Henry, Jr. 2015. *Against Individualism: A Confucian Rethinking of the Foundation of Morality, Politics, Family, and Religion*. Lanham, MD: Lexington Books.

Ruiping Fan. 2010. "A Confucian Reflection on Genetic Enhancement." *American Journal of Bioethics* 10(April).

Sandel, Michael. 1982. *Liberalism and the Limits of Justice*. Cambridge: Cambridge University Press.

———. 1996. *Democracy's Discontent: America in Search of a Public Philosophy*. Cambridge, MA: Harvard University Press. [『民主政の不満』前掲]

———. 1998. *Liberalism and the Limits of Justice*, 2nd edition. Cambridge: Cambridge University Press. [『リベラリズムと正義の限界』前掲]

———. 2007. *The Case against Perfection*. Cambridge, MA: Belknap Press of Harvard University Press. [『完全な人間を目指さなくてもよい理由』前掲]

———. 2009. *Justice: What's the Right Thing to Do?* New York: Farrar, Straus and Giroux. [『これからの「正義」の話をしよう』前掲]

翻訳協力
大下英津子
佐藤絵里
林民雄

書き下し文は以下を用いた。
『論語』金谷治訳注、岩波文庫
『孟子（上・下）』小林勝人訳注、岩波文庫
『大学・中庸』金谷治訳注、岩波文庫

サンデル教授《きょうじゅ》、中国哲学《ちゅうごくてつがく》に出《で》会《あ》う
2019年1月20日　初版印刷
2019年1月25日　初版発行

＊

編著者　マイケル・サンデル
　　　　ポール・ダンブロージョ
訳　者　鬼《おに》澤《ざわ》　忍《しのぶ》
発行者　早川　浩

＊

印刷所　精文堂印刷株式会社
製本所　大口製本印刷株式会社

＊

発行所　株式会社　早川書房
東京都千代田区神田多町2－2
電話　03-3252-3111（大代表）
振替　00160-3-47799
http://www.hayakawa-online.co.jp
定価はカバーに表示してあります
ISBN978-4-15-209832-0　C0010
Printed and bound in Japan
乱丁・落丁本は小社制作部宛お送り下さい。
送料小社負担にてお取りかえいたします。

本書のコピー、スキャン、デジタル化等の無断複製
は著作権法上の例外を除き禁じられています。

これからの「正義」の話をしよう

——いまを生き延びるための哲学

Justice

マイケル・サンデル

鬼澤 忍訳

ハヤカワ文庫NF

これが、ハーバード大学史上最多の履修者数を誇る名講義。

1人を殺せば5人を救える状況があったとしたら、あなたはその1人を殺すべきか？　経済危機から戦後補償まで、現代を覆う困難の奥に潜む、「正義」をめぐる哲学的課題を鮮やかに再検証する。ＮＨＫ教育テレビ『ハーバード白熱教室』の人気教授が贈る名講義。

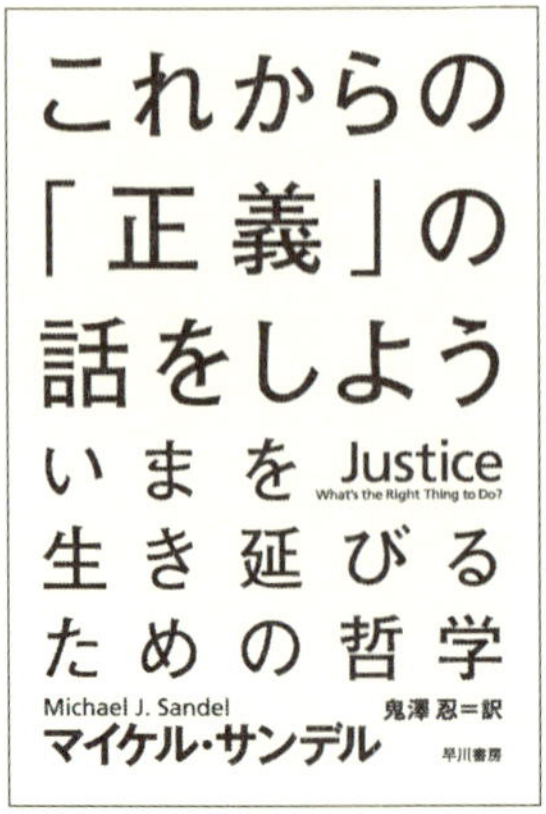